THÉOPHRASTE

MÉTAPHYSIQUE

COLLECTION DES UNIVERSITÉS DE FRANCE
publiée sous le patronage de l'ASSOCIATION GUILLAUME BUDÉ

THÉOPHRASTE

MÉTAPHYSIQUE

TEXTE ÉDITÉ, TRADUIT ET ANNOTÉ
PAR
ANDRÉ LAKS et GLENN W. MOST

avec la collaboration de
CHARLES LARMORE et ENNO RUDOLPH

et

pour la traduction arabe de
MICHEL CRUBELLIER

Troisième tirage

PARIS
LES BELLES LETTRES
2002

Conformément aux statuts de l'Association Guillaume Budé, ce volume a été soumis à l'approbation de la commission technique, qui a chargé M. Philippe Hoffmann d'en faire la révision et d'en surveiller la correction en collaboration avec MM. André Laks et Glenn W. Most.

95 boulevard Raspail, 75006 Paris
www.lesbelleslettres.com

Première édition 1993

ISBN : 2-251-00422-X
ISSN : 0184-7155

AVANT-PROPOS

Le travail que nous présentons ici a débuté, en décembre 1983, par un séminaire sur la Métaphysique *de Théophraste réunissant André Laks (Centre de recherche philologique de l'Université Charles de Gaulle-Lille III/Princeton University, Grec), Charles Larmore (Columbia University, Philosophie), Glenn W. Most (Université de Heidelberg, Philologie classique), Enno Rudolph (Forschungsstätte der Evangelischen Studiengemeinschaft et Université de Heidelberg, Théologie). Pendant quatre ans, ce séminaire s'est réuni à intervalles variés, à Heidelberg, Florence ou Paris, pour approfondir le travail d'interprétation. En 1987, Michel Crubellier (Centre de recherche philologique) s'est adjoint au groupe de travail, quand nous nous sommes rendu compte de l'importance de la version arabe conservée à la bibliothèque de Téhéran. Les discussions intensives qui se sont prolongées pendant cette période fournissent la base de ce travail. Si deux auteurs signent finalement le livre, c'est qu'ils se sont chargés de l'établissement du texte grec et de la rédaction de cette édition. G. W. Most a relu les manuscrits grecs et latins et établi le texte avec l'apparat. Il a préparé les parties de l'introduction relatives à l'histoire de la transmission du texte (I et IV), à l'exception de la partie arabe, due à M. Crubellier (qui a aussi collationné les manuscrits arabes), et élaboré un premier état du sommaire (III). Une première version de la traduction, des notes, et de la section II de l'Introduction, rédigée par A. Laks (qui a également révisé l'Index des mots figurant dans l'édition Ross-Fobes), a été soumise à la critique des membres du séminaire. La mise en forme finale de l'ensemble, qui résulte du travail commun des signataires, a tiré profit des remarques de tous.*

Cette entreprise improbable n'aurait pu parvenir à son terme sans l'appui de plusieurs institutions. En premier lieu le FEST, qui a, avec beaucoup de générosité, facilité les rencontres du séminaire. L'Université de Princeton, qui a acheté les microfilms des manuscrits, et payé une partie des déplacements de G. W. Most; Columbia University, qui a pris en charge plusieurs voyages de C. Larmore; le Center for Hellenic Studies, Washington D.C., où A. Laks a rédigé en 1987/88 la première version du commentaire; le Centre de recherche philologique de l'Université de Lille III, qui a contribué au travail de coordination. Toutes les bibliothèques enfin, ainsi que l'Institut de Recherche et d'Histoire des Textes (Paris), qui nous ont facilité l'accès aux manuscrits.

Nous sommes reconnaissants à William Fortenbaugh, directeur du Theophrastus Project *(Rutgers University), de l'intérêt qu'il a porté à notre travail, et tout particulièrement de nous avoir autorisés à consulter sur épreuves l'édition des fragments de Théophraste dont il est le maître d'œuvre. Nous remercions également Pierre Aubenque pour son invitation à participer en 1988/89 à un séminaire du Centre Léon Robin (Paris IV-Sorbonne) consacré à l'opuscule, G. Vuillemin, qui a bien voulu relire attentivement les sections de l'Introduction relatives à l'histoire de la transmission (I et IV), et E. Gamillscheg pour son aide érudite à propos des manuscrits du Vatican. Notre plus grande dette est cependant à l'égard de Philippe Hoffmann, qui a révisé la dernière version du manuscrit. Dernière, pensions-nous, car grâce à sa lecture, d'une admirable acribie, nous avons encore pu apporter de nombreuses améliorations, et surtout enrichir la section de l'introduction consacrée à la transmission de l'opuscule*[1].

1. En janvier 1993, Marlein van Raalte a mis à notre disposition le manuscrit du volumineux commentaire de l'opuscule qu'elle publie chez Brill, et qui se réfère au manuscrit de la présente édition. Nous n'avons pu comparer et utiliser les résultats obtenus que dans un cas (cf. p. 69, n. 41). Elle n'a pu, de son côté, tenir compte des dernières modifications apportées à notre propre travail (cf. *e.g.* notre texte en 11a19-20, notre interprétation de 10b25 ou notre note 37, p. 57).

NOTICE

I. La question du titre et du caractère fragmentaire de l'opuscule

Quel était le titre originel du traité de Théophraste qu'on désigne communément sous le nom de « Métaphysique » ? Le titre que porte l'opuscule dans les plus anciens manuscrits est Θεοφράστου τῶν μετὰ τὰ φυσικά [1]. Mais, comme nous le verrons dans un instant, l'interprétation de cet intitulé n'est pas aisée. Les autres témoins n'aident pas à déterminer le titre primitif. La traduction arabe d'Isḥâq Ibn Hunain s'ouvre sur une référence générale à « un traité de Théophraste », et ne débute qu'avec ἑκάτερα κεχωρισμένα en 4a12 [2]. La traduction latine de Bartholomée de Messine, qui conserve le texte intégral, est intitulée *Liber Aristotelis de principiis*. Trois hypothèses s'offrent : 1) le titre est donné par Bartholomée, probablement à la suite d'une mutilation de l'original grec ; 2) le titre est donné par un copiste de la version latine, à la suite de la mutilation d'une copie de la traduction ; 3) le titre remonte à l'original grec utilisé par Bartholomée (Ἀριστοτέλους περὶ ἀρχῶν) [3]. Dans les trois cas, il s'agit certainement d'une conjec-

1. P omet τὰ par haplographie.

2. Il s'agit très vraisemblablement d'un accident propre à la tradition arabe (cf. Crubellier, p. 20-1). Cependant, la souscription du ms. Malik 5925 désigne l'opuscule comme « le traité de Théophraste sur la *Métaphysique* » (voir Crubellier, p. 43, n. 70).

Les références complètes de tous les travaux cités par un simple nom d'auteur figurent dans la bibliographie, p. LXXXI-LXXXVIII.

3. Cf. Most[3], p. 183-4.

ture, fondée sur le fait que l'opuscule est transmis dans le corpus aristotélicien.

Dans le titre transmis, Θεοφράστου τῶν μετὰ τὰ φυσικά, on ne voit pas immédiatement que faire du génitif τῶν. L'omission du mot dans trois manuscrits récents (C, L, et O) reflète sans doute l'embarras qu'il a suscité. Mais la *lectio difficilior*, très bien attestée, remonte certainement à l'archétype. Comment la comprendre? Burnikel suggère de rapporter τὰ μετὰ τὰ φυσικά à la *Métaphysique* d'Aristote, que l'opuscule de Théophraste précède immédiatement dans une branche de la tradition[4] ; la formule s'entendrait comme «la part revenant à Théophraste dans la *Métaphysique* d'Aristote»[5]. Mais cette interprétation, peu claire par elle-même, n'est pas non plus la façon la plus naturelle d'entendre la formule. Il est beaucoup plus vraisemblable que le génitif partitif désigne l'opuscule comme une partie ou un fragment d'une *Métaphysique* qui serait bien de Théophraste[6].

Faut-il pour autant, sur la foi du titre transmis, désigner l'opuscule comme un «fragment métaphysique», comme on l'a souvent fait depuis son insertion, dans

4. Cf. *infra*, la section IV de l'Introduction (sur la transmission), p. XL-LXXX.

5. Burnikel, p. 126.

6. Ἀριστοτέλους τῶν μετὰ τὰ φυσικά β' signifie «le deuxième des livres d'Aristote intitulés *Métaphysique*». Bien que l'indication numérique manque dans le cas de l'opuscule de Théophraste — dans le manuscrit A, et trois autres manuscrits qui en dépendent (D, V[a] et Z), l'ajout de la mention «livre I» résulte manifestement d'une interprétation du génitif τῶν —, le titre est sans doute calqué sur le même moule. On pourrait aussi comprendre qu'il s'agit d'un extrait «tiré de» la *Métaphysique* de Théophraste. Bien que ἐκ τῶν soit plus courant en ce sens, le génitif seul n'est pas impossible. Voir par exemple le lemme de Stobée, V, LI, 18 (V, p. 1069 Hense) introduisant une citation des *Sententiae ad intelligibilia ducentes* de Porphyre : Πορφυρίου τῶν Πρὸς τὰ νοητὰ ἀφορμῶν (à côté de 31, p. 1073 H. : Πορφυρίου ἐκ τῶν Πρὸς τὰ νοητὰ ἀφορμῶν) ou encore 22 (p. 1071 H.), pour un extrait des *Histoires* d'Élien : Αἰλιανοῦ Ἱστοριῶν.

l'édition de Wimmer, parmi les autres «fragments» de Théophraste[7]? Le texte lui-même n'apporte aucun appui sérieux à cette thèse, bien au contraire[8]. Il est arbitraire de penser que le traité comportait originellement d'autres questions encore que celles qui sont effectivement posées; et si «incomplet» signifie que Théophraste devait avoir fourni, dans une suite, les réponses aux questions qu'il soulève dans l'opuscule, on se méprend à la fois sur le sens des dernières lignes du traité et sur le caractère de l'aporématique théophrastéenne. La nature de l'aporie dans l'opuscule faisant l'objet de la section suivante, nous nous en tiendrons ici au premier point, qui est directement en relation avec l'histoire de la transmission du traité.

L'idée que l'opuscule est incomplet est en effet héritée d'une scholie, très importante pour la compréhension de l'histoire de la transmission d'Aristote et de Théophraste dans l'Antiquité, mais d'interprétation malaisée, qui figure à la fin du traité dans une partie de la tradition[9]:

Θεοφράστου τῶν Μετὰ τὰ φυσικά. Τοῦτο τὸ βιβλίον Ἀνδρόνικος μὲν καὶ Ἕρμιππος ἀγνοοῦσιν, οὐδὲ γὰρ μνείαν αὐτοῦ ὅλως πεποίηνται ἐν τῇ ἀναγραφῇ τῶν Θεοφράστου βιβλίων· Νικόλαος δὲ ἐν τῇ θεωρίᾳ τῶν Ἀριστοτέλους Μετὰ τὰ φυσικὰ μνημονεύει αὐτοῦ, λέγων εἶναι Θεοφράστου. εἰσὶ

7. Cf. Usener[1] («Zu Theophrasts metaphysischem Bruchstück»); Regenbogen, col. 1395, préférerait parler, avec Zeller, p. 812, n. 1, d'«Introduction» («Einleitung»), mais adopte «Fragment» en raison de l'usage établi. Voir aussi les réserves de Ross-Fobes, p. x; Burnikel p. 127, n. 45.

8. Cf. le commentaire de la fin du texte, *infra*, n. 3, p. 89.

9. La scholie est omise dans une branche de la tradition (J[II], C, L), un manuscrit récent (O) et les traductions latine et arabe. Elle figurait très vraisemblablement dans J[I], où elle devait renvoyer, par erreur, au premier livre de la *Métaphysique* d'Aristote, comme l'a établi G. Vuillemin-Diem[1] (section III : «Das Theophrast-Scholion und seine Verwechslung», p. 173-208). Voir aussi, pour un rapprochement entre la scholie de l'opuscule de Théophraste et celle qui se trouve dans certains manuscrits entre *Métaphysique* A et α, Vuillemin-Diem[2], p. 172-3.

δ' ἐν αὐτῷ οἷον προδιαπορίαι τινὲς ὀλίγαι τῆς ὅλης πραγματείας («Tiré de la *Métaphysique* de Théophraste. Andronicus et Hermippe ne connaissent pas ce livre, car ils n'en ont fait aucune mention dans le catalogue des œuvres de Théophraste. Mais Nicolas, dans son étude de la *Métaphysique* d'Aristote, le mentionne, en disant qu'il est de Théophraste. Il contient un petit nombre d'apories préliminaires, pour ainsi dire, à l'ensemble du traité»).

La scholie comporte manifestement, après la mention du titre, identique à celui qu'on trouve en tête de l'ouvrage (Θεοφράστου τῶν μετὰ τὰ φυσικά), deux parties : (I) une discussion sur la paternité du traité et (II) une caractérisation de son contenu. Il sera commode de les discuter séparément.

(I) Selon la scholie, ni Andronicus ni Hermippe ne connaissaient ce traité et ils ne l'avaient pas mentionné dans leur catalogue des œuvres de Théophraste ; il était en revanche cité par Nicolas, qui, dans son étude sur la *Métaphysique* d'Aristote, l'attribuait à Théophraste.

Hermippe, dont la scholie nous apprend qu'il avait dressé le catalogue des œuvres de Théophraste — sans nul doute le plus ancien — était actif vers 200 av. J.-C.[10] ; Andronicus de Rhodes, au Ier siècle av. J.-C.[11], n'avait pas seulement édité Aristote, mais Théophraste également[12]. Le Nicolas dont il est question est celui de Damas, le célèbre aristotélicien de la période augustéenne né autour de 64 av. J.-C.[13]. Si les indications de

10. Le catalogue d'Hermippe nous est très vraisemblablement conservé par Diogène Laërce, V, 42 ss. Cf. Moraux², p. 250-1.

11. L'activité d'Andronicus doit probablement être datée de la première moitié du Ier siècle, vers 60 av. J.-C. (pour l'état de la question, cf. Moraux¹, I, p. 45-58).

12. Cf. I. Düring, p. 413-4. Comme pour Hermippe, la scholie est le principal témoin, avec une note placée entre la fin du livre VII et le début du livre VIII de l'*Histoire des Plantes* de Théophraste, de l'existence d'un catalogue des œuvres de Théophraste par Andronicus. Cf. H. J. Drossaart-Lulofs, p. 27-8.

13. Sur Nicolas, voir, outre le livre de Drossaart-Lulofs,

la scholie sont dignes de foi (et il n'existe aucune raison de supposer le contraire), trois hypothèses peuvent être envisagées pour rendre compte des données qu'elle fournit :

(a) Hermippe et Andronicus ignoraient l'opuscule parce qu'il ne fut découvert qu'entre Andronicus et Nicolas. Cette hypothèse est peu probable. Rien ne suggère en effet que le corpus théophrastéen, ou une partie de ce corpus, ait subi une éclipse analogue à celle que l'on suppose parfois, sur la base de deux récits anciens relatifs au sort de la bibliothèque d'Aristote, pour le corpus aristotélicien[14]. Et même si, comme nous le supposons plus loin, le traité de Théophraste était associé à la *Métaphysique* d'Aristote, et qu'il était resté dans la cave de Nélée (ce que nous ne croyons pas), Andronicus au moins, sinon Hermippe (qui est antérieur à la «redécouverte»), connaissait nécessairement le traité.

(b) Une seconde possibilité est qu'Hermippe et Andronicus aient connu cet ouvrage, et comme étant de Théophraste, mais sous un autre titre que celui de «Métaphysique» (Μετὰ τὰ φυσικά). Comme ce titre ne figurait pas dans le catalogue des œuvres de Théophraste qu'ils avaient dressé, on pouvait penser qu'ils ignoraient l'ouvrage lui-même. Le mérite de Nicolas aurait dès lors moins consisté à identifier Théophraste comme l'auteur de l'opuscule qu'à lui assigner un nouveau titre (celui sous lequel il nous est parvenu). L'hypothèse a conduit à se demander si le catalogue de Diogène Laërce n'avait pas conservé le titre primitif de l'opuscule. Krische songeait au Περὶ τῶν ἁπλῶν διαπορημάτων[15] ; cette suggestion, déjà rejetée avec raison par Usener et Ross, a été reprise par Reale[16], en dépit du fait qu'on ne voit pas très bien en quel sens l'opuscule

Moraux[1], I, p. 445 ss. Son examen de la *Métaphysique* faisait évidemment partie de son abrégé Περὶ τῆς Ἀριστοτέλους φιλοσοφίας, cf. Moraux[1], I, p. 448 ss, 465 s., 473-75.

14. Pour une analyse des données, voir Moraux[1], I, p. 3-31.
15. Diogène Laërce, V, 46 ; cf. Krische, p. 343.
16. Cf. Usener[1], p. 260 ; Ross-Fobes, p. x ; Reale, p. 23.

pourrait être dit *porter sur* (περί) des apories, et qu'on ne sait pas vraiment à quoi correspond la notion d'« apories simples »[17]. D'autres titres figurant dans le catalogue de Diogène pourraient être pris en considération[18]. Mais, d'abord, le catalogue de Diogène est sûrement incomplet, de sorte que toute proposition est condamnée à demeurer arbitraire. En outre, le rôle de Nicolas devient incompréhensible si l'on s'arrête à cette hypothèse. Quel intérêt Nicolas pouvait-il avoir à changer le titre d'un opuscule connu sous un autre nom, et pourquoi sa décision aurait-elle fait autorité ? Surtout, la scholie ne parle pas d'un changement de titre, mais bien de l'identification de l'auteur.

(c) Il reste donc, et c'est l'hypothèse la plus vraisemblable, que l'opuscule ait été parfaitement connu avant Nicolas, mais sous le nom d'un autre auteur, en l'occurrence celui d'Aristote[19]. On s'expliquerait ainsi qu'il n'ait pas figuré dans le catalogue des œuvres de Théophraste. Nicolas aura été le premier à reconnaître qu'il ne s'agissait pas d'une œuvre d'Aristote, et à l'attribuer à Théophraste (λέγων εἶναι Θεοφράστου). C'est dans cette perspective que Rose suggérait d'identifier l'opuscule au Περὶ ἀρχῶν ἢ φύσεως α′ figurant dans le catalogue des œuvres d'Aristote chez Hésychius, et équivalant au Περὶ ἀρχῆς de Diogène Laërce[20]. Mais on comprend mal, dans ce cas, que Nicolas ait été amené à parler de ce traité dans une étude consacrée à la *Métaphysique*

17. Reale, p. 26, est embarrassé, et suggère de prendre ἁπλῶν au sens de « premières » ou de « originaires » — ce que le terme ne signifie pas. On peut ajouter que le mot διαπόρημα n'apparaît pas dans l'opuscule.

18. Par exemple Προβλημάτων συναγωγῆς α′ ou Περὶ τῶν προβλημάτων φυσικῶν α′, Diogène Laërce, V, 48.

19. Cf. par ex. Burnikel, p. 125. Une variante de cette hypothèse serait qu'Hermippe n'ait pas connu l'opuscule, parce que celui-ci figurait avec les ouvrages d'Aristote auxquels il n'avait pas accès (dans la cave de Nélée, par exemple), et qu'Andronicus l'ait connu, mais l'ait attribué à Aristote. On aurait alors affaire à une combinaison des hypothèses *(a)* et *(c)*.

20. Rose, p. 183.

d'Aristote. Il est plus vraisemblable que l'opuscule avait été transmis, avant Nicolas, avec la *Métaphysique* d'Aristote, comme une sorte d'introduction, due à Aristote lui-même [21]. Si nous admettons, comme il est probable, que ce fut Andronicus qui donna à la *Métaphysique* d'Aristote la forme et le titre sous lesquels nous la connaissons, nous pouvons imaginer la séquence suivante : (1) Hermippe ne mentionnait pas la *Métaphysique* de Théophraste, pour la bonne raison que le titre présuppose l'édition andronicienne du corpus aristotélicien [22]. (2) Andronicus ne mentionnait pas la *Métaphysique* de Théophraste, parce que, pour lui, elle figurait en introduction à la *Métaphysique* d'Aristote, et comme son œuvre. (3) Nicolas établit dans son traité sur la *Métaphysique* d'Aristote que l'opuscule devait plutôt être attribué à Théophraste.

Les arguments de Nicolas devaient longtemps rester sans effet sur la transmission de l'opuscule de Théophraste : le lien qui l'unissait à la *Métaphysique* d'Aristote était si fort que, comme Burnikel l'a démontré, il fut exclusivement transmis dans le corpus aristotélicien, avant d'être rattaché, entre le IXe et le XIIIe siècle (sans qu'il soit possible d'indiquer plus précisément à quel moment), à la tradition des opuscules scientifiques de Théophraste [23].

21. L'*Eisagogé* de Porphyre fournit un autre exemple de ce type d'introduction.

22. Ceci laisse ouverte la possibilité qu'Hermippe ait connu le traité sous un autre titre, qu'il ait été attribué à Théophraste ou à Aristote.

23. Burnikel, p. 144. Bien que la scission de l'opuscule de son contexte «métaphysique» aristotélicien et son insertion dans le contexte des recherches naturelles de Théophraste n'aient, selon toute vraisemblance, pas été motivées par des critères interprétatifs, ce réaménagement aurait pu contribuer à modifier la conception traditionnelle de l'opuscule comme opuscule «métaphysique», dont les interprètes restent encore trop tributaires.

(II) La dernière phrase de la scholie affirme que le traité contient en quelque sorte (οἷον) un petit nombre d'apories préliminaires à l'ensemble de l'ouvrage. Cette indication repose vraisemblablement sur une inférence opérée à partir des derniers mots de l'opuscule[24] : ἀρχὴ τῆς τοῦ σύμπαντος θεωρίας est glosé maladroitement par προδιαπορίαι τινὲς... τῆς ὅλης πραγματείας ; la brièveté du traité conduit le scholiaste à ajouter ὀλίγαι. On peut même penser que οἷον représente la trace du travail du glossateur[25]. Si tel est bien le cas, la seconde partie de la scholie n'a aucune autorité. Elle ne nous donne qu'une indication relative à la façon dont la dernière phrase de l'opuscule fut comprise. Il est vrai que cela n'est pas négligeable. Car on tient, dans cette exégèse inadéquate, un élément décisif pour expliquer la genèse du titre sous lequel l'opuscule nous a été transmis[26].

Le terme de θεωρία, dans le texte de Théophraste (αὕτη γὰρ ἀρχὴ τῆς τοῦ σύμπαντος θεωρίας), ne se réfère pas à un écrit, mais à un type de recherche auquel les questions abordées dans l'opuscule, et en particulier celles qui ont trait à la téléologie, servent de point de départ (ἀρχή)[27]. Mais il est vraisemblable qu'Andronicus, qui faisait de l'opuscule une introduction à la *Métaphysique* (d'Aristote), identifiait τῆς τοῦ σύμπαντος θεωρίας à la *Métaphysique* d'Aristote, et rapportait le démonstratif αὕτη non, comme il convient de le faire, à la question des limites de la téléologie[28], mais à l'en-

24. Et non, comme Theiler l'admet (p. 102), du membre Ἀλλὰ δὴ τούτων μὲν πέρι σκεπτέον, 11b23-4, bien que la formule, elle aussi prise à contresens (voir commentaire, p. 89, n. 1), ait pu influencer l'interprétation de la suite.

25. Pour cet emploi de οἷον pour indiquer une glose chez les grammairiens, cf. l'article du *Thesaurus* d'Étienne, *s.v.* οἷον, adv., tome V, p. 1830d.

26. Burnikel, p. 126, note à juste titre que la dernière phrase de la scholie ne dit pas autre chose que le titre transmis. Sur l'interprétation qu'il donne de celui-ci, cf. *supra*, p. x.

27. Voir commentaire, n. 3, p. 89.

28. Voir commentaire, n. 3, p. 89. Cet emploi de θεωρία pour

semble de l'opuscule. Une fois que l'opuscule eut été attribué par Nicolas à Théophraste, on pouvait encore identifier ἡ τοῦ σύμπαντος θεωρία, non à la *Métaphysique* d'Aristote, mais à une hypothétique *Métaphysique* de Théophraste. Dans l'un et l'autre cas, ce début qu'est l'opuscule (ἀρχή) ne devait représenter qu'un fragment.

Quel que soit l'auteur à avoir caractérisé le contenu de l'opuscule comme προδιαπορίαι τινὲς ὀλίγαι τῆς ὅλης πραγματείας[29], la phrase implique sans ambiguïté que l'opuscule est incomplet. On comprendrait ainsi que soit Nicolas, soit le scholiaste — à moins qu'il ne s'agisse d'un lecteur postérieur — ait pu désirer indiquer dans le titre la nature fragmentaire de l'opuscule : d'où le partitif τῶν[30].

Si la reconstruction qui précède est correcte, le titre transmis est le résultat d'une série d'erreurs résultant de l'association de l'opuscule de Théophraste avec la *Métaphysique* d'Aristote[31]. Non seulement il n'y a aucune raison de penser que le «fragment métaphy-

désigner un traité se retrouve dans le titre de l'ouvrage de Nicolas (cf. 12b2), et il peut avoir facilité la confusion.

29. Andronicus aurait pu par là justifier l'idée qu'il s'agit d'une introduction à la *Métaphysique* d'Aristote, et Nicolas, d'un fragment de la *Métaphysique* de Théophraste. Cette dernière hypothèse est la plus vraisemblable. Sinon, il faut supposer que Nicolas reprenait la caractérisation qu'Andronicus avait donnée du texte, tout en en modifiant l'attribution, puisque le scholiaste cite certainement Nicolas, et non Andronicus.

30. On ne peut pas plus savoir quel était le titre primitif de l'opuscule, s'il en portait un, que dans le cas des livres de la *Métaphysique* d'Aristote (le livre Δ fait exception ; on l'identifie au Περὶ τῶν ποσαχῶς λεγομένων ἢ κατὰ πρόσθεσιν du catalogue de Diogène Laërce, V, 23 = n° 36).

31. L'association entre les deux traités «métaphysiques» eut une autre conséquence curieuse. Comme la scholie est insérée à la fin du traité de Théophraste, et non au début, comme on pouvait s'y attendre, on a pu penser que les mots τοῦτο τὸ βιβλίον se référaient non, en arrière, à l'opuscule, mais, en avant, au premier livre de la *Métaphysique* d'Aristote, entraînant l'attribution de celui-ci à Théophraste. Cf. Jaeger², p. 291 et Vuillemin-Diem, *loc. cit.*, *supra*, n. 9, p. XI.

sique» est un fragment[32], mais il n'existe aucune raison non plus de l'appeler «Métaphysique». Si nous avons repris le titre traditionnel, c'est uniquement parce que l'opuscule est connu sous ce nom. Y voir un traité métaphysique au sens de la *Métaphysique* d'Aristote serait se méprendre totalement sur son caractère. Si l'on devait le rebaptiser, il faudrait sans doute l'intituler περὶ ἀρχῶν[33]. En ce sens, Bartholomée de Messine et Rose n'avaient pas tort[34].

II. Caractères généraux de l'opuscule

L'opuscule de Théophraste est pour une très grande part fait de questions et de difficultés, réelles ou supposées, touchant la nature des principes et leur relation au monde physique. Les assertions ou les développements positifs ne font pas entièrement défaut; mais ils sont rares. Dans l'ensemble, l'optatif l'emporte largement sur l'indicatif. Le caractère aporétique de l'opuscule est patent.

Comment interpréter cette série de problèmes? La formulation d'une difficulté, prise en elle-même, ne comporte généralement pas d'indications claires, ou décisives, sur la finalité qui la motive. Elle peut être au service de la critique, pour écarter une thèse; elle peut aussi être cathartique, visant à clarifier les malentendus auxquels une doctrine a pu donner lieu; elle peut constituer un moment préalable de l'élaboration d'une position originale; elle peut, enfin, être l'expression d'un doute plus radical, et n'appeler aucune réponse. Théophraste, qui, semble-t-il, a volontiers pratiqué la forme de l'aporie, a joué de ces différents registres, critique, exégétique, zététique et peut-être même hyper-

32. Voir *supra*, p. XI, n. 7.

33. L'orientation «archéologique» de l'opuscule a été relevée par plusieurs interprètes à la suite de Merlan, p. 208-9 (cf. Theiler, p. 102; Krämer[4], p. 206).

34. Voir *supra*, p. IX et XIV.

bolique[1]. Nous savons par exemple par Thémistius, dans son commentaire au livre III, 5 du *De Anima* d'Aristote, que les apories développées par Théophraste à propos de l'intellect actif étaient au service d'une justification d'ensemble de la position aristotélicienne[2]; nous avons ici affaire à une utilisation exégétique de l'aporie. Inversement, le *Corollarium de loco* de Simplicius permet de supposer que les cinq difficultés soulevées par Théophraste à l'encontre de la définition du lieu formulée par Aristote en *Physique* IV conduisaient à suggérer une nouvelle définition, qui évitait les impasses de la théorie d'Aristote[3]. L'aporie est ici à la fois critique et zététique.

Qu'en est-il de notre opuscule? La réponse à cette question a fortement été hypothéquée par la supposition qu'il dépendait de l'œuvre tardive d'Aristote[4]. On a longtemps considéré que les apories de l'opuscule possédaient une fonction essentiellement critique; en

1. On peut faire remonter ces différents usages de l'aporie — l'usage exégétique mis à part — à Aristote. Pour l'usage que nous avons ici appelé «zététique», voir Aubenque[1], p. 14-17.

2. Voir la très intéressante description que Thémistius donne de l'exégèse théophrastéenne : καὶ τὰ ἐφεξῆς μακρὸν ἂν εἴη παρατίθεσθαι καίτοι μὴ μακρῶς εἰρημένα, ἀλλὰ λίαν συντόμως τε καὶ βραχέως τῇ γε λέξει· τοῖς γὰρ πράγμασι μεστά ἐστι πολλῶν μὲν ἀποριῶν, πολλῶν δὲ ἐπιστάσεων, πολλῶν δὲ λύσεων (p. 108, 8-10 Wallies). Le rhéteur caractérise le style et le contenu de l'ouvrage de Théophraste en des termes qui conviendraient assez bien à l'opuscule (la mention de «solutions» mise à part). Voir également Priscien, *Metaphrasis in Theophrastum*, p. 36, 6-9 Bywater.

3. Pour l'énoncé des cinq difficultés, voir Simplicius, *In Phys.*, p. 604, 5-11 Diels. La suggestion propre à Théophraste, au reste formulée sur le mode de l'hypothèse, est rapportée p. 639, 13-22 (καὶ Θεόφραστος ἐν τοῖς Φυσικοῖς φαίνεται τὴν ἐννοίαν ταύτην ἐσχηκὼς περὶ τοῦ τόπου, ἐν οἷς φησίν, ὡς ἐν ἀπορίᾳ προάγων τὸν λόγον· «μήποτε ...»). Pour une analyse de ce texte, voir Sorabji, p. 151-2.

4. Burnikel pouvait encore écrire en 1974 : «Daß Theophrast seine diaporiai nach dem Abschluß der Aristotelischen *Met.* geschrieben hat, wird heute von niemand bezweifelt (Theiler : nach dem Tod des Meisters)», p. 127, n. 44 (cf. aussi *infra*, p. 39, n. 54).

effet nous ne connaissons pas les réponses que Théophraste pouvait y avoir apporté[5]. Plus récemment, Reale a suggéré qu'elles sont l'expression d'un désabusement métaphysique, et du congé donné au projet aristotélicien d'une ontologie générale[6]. Or ces deux points de vue ne tiennent réellement compte ni de l'usage spécifique qui est fait de la forme aporétique dans le traité, ni de ce que nous savons par ailleurs de la démarche de Théophraste, ni, enfin et surtout, du fait que l'opuscule a toutes les chances d'avoir été rédigé à une étape de la longue collaboration avec Aristote où la question d'une «critique» radicale des doctrines aristotéliciennes, sous leur forme mature, ne pouvait guère se poser.

L'opuscule suppose évidemment la théorie aristotélicienne du premier moteur (qu'il critique en 5a14-6a14), et donc le livre Λ de la *Métaphysique*[7]. Mais on peut tenir pour acquis, après les remarques de H.-J. Krämer, que le cadre philosophique qui sert de référence aux «questions» de Théophraste est celui de la discussion interne à l'Académie. En particulier, la focalisation sur la question de la dérivation à partir des principes, ou «archéologie»[8], s'inscrit parfaitement dans le contexte des débats dont la doxographie des positions académiques (6a14-b22) donne une illustration éloquente[9].

5. Cf. Zeller, p. 821.

6. C'est le sens, chez Reale, de la formule «aporétique métaphysique», dans le titre de son étude. Il oppose les apories théophrastéennes, qui n'appellent pas de solution (elles sont donc de nature hyperbolique, si l'on suit la terminologie introduite plus haut), aux apories du livre B de la *Métaphysique* d'Aristote, qui, construites de façon strictement antinomiques, ne peuvent être déchiffrées indépendamment des développements positifs qui y correspondent (p. 78-87).

7. D. Frede, p. 70-9, a soutenu que l'opuscule de Théophraste devait avoir été rédigé avant l'insertion (tardive, selon la thèse de Jaeger[1], p. 371-3) du chapitre 8 du livre Λ sous la forme que nous lui connaissons. *Contra*, voir Devereux, p. 172-4 et p. 187, n. 61.

8. Cf. *supra*, p. XVIII, n. 33.

9. Krämer[4], spéc. p. 207-209.

En outre, les développements sur la téléologie, loin de se démarquer de thèses formulées dans l'œuvre biologique tardive d'Aristote, sont au contraire en partie présupposés par elles[10]. Si l'on admet que l'opuscule de Théophraste a été rédigé à une date relativement ancienne[11], on sera moins tenté d'expliquer l'absence frappante de toute allusion à la doctrine de la substance des livres Z H Θ de la *Métaphysique* par un quelconque «désintérêt»[12]. Naturellement, il n'est pas dit que Théophraste, eût-il connu les livres centraux de la *Métaphysique*, leur aurait accordé une place dans son opuscule : car les difficultés qu'il formule sont moins guidées par ce qu'il pouvait savoir, ou ne pas savoir, de l'œuvre d'Aristote, que par la logique d'un questionnement autonome, et ce jusque dans sa critique initiale de la théorie du moteur immobile.

La perspective propre à l'opuscule est celle de la recherche de principes tels qu'ils puissent rendre compte de la diversité du monde naturel. Il est important de noter, à cet égard, que la question liminaire : «Comment faut-il définir et par quels types [d'objets] l'étude qui porte sur les premiers [êtres]?» ne présente aucun caractère aporétique[13]. On ne peut même pas dire qu'elle fournisse la matière d'une aporie. Elle

10. Cf. Most[1], p. 224-33, dont les conclusions sont résumées *infra*, p. 19, n. 16 et dans le commentaire, p. 77-79, n. 11-20 et p. 82-83, n. 37-38.

11. Cf. Krämer[4], p. 213 ; Gaiser[2], p. 55-6, suggère que la rédaction de l'opuscule de Théophraste remonte au second séjour d'Aristote à Athènes, entre 335 et 323 — ce qui pourrait être une date encore trop basse. Cf. aussi D. Frede, p. 78, et Devereux, p. 182.

12. Cf. Reale, p. 144-47. Il est vrai que, dans le reste de son œuvre conservée, Théophraste ne semble pas beaucoup préoccupé de questions principielles. Mais le fait que nous ne possédions qu'une partie de son œuvre peut fausser l'image que nous avons de ses intérêts.

13. La question est reprise dans la dernière phrase de l'opuscule, comme une tâche qui reste à remplir, après que la problématique permettant d'y répondre adéquatement a été dégagée. Cf. commentaire, p. 89, n. 3.

enclenche bien plutôt une reconstruction de la doctrine aristotélicienne du premier moteur, envisagée comme une réponse possible à cette question. Ce n'est qu'en 5a14 que la critique est amorcée, par le biais des difficultés — tout à fait réelles — que soulève l'argument du «désirable»[14]. L'aporie, ici, a de toute évidence une fonction critique. Mais il faut bien voir que ce premier mouvement, une fois achevé, est relayé par un questionnement de nature différente. Ce point apparaîtra mieux si l'on remarque que la critique du premier moteur, pour radicale qu'elle soit, ne vise qu'une étape décisive du raisonnement aristotélicien qui, selon 5a5-6, est «plausible jusqu'à un certain point». S'il cesse de l'être avec l'introduction de la notion de «désir»[15], l'ensemble de l'argument ne s'effondre pas pour autant. En effet, la critique n'affecte pas le postulat que Théophraste met à la base de sa reconstruction de l'argument aristotélicien, et qui se laisse résumer d'un mot, celui de «connexion» ou de «continuité» (συναφή). Le terme, étranger à Aristote en ce sens, exprime l'exigence d'une continuité entre la sphère des principes et ce qui en dépend[16]. Une fois récusée la théorie aristotélicienne du principe comme principe du mouvement, la plupart des questions soulevées dans la suite de l'opuscule, ainsi que la doxographie de 6a14-b22, gravitent et s'articulent autour d'un seul point : que doivent être les principes, pour que l'exigence de «continuité» puisse être respectée ? Ainsi, pas plus que la reconstruction initiale de la doctrine aristotélicienne du premier moteur ne peut être mise sur le même plan que la critique qui en est faite, les questions ultérieures ne sont homogènes à cette dernière. Il s'agit désormais moins de formuler des objections que d'explorer dans quelle mesure il est possible de trouver une réponse au problème initiale-

14. Théophraste insiste en particulier sur le caractère métaphorique de l'argument aristotélicien.

15. Ἔφεσις, selon la terminologie de Théophraste : voir commentaire, p. 34, n. 33.

16. Voir commentaire, p. 26-27, n. 1 et 2.

ment posé. Dans ce cadre, certains aspects de la doctrine que nous savons avoir été celle d'Aristote peuvent naturellement être critiqués[17]; mais d'autres peuvent être sollicités[18]; souvent on imagine bien que le problème aurait pu être formulé par Aristote lui-même, à telle étape de sa pensée[19].

Ainsi, la plus grande partie des questions posées par Théophraste ont beaucoup plus à voir avec la gestation d'un programme et d'une méthodologie de recherche qu'avec la critique d'une doctrine constituée. Dans la terminologie suggérée plus haut, ses apories sont essentiellement zététiques, même si certaines présentent un autre caractère[20]. On pourrait leur appliquer la formule de 8b14-5, selon laquelle l'aporie commence d'éclairer ce qui reste encore obscur[21]. De fait, plusieurs sections de l'opuscule se lisent comme une invitation à explorer plus avant les différents domaines de la connaissance naturelle, du ciel jusqu'aux minéraux[22]. La dernière phrase indique que les questions téléologiques sur lesquelles débouche l'opuscule ne sont qu'un point de départ pour une étude de l'ensemble de l'univers qui

17. Il s'agit essentiellement, et de manière caractéristique, de problèmes liés à l'origine du mouvement, voir 7b15-19; 10a16-19.

18. Théophraste emploie par exemple assez fréquemment le concept d'ἐνέργεια (même si ce n'est pas celui de *Métaphysique* Θ; cf. commentaire, p. 55, n. 30). Il condamne, par ailleurs, le *regressus in infinitum* en des termes très proches de ceux d'Aristote (cf. p. 69, n. 41 et p. 71, n. 49), et admet comme lui que les réalités simples sont soustraites à l'erreur (cf. p. 70, n. 46).

19. Gaiser², p. 56, voit dans l'opuscule une série de «kritische Anregungen während der Ausarbeitung der aristotelischen Konzeptionen».

20. Dans le cas de la théorie du premier moteur, les difficultés sont de toute évidence critiques. D'autres questions encore se heurtent à une fin de non-recevoir, cf. par exemple 6a2-3, 8a21-2. et b8-9. Ces textes ne signifient pas, comme on l'admet souvent (cf. par ex. Burnikel, p. 126), que Théophraste se désintéresse des questions ultimes, mais que certains problèmes sont mal posés.

21. Cf. commentaire, p. 63, n. 14.

22. Voir par exemple 7b6-8 et 11b24-27.

permettrait de répondre aux questions initialement posées sur la nature des principes[23]. Dans le cours de l'opuscule, nombreux sont les passages ébauchant des voies de recherche, avançant des suggestions, qui appellent un exposé plus détaillé. De sorte que, en contrepoint de la forme interrogative, qui donne incontestablement le ton à l'opuscule, s'esquissent, de manière plus ou moins appuyée, les contours d'un projet qui oriente la nature des questions et règle en partie leur groupement, parfois leur succession. C'est ce fil directeur que nous avons essayé de restituer en offrant un sommaire systématiquement structuré des développements de l'opuscule[24].

Une fois reconnu ce trait «positif» de l'aporie théophrastéenne, on sera mieux préparé pour exploiter, ou même simplement repérer, les indices qui témoignent d'une position philosophique autonome, dont l'esprit se laisse bien cerner[25]. Il est remarquable, par exemple, que la section qui trace les grandes lignes d'une épistémologie de la différence et du «mode propre» (8b10-10a21) se présente sous une forme largement apodictique[26]. A l'intérieur même des développements aporé-

23. Pour la composition en anneau, voir commentaire, p. 89, n. 3.

24. Voir *infra*, section III. A titre de comparaison, on consultera la classification assez mécanique des apories chez Reale, p. 88-90. Encore sous l'influence du modèle dont il récuse par ailleurs à juste titre la pertinence, il réduit l'opuscule à une série rhapsodique d'apories numérotées de un à vingt, comme on numérote les quinze apories du livre B de la *Métaphysique* d'Aristote. Pour une critique de la méthode analytique d'Usener, qui avait conduit ce dernier à admettre désordres et lacunes, cf. Ross-Fobes, p. XIX-XX. Ross lui-même remarque que l'arrangement «n'est pas très bon» (p. XVIII).

25. Les réserves d'Ellis, p. 217, ne se justifient vraiment qu'à titre de réaction contre la thèse extrême de van Raalte, voir *infra*, p. XXVI, n. 39.

26. Voir aussi la conclusion de la section consacrée à la distinction matière/forme, 8a19-20, ainsi que, dans le commentaire, p. 41, n. 63.

tiques, des expressions telles que « à moins que »[27], « de cette manière-là du moins »[28], « peut-être »[29] « peut-être est plus vraie cette [thèse] selon laquelle »[30], « il faut tenter de »[31], « il faut examiner »[32], ou plus nettement encore, « il reste donc que »[33], sont autant de manières de faire droit à une thèse sans en développer les implications. Très significatifs aussi sont les cas où la formulation de l'aporie fait elle-même l'objet d'une critique, comme en un mouvement d'auto-correction. Ce n'est certainement pas un hasard si, dans plusieurs de ces passages, Théophraste prend ses distances par rapport à une objection qui ne serait recevable qu'à la condition d'admettre l'homogénéité fondamentale entre les principes et ce qui en dérive[34]. Car le postulat fondamental de la « continuité », qui traverse le traité comme un fil rouge, n'est pas moins menacé par une telle homogénéité que par le modèle discontinuiste de Speusippe, contre lequel Théophraste fait front avec Aristote[35]. La thèse qui affleure ici fait l'unité de l'opuscule : s'ils doivent être les principes de *ce* monde, qui est un monde de différences, les principes doivent être cherchés non dans un ou plusieurs moteurs, mais dans des « contraires »[36]. C'est ici que l'horizon « académique » de Théophraste s'articule, en une synthèse originale, avec un intérêt patent, et confirmé par tout ce que nous savons de son œuvre, pour la contingence des phénomènes naturels, intérêt qu'il partage sans nul doute avec Aristote, mais auquel il donne aussi une tonalité

27. 6a10, 7a22-3, 7b13, 8a3.
28. 8a14.
29. 9b6.
30. 9b13-4, cf. 9a21-2
31. 9a24, 11b25.
32. 11b24.
33. 5b17.
34. 6a2-5, 8a21-2, 8a27-8 ; 8b8-9. Voir commentaire, p. 41, n. 63 et 65 et p. 56-57, n. 37.
35. Cf. commentaire, p. 27, n. 2.
36. Cette position est critiquée par Aristote dans plusieurs textes, cf. commentaire, p. 59, n. 3.

particulière, parfois pathétique. Le souci de Théophraste est de pouvoir faire le lien entre une théorie des principes et l'explication de phénomènes ontologiquement aussi ténus que peuvent l'être les bulles, les particularités de la formation du relief, ou les éphémères[37]. C'est cet arc que dessine la série de questions que Théophraste enchaîne dans l'opuscule, et qui explique aussi bien l'importance accordée à la catégorie de «différence»[38] que la centralité du modèle «platonicien» en vertu duquel le premier principe est incapable d'informer complètement la matière. Cette ligne d'interprétation paraît plus raisonnable que celle qui consiste à faire du Théophraste de l'opuscule un proto-stoïcien, en raison des tendances immanentistes de l'opuscule[39], ou, inversement, un précurseur d'une pensée de la transcendance (médio- ou même néo-platonicienne)[40]. Ces propositions, qui ne s'appuient que sur des passages isolés ou mal interprétés[41], sont favorisées par la datation traditionnelle de l'opuscule, qui incite assez naturellement à y rechercher l'annonce des «grands thèmes de la pensée hellénistique naissante»[42]. Il nous semble plutôt que Théophraste, porté par un intérêt tout aristotélicien à

37. 7a22; 11a17-8; 10a28-b7.

38. C'est le titre que nous avons donné à la section III du sommaire (*infra*, p. XXXIV).

39. Reale, par exemple, voit la métaphysique se restreindre chez Théophraste à la cosmologie, p. 148-51. Se référant à l'ancrage du mouvement dans l'âme et la vie même de l'univers (cf. 6a5-14 et 10a9-21), Grumach, p. 64, soutient que nous nous trouvons là «au seuil du Stoïcisme». M. van Raalte n'a pas hésité à franchir ce seuil, en faisant de Théophraste un représentant d'une pensée «organiciste» (voir par ex. p. 207).

40. Voir en ce sens Theiler, p. 102. A mi-chemin entre l'interprétation immanentiste (le primat reconnu à l'âme) et l'insistance sur la transcendance du dieu, se situe la suggestion de Festugière, découvrant «chez le premier et le plus authentique disciple d'Aristote, les linéaments de la théologie chrétienne» (p. 365), l'être doué de raison étant «un intermédiaire entre le monde et Dieu» (p. 364).

41. Pour un exemple, cf. commentaire, p. 56-57, n. 37.

42. Theiler, p. 102.

l'égard de la diversité des manifestations naturelles[43], s'est demandé quelle théorie des principes pourrait leur assurer le meilleur fondement. Le paradoxe, qui fait à nos yeux l'un des grands intérêts de l'opuscule, est qu'il devait la trouver du côté de l'Académie.

III. Sommaire de l'argument de l'opuscule

La question.

0.	[4a 2] :	Comment devons-nous définir l'étude des premiers principes ? Contrairement à la nature, qui est diverse, les principes (τὰ πρῶτα) sont limités et ignorent le changement : ce qui explique qu'ils soient considérés comme intelligibles et relevant d'un ordre supérieur.

I. La connexion.

1.	[4a 9] :	[Étant donné cette différence,] notre point de départ doit être : existe-t-il ou non une connexion entre les principes et la nature ?
1.0.1	[4a13] :	Il est raisonnable de répondre positivement, et d'admettre qu'il existe une hiérarchie des êtres.
1.1	[4a17] :	Quelle est alors la nature des principes (ἀρχαί), et où les trouver ?
1.1.1	[4a18] :	Sont-ils seulement mathématiques ?
1.1.1.1	[4a19] :	Non, parce que la manière dont la connexion se fait ne serait pas

43. Cf. 4a3-4 et le commentaire, p. 25, n. 4.

claire et que les objets mathématiques semblent inadéquats

1.1.1.1.1 [4a21] : puisqu'il semble que nous les créions,

1.1.1.1.2 [4b 2] : et que, en tout état de cause, ils ne peuvent rendre compte du mouvement et de la vie.

1.1.2 [4b 6] : Sont-ils quelque chose d'antérieur et de supérieur aux objets mathématiques ?

1.1.2.1 [4b 7] : Seront-ils un par le nombre, l'espèce, le genre ?

1.1.2.1.1 [4b 8] : Il est raisonnable de supposer que les principes sont en petit nombre, ou même qu'il n'y en a qu'un.

1.1.2.2 [4b11] : Comment peut-on alors indiquer ce qu'ils sont ?

1.1.2.2.1 [4b12] : Non pas directement, mais à travers une forme de comparaison,

1.1.2.2.1.1 [4b13] : comme nous le faisons pour le dieu.

1.1.2.2.1.2 [4b16] : Il est difficile de trouver une façon plus claire.

1.1.2.3 [4b18] : Comme la nature est en mouvement, les principes doivent être principes de mouvement (cf. 1.1.1.1.2). Comment causeront-ils donc le mouvement ?

1.1.2.3.1 [4b22] : [Non du fait de leur propre mouvement,] car ils sont immobiles [cf. 0],

1.1.2.3.2 [5a 1] : mais du fait d'une autre puissance, supérieure et antérieure au mouvement,

1.1.2.3.2.1 [5a 2] : comme celle consistant à être l'objet d'un désir,

1.1.2.3.2.1.1 [5a 3] : qui produira un mouvement circulaire continu.

1.2 [5a 5] : Jusqu'ici, l'argument semble correct, puisque 1.1.2.3.2.1 répond à 1.1. Mais [5a14] un supplément d'explication est requis : de quel type de désir s'agit-il ?

1.2.1 [5a15] : D'abord, il existe un dilemme relatif au nombre des sujets désirants d'une part, à la pluralité et à la contrariété du mouvement des sphères d'autre part.

1.2.1.1 [5a17] : Si le principe est unique, pourquoi toutes les sphères ne suivent-elles pas un parcours identique ?

1.2.1.2 [5a19] : Et si les principes sont plusieurs, comment expliquer l'harmonie de ces parcours ?

1.2.1.3 [5a21] : En outre, il ne faut pas seulement expliquer quel est le nombre de sphères, mais justifier leur pluralité même.

1.2.2 [5a23] : Pourquoi les sphères se déplacent-elles localement ...

1.2.2.1 [5a24] : ... plutôt que de rester en repos ... ?

1.2.2.1.1 [5a25] : Comparaison entre le désir d'Aristote et l'imitation des platoniciens.

1.2.2.2 [5b 7] : ... plutôt que d'avoir la meilleure forme de mouvement, c'est-à-dire la pensée ?

1.2.2.2.1 [5a28] : Le désir suppose en effet l'âme, dont dérivent toutes les formes de mouvement [dont la pensée].

1.2.3 [5b10] : Pourquoi seules les sphères désirent-elles, et non les objets au centre ?

1.2.3.1 [5b13] : Est-ce dû à la faiblesse du premier moteur ?

1.2.3.1.1	[5b14] :	Ce serait absurde.
1.2.3.2	[5b18, cf. b13] :	Est-ce dû au fait que le centre est incapable de recevoir ?
1.2.3.2.1	[5b18] :	Ce serait la seule autre possibilité (cf. 1.2.4.1 ; 4.2.2.3.1.2 ; 4.3.3).
1.2.3.2.2	[5b19] :	Mais 1.2.3 présuppose que la portion centrale de l'univers fait partie du ciel ; nous devons d'abord dire s'il en va ainsi ou non.
1.2.3.2.2.1	[5b21] :	Car dans la présente hypothèse, elle semble être rejetée loin du ciel sous tous les points de vue.
1.2.3.2.2.2	[5b23] :	Les mouvements centraux semblent en effet être causés par accident (cf. 4.2).
1.2.4	[5b26] :	Et si l'on part de l'idée que le meilleur provient du meilleur, les sphères devraient également recevoir plus que le mouvement circulaire,
1.2.4.1	[5b28] :	à moins d'en être empêchées.
1.2.4.2	[6a 2] :	En fait, une telle exigence est extravagante, et néglige la nécessité des différences.
1.2.5	[6a 5] :	Est-il de l'essence du premier ciel de se mouvoir circulairement, ou la rotation n'est-elle pas plutôt contingente, s'il est vrai qu'elle est causée par le désir ?
1.2.5.1	[6a10] :	Le désir pourrait cependant lui-même être essentiel.
1.2.5.2	[6a12] :	Sans même parler du désir, on pourrait se demander si le ciel ne doit pas nécessairement posséder le mouvement.

1.2.5.2.1	[6a14] :	Mais ceci relève d'un autre type de problème [que celui de la connexion].
1.3	[6a15] :	Jusqu'où peut-on aller dans la dérivation des différentes classes d'êtres à partir du ou des principe(s)? (Doxographie de différents types de connexion représentés au sein de l'Académie[1].)
1.3.1	[6a15, b6] :	Ne doit-on pas poursuivre jusqu'au terme plutôt que de s'interrompre,
1.3.1.1	[6a19] :	comme Archytas disait qu'Eurytos le faisait?
1.3.1.2	[6b 6] :	Seul Xénocrate va manifestement jusqu'au bout.
1.3.1.3	[6b11] :	Platon semble également produire tout type de chose par dérivation,
1.3.2	[6a23] :	alors que la plupart s'interrompent,
1.3.2.1	[6a24] :	par exemple les tenants de l'Un et de la dyade,
1.3.2.2	[6b 5] :	ou encore Speusippe et les autres [disciples de Platon].
1.3.2.3	[6b 9] :	Hestiée le tente seulement jusqu'à un certain point.
1.3.2.4	[6b15] :	Certains en restent aux principes eux-mêmes.
1.3.2.4.1	[6b16] :	Parmi eux, tels disent que la vraie réalité ne peut être trouvée que dans les principes.

1. Dans cette section, nous nous sommes vus obligés de renoncer à respecter l'ordre du texte de Théophraste, en raison du caractère complexe, en partie systématique, en partie historique, de la disposition doxographique.

1.3.2.4.2	[6b17] :	C'est là le contraire de ce qui se passe dans le cas des autres sciences.
1.3.2.4.2.1	[6b20] :	Mais peut-être est-ce là chose normale.

II. **Les principes.**

2.	[6b23] :	Quelle est la nature des principes ?
2.1	[6b23] :	Sont-ils des formes, de nature matérielle, ou des composés ?
2.1.1	[6b24] :	Sont-ils simplement matière, sans avoir eux-mêmes de forme, comme c'est le cas chez les physiciens ?
2.1.2	[6b26] :	Sont-ils informés, sans avoir eux-mêmes de matière, comme le dit Platon ?
2.1.2.1	[6b26] :	C'est ce qu'on attend de principes.
2.1.2.2	[7a 1] :	C'est le cas dans les autres sciences.
2.1.2.3	[7a 4] :	Et il en va de même pour les techniques.
2.1.3	[7a 7] :	Cependant, il y a de bonnes raisons d'adopter une troisième position, selon laquelle ils sont aussi bien l'un que l'autre. En effet :
2.1.3.1	[7a 8] :	Complète, la réalité implique la matière aussi bien que la forme.
2.1.3.2	[7a10] :	Un argument contre 2.1.1 est que les grandes régularités qu'on observe dans le monde supposent que les principes aussi soient informés.
2.1.3.2.1	[7a10] :	Héraclite reflète bien le paradoxe de la position.
2.1.3.2.2	[7a15] :	De manière générale, les physi-

		ciens eux-mêmes expliquent la nature jusque dans ses moindres détails.
2.1.3.3	[7a19] :	Mais, contre 2.1.2, on fera valoir qu'il existe aussi des limites manifestes à l'information par les principes (cf. section IV).
2.1.3.3.1	[7a22-7b5] :	Beaucoup de phénomènes semblent avoir une cause purement mécanique.
2.1.3.3.2	[7b5-8] :	Il faut déterminer jusqu'où l'ordre s'étend.
2.2	[7b 9] :	Les principes sont-ils en mouvement ou immobiles ?
2.2.1	[7b11] :	Si l'immobilité est meilleure, elle devra être attribuée aux principes.
2.2.2	[7b12] :	Mais non si l'immobilité est une privation de mouvement,
2.2.2.1	[7b13] :	à moins d'entendre par immobilité «activité».
2.2.2.2	[7b15] :	Car l'argument par lequel on pense établir l'immobilité du premier moteur (1.1.2.3.1) n'est pas satisfaisant.
2.2.2.2.1	[7b17] :	Il risque d'être purement verbal.
2.2.2.2.1.1	[7b18] :	On attend une justification positive plus détaillée.
2.2.2.2.2	[7b19] :	Les sens indiquent que certaines choses se meuvent d'elles-mêmes.
2.2.2.2.2.1	[7b22] :	Cela doit aussi valoir pour l'intellect, ou le dieu.
2.2.2.3	[7b23] :	Une autre objection contre l'immobilité peut être fondée sur le concept d'imitation : si le principe est immobile, pourquoi les choses qui le désirent n'imitent-elles pas son immobilité (cf. 1.2.2) ?

2.2.2.3.1	[8a 3] :	Cet argument est cependant faible, car il suppose que le monde soit sans parties différenciées, plutôt qu'un tout harmonieux (cf. 1.2.4.2).
2.3	[8a 8] :	Qu'en est-il du partage entre matière et forme, pour ce qui est [des modalités] de l'être ?
2.3.1	[8a10] :	Est-ce une relation de non-être (actuel) à être (en acte) ?
2.3.2	[8a11] :	Est-ce une relation d'être indéterminé à être informé ?
2.3.2.1	[8a12] :	Il en irait alors comme pour les techniques.
2.3.2.2	[8a14] :	Cette position combine l'avantage d'indiquer que le passage de la matière à la forme s'effectue vers le meilleur, tout en prédiquant déjà la réalité de la matière, serait-elle indéterminée.
2.3.2.3	[8a19] :	Nous devons donc employer l'analogie des techniques.

III. **Les différences.**

3.1	[8a21] :	Pourquoi l'univers est-il constitué de contraires ...
3.1.1	[8a24] :	... au point que le pire n'est pas seulement égal au bien, mais même prédomine (cf. 4.2.2.3.1.2.2) ?
3.1.1.1	[8a27] :	Nous ne devons cependant pas rechercher une unité indifférenciée (cf. 1.2.4.2, 2.2.2.3.1).
3.1.1.2	[8b 4] :	L'opinion qui soutient que l'être n'est pas possible sans les contraires n'est paradoxale qu'en apparence ; on admet bien que toutes choses sont, bien

		qu'il y en ait de blanches et de noires (cf. 4.3.3.1).
3.1.1.2.1	[8b 6] :	Nous n'avons cependant pas à pousser le paradoxe jusqu'au point d'admettre le non-être, qu'il soit présent, passé ou futur, au nombre des constituants du tout.
3.2	[8b10] :	En fait, il est évident que l'être est pluriel.
3.2.1	[8b10] :	Les sens indiquent l'existence de différences.
3.2.1.1	[8b12] :	La sensation est l'auxiliaire de la connaissance.
3.2.2	[8b16] :	La connaissance est impossible sans [indication de] différences.
3.2.2.1	[8b17] :	Les individus et les espèces sont nécessairement différents.
3.2.2.2	[8b20] :	La connaissance porte sur le propre (et donc la différence).
3.2.3	[8b24] :	La connaissance considère ce qui en une multiplicité est identique,
3.2.3.1	[8b25] :	que ce soit commun ou propre.
3.2.3.2	[8b27] :	Certaines connaissances ont pour fin l'universel, d'autres le particulier.
3.2.3.3	[9a 4] :	Il existe différentes façons de connaître ce qui est identique : par la substance, le nombre, l'espèce, le genre, l'analogie, etc.
3.3	[9a10] :	Puisque la connaissance est différenciée, comment rechercher les différents types de choses ?
3.3.1	[9a11] :	L'essentiel est de déterminer la méthode appropriée à l'objet.
3.3.1.1	[9a12] :	Exemples d'objets et de méthode : principes intelligibles, êtres naturels en mouve-

		ment, avec leurs différentes subdivisions.
3.3.1.1.1	[9a16] :	Une analogie : la division des sciences mathématiques.
3.3.1.1.2	[9a18] :	Un cas particulier : la connaissance de l'inconnaissable.
3.3.2	[9a23] :	Pour déterminer quel est le nombre de méthodes auxquelles nous pouvons recourir,
3.3.2.1	[9a24] :	il faut d'abord définir ce qu'est la connaissance,
3.3.2.1.1	[9a26] :	ce qui est difficile, parce que les termes plurivoques n'ont pas de définition générale.
3.3.2.2	[9b 1] :	Il est aussi fort difficile de dire jusqu'où il convient de remonter dans la série des causes.
3.3.2.2.1	[9b 4] :	Qu'il s'agisse des sensibles ou des intelligibles, la régression à l'infini doit être évitée.
3.3.2.2.2	[9b 6] :	Les sensibles et les intelligibles fournissent les uns et les autres un point de départ, mais en des sens différents.
3.3.2.2.3	[9b 8] :	Partant de ce qui est premier pour nous (les sensibles), nous pouvons jusqu'à un certain point donner des explications causales.
3.3.2.2.4	[9b10] :	Ce n'est plus le cas quand il s'agit [de la connaissance] des principes,
3.3.2.2.4.1	[9b11] :	soit que les principes n'aient pas de cause,
3.3.2.2.4.2	[9b12] :	soit que nous soyons trop faibles pour les connaître,
3.3.2.2.4.3	[9b13] :	soit enfin, plus vraisemblablement, que le principe soit comme touché directement par l'intellect.
3.3.2.3	[9b16] :	Il est difficile de résoudre le pro-

		blème des limites entre la connaissance des principes et les autres sciences.
3.3.2.3.1	[9b21] :	Ceux qui demandent raison de toute chose [dans le cadre d'une science donnée] détruisent la raison.
3.3.2.3.2	[9b24] :	L'exemple de l'astronomie montre combien il est difficile d'assigner des limites aux sciences, vers les principes en haut et vers les phénomènes sublunaires en bas.
3.3.2.3.2.1	[10a 5] :	Différence entre astronomie et étude des principes :
3.3.2.3.2.1.1	[10a 7] :	d'un côté, l'explication du mouvement relève d'une science antérieure à l'astronomie,
3.3.2.3.2.1.1.1	[10a 7] :	ce qui a pu faire penser qu'elle ne faisait pas partie des sciences de la nature.
3.3.2.3.2.1.2	[10a 9] :	D'un autre côté, le mouvement du ciel fait partie de sa nature (comme celui des animaux fait partie de la leur), de sorte qu'il n'appelle pas d'explication.
3.3.2.3.2.1.2.1	[10a19] :	Ce problème est apparenté à celui du premier moteur (cf. 1.2.5.2).

IV. La téléologie.

4.	[10a22] :	Jusqu'à quel point pouvons-nous assigner une cause finale à toute chose (cf. 2.1.3.3) ?
4.1	[10a23] :	Il n'est de toute façon pas facile de le déterminer.
4.2	[10a25] :	En particulier, certains phénomènes semblent se produire par

		coïncidence, certains autres par nécessité.
4.2.1	[10a28] :	Exemples
4.2.1.1	[10a28] :	tirés du climat et de la mer,
4.2.1.2	[10b 7] :	tirés des animaux,
4.2.1.3	[10b21] :	tirés des plantes et des êtres inanimés.
4.2.2	[10b24] :	Il existe trois possibilités de traiter ces phénomènes.
4.2.2.1	[10b24] :	Il est difficile d'admettre qu'ils soient sans raison.
4.2.2.2	[10b26] :	Plus plausible est qu'ils soient le résultat mécanique d'autres processus.
4.2.2.3	[11a 1] :	Même si tel n'est pas le cas, il faut limiter les explications par les causes finales et l'explication par le meilleur.
4.2.2.3.1	[11a 3] :	Exemples d'explications insatisfaisantes en termes de meilleur : la nature, les animaux, l'univers.
4.2.2.3.2	[11a13] :	Car le désir de produire le meilleur se heurte à la résistance du récepteur (cf. 1.2.3.2.1).
4.2.2.3.2.1	[11a16] :	C'est pourquoi par exemple les êtres animés sont en si petit nombre.
4.2.2.3.2.2	[11a18] :	Il reste cependant que seul un ignorant de la nature (comme Speusippe) pourrait prétendre que le bien est rare, dans un océan de mal positif.
4.3	[11a27] :	Platon et les pythagoriciens adoptent une position médiane.
4.3.1	[11a27] :	Ils admettent une grande distance entre la nature et le bien, mais ils disent aussi que la nature imite le bien.
4.3.2	[11b 2] :	Adoptant des principes con-

traires (et même le primat de la dyade, principe de désordre, sur l'Un), ils assignent des limites à l'imitation.

4.3.3 [11b 7] : Ainsi même le pouvoir du dieu est limité.

4.3.3.1 [11b10] : Et peut-être ne choisirait-il pas, même s'il le pouvait, le meilleur, s'il est vrai que le monde même n'existerait pas sans les contraires.

4.3.4 [11b12] : Cette position fait sa part aux désordres que l'on constate dans le monde dans les différents domaines (cf. 4.2.1), et auxquels seules les mathématiques échappent pour leur plus grande part.

4.3.4.1 [11b21] : à moins qu'on ne se range en cette matière à l'avis de Démocrite.

4.4 [11b24] : Conclusion de ce développement : nous devons poser une limite à l'explication par les causes finales (cf. 4.2.2.3).

V. Conclusion de l'opuscule.

5. [11b27] : La question initiale de déterminer dans quel domaine se trouvent les choses qui sont (cf. 1.1) et quels sont leurs rapports réciproques (cf. 1.) trouve ici, dans la question des limites, son vrai point de départ.

IV. La transmission de l'opuscule

1. **Les manuscrits grecs**[1].

a. *Notices descriptives*[2].

La *Métaphysique* de Théophraste est conservée dans dix-huit manuscrits grecs ; du point de vue de la transmission, on peut en outre considérer l'*editio princeps*

1. Cette section doit beaucoup à la générosité de Philippe Hoffmann, qui nous a indiqué de nombreuses pistes et offert de multiples remarques et références.

2. Les abréviations suivantes sont utilisées pour les études fréquemment citées dans cette section :

AG I = Moraux (P.), Harlfinger (D.), Reinsch (D.), et Wiesner (J.), *Aristoteles Graecus. Die griechischen Manuskripte des Aristoteles. Erster Band. Alexandrien-London* = Peripatoi, 8, Berlin-New York, 1976.

Briquet = Briquet (C. M.), *Les Filigranes. Dictionnaire historique des marques du papier dès leur apparition vers 1282 jusqu'en 1600*, 4 vol., Paris 1907 ; Leipzig, 1923² (reprod. Hildesheim/New York, 1977) ; 3ᵉ éd. augmentée par A. Stevenson, Amsterdam 1968.

Harlfinger, *ΓΡΑΜΜΩΝ* = Harlfinger (D.), *Die Textgeschichte der pseudo-aristotelischen Schrift ΠΕΡΙ ΑΤΟΜΩΝ ΓΡΑΜΜΩΝ. Ein kodikologisch-kulturgeschichtlicher Beitrag zur Klärung der Überlieferungsverhältnisse im Corpus Aristotelicum*, Amsterdam, 1971.

Harlfinger, *Kodikologie* = Harlfinger (D.), éd., *Griechische Kodikologie und Textüberlieferung*, Darmstadt, 1980.

Harlfinger, « Metaphysik » = Harlfinger (D.), « Zur Überlieferungsgeschichte der *Metaphysik*, » dans Aubenque (P.), éd., *Études sur la Métaphysique d'Aristote. Actes du VIᵉ Symposium Aristotelicum*, Paris, 1979, p. 7-36.

Harlfinger, « Mirabilien » = Harlfinger (D.), « Die handschriftliche Verbreitung der Mirabilien, » dans Flashar (H.), éd., *Aristoteles. Mirabilien*, Berlin, 1970, p. 28-50.

Hoffmann, « Collaborateur » = Hoffmann (Ph.), « Autres données relatives à un mystérieux collaborateur d'Alde Manuce : l'Anonymus Harvardianus », *Mélanges de l'École française*

comme un dix-neuvième manuscrit[3]. Pour la commodité, nous avons conservé les sigles utilisés dans l'édition Ross-Fobes, en y ajoutant des abréviations simples

de Rome. Moyen Âge-Temps Modernes, 98, 1986, p. 673-708.

Hunger, *Katalog* I = Hunger (H.), *Katalog der griechischen Handschriften der Österreichischen Nationalbibliothek*, Teil 1 : *Codices historici. Codices philosophici et philologici* = Museion. Veröffentlichungen der österreichischen Nationalbibliothek. N. F. Reihe 4, Band 1, Vienne, 1961.

Mioni, *Thesaurus* = Mioni (E.), *Codices Graeci Manuscripti Bibliothecae Divi Marci Venetiarum*, Vol. I : *Thesaurus Antiquus Codices 1-299* = Ministero per i Beni Culturali e Ambientali. Indici e Cataloghi. Nuova Serie VI, Istituto Poligrafico e Zecca dello Stato, 1981.

Moraux, *Du ciel* = Moraux (P.), éd., Aristote, *Du ciel* (CUF, Paris, 1965).

Repertorium I, II = Gamillscheg (E.), Harlfinger (D.), Hunger (H.), *Repertorium der griechischen Kopisten 800-1600*, 1. Teil : *Handschriften aus Bibliotheken Großbrittaniens*, 2. Teil : *Handschriften aus Bibliotheken Frankreichs und Nachträge zu den Bibliotheken Großbrittaniens* = Österreichische Akademie der Wissenschaften, Veröffentlichungen der Kommission für Byzantinistik, Band III/1, 2, Vienne, 1981, 1989.

Sicherl, *Vorlagen* = Sicherl (M.), *Handschriftliche Vorlagen der Editio Princeps des Aristoteles* = Akademie der Wissenschaften und der Literatur, Mainz. Abhandlungen der geistes- u. sozialwissenschaftlichen Klasse, 1976, 8, Wiesbaden, 1976.

Wilson, «Manuscripts» = Wilson (N. G), «Some Manuscripts of Theophrastus», *Classical Philology*, 56, 1961, p. 109.

Wilson, *Scholars* = Wilson (N. G.), *Scholars of Byzantium*, Londres, 1983.

3. Cf. Burnikel, p. 29-30 : «L'Aldine ne se différencie d'un manuscrit de la Renaissance que par le fait que les lettres sont imprimées. Elle présente des lacunes et des erreurs d'écriture comme tout manuscrit — du moins en moyenne. Ses propres conjectures et corrections ne dépassent pas la quantité habituelle ; par leur ampleur, elles restent bien en deçà de *19* [= **B**]». Voir aussi p. 40.

pour les deux manuscrits qu'ils n'ont pas consultés (**E** et **N**) et pour l'*editio princeps* (**A**[ld]).

Nous présentons ces dix-neuf témoins selon l'ordre alphabétique des noms des villes où ils sont aujourd'hui conservés.

B = Berne, Burgerbibliothek : Bernensis 402[4] : dernier quart du xve s.[5]; papier; 233 × 153 mm; ff. I + 142 + 1 feuillet volant + 1 folio de garde; 28 lignes par page[6].

Contenu : ff. 2r ss : Théophraste, neuf opuscules scientifiques (*De igne*; ff. 14v-21r : *Métaphysique* [avec la scholie]; *De lapidibus, De sudore, De vertigine, De lassitudine, De piscibus, De ventis, De odoribus*). ff. 65r ss : Aristote, *MXG, Mir. Ausc., Spir., Mech., Mund.* ff. 127v ss : Alexandre d'Aphrodise, *De fato*. f. 138r : Fragment anonyme sur la production de l'acier[7].

Copiste : Anonyme 5 (Harlfinger), qui a aussi copié le *Paris. gr.* 2043[8].

Le manuscrit est probablement d'origine vénitienne[9].

4. Je suis la description de P. Moraux dans *AG* I, p. 53-55 (qui remplace H. Omont, «Catalogue des manuscrits grecs des Bibliothèques de Suisse», *Centralblatt für Bibliothekswesen*, 3, 1886, p. 423-424). A sa bibliographie on ajoutera deux titres récents : Sicherl, *Vorlagen*, p. 34; Hoffmann, «Collaborateur», p. 674 et 685, n. 43.

5. Le filigrane correspond à *Briquet* 81-91 (italien, probablement toscan; très courant dans la période 1475-1507). Sicherl, *Vorlagen*, p. 34, suggère que le manuscrit a pu être écrit autour de 1480.

6. Une photographie du f. 2r de ce manuscrit est reproduite dans Burnikel, après la p. 172.

7. Burnikel, p. 156-169 discute le fragment et l'attribue au *De metallis* de Théophraste.

8. Harlfinger, *ΓΡΑΜΜΩΝ*, p. 418. L'hypothèse mentionnée par Moraux, *AG* I, p. 54, selon laquelle il s'agirait peut-être d'Alphonsos Δοῦρσος Athenaios, est manifestement abandonnée par les auteurs du *Repertorium* I, n° 9, et II, n° 16.

9. Sicherl, *Vorlagen*, p. 34, suggère qu'il a pu aussi être écrit à Padoue.

Il porte les traces d'un travail répété et intensif : Burnikel distingue trois couches de corrections (il s'agit selon lui de conjectures, et non de variantes provenant, par contamination, d'un autre manuscrit). Trois copies ont été effectuées d'après **B** : **H** (avant que **B** ne soit corrigé), **S** (après la première série de corrections), et **A**[ld] (après la deuxième série de corrections)[10]. « Manifestement, le Bernensis était le seul manuscrit du corpus théophrastéen à être disponible à Venise dans les années 80 et 90 du xve siècle »[11].

L = Florence, Biblioteca Medicea Laurenziana : Laurentianus 28, 45[12] : janvier 1445[13] ; papier ; 193 × 142 mm ; ff. III, 118, III' ; 14 lignes par page.

Contenu : ff. 1 r ss : Aristote, *Mech.* ff. 57 r-74 v : Théophraste, *Métaphysique* (sans la scholie). ff. 77 r ss : Michel Psellos, *De operatione daemonum.*

Copiste : Démétrios Sgouropoulos (seconde moitié du xve siècle), qui a aussi copié à Milan deux autres manuscrits aristotéliciens pour Filelfo, le *Laurentianus* 81, 13 et le *Leidensis* Scal. 26[14].

Commanditaire : Francesco Filelfo (1398-1481), qui est également le commanditaire de **V**[a].

10. Burnikel, p. 15-34.

11. Burnikel, p. 25.

12. Je suis la description de D. Harlfinger dans *AG* I, p. 194-195, 471, que j'ai vérifiée sur le manuscrit. Elle remplace A. Bandini, *Catalogus Codicum Manuscriptorum Bibliothecae Mediceae Laurentianae*, t. 2, Florence, 1770, col. 67-68.

13. Le manuscrit comporte deux souscriptions : l'une au f. 53 v, datée du 13 janvier 1445 à Milan ; l'autre au f. 118 v, datée du 22 janvier 1445 à Milan. Elles sont toutes deux publiées dans *AG* I, p. 195. La *Métaphysique* de Théophraste commence au f. 57 r et doit par conséquent avoir été copiée entre ces deux dates.

14. Sur ce copiste, cf. *Repertorium* I, n° 101, et II, n° 134. Sur les deux autres manuscrits copiés par Sgouropoulos pour Filelfo, cf. respectivement *AG* I, p. 268-269 et 394-395.

L a été écrit à Milan, d'après les souscriptions aux ff. 53 v et 118 v (qui fournissent aussi les informations sur la date et le copiste). Cet élégant manuscrit, avec ses marges vastes et ses initiales de couleurs, offre un texte particulièrement corrompu : Burnikel compte huit omissions propres, presque quarante erreurs propres, et vingt ajouts propres, de caractère généralement explicatif, et qui résultent probablement toujours de conjectures [15]. La raison pour laquelle le texte de Michel Psellos a été ajouté à ceux d'Aristote et de Théophraste n'est pas claire.

H = Leyde, Universiteitsbibliotheek : Leidensis Vossianus gr. Q. 25 [16] : *ca.* 1487 [17]; papier; 230 × 160 mm; ff. 165; 26 lignes par page.

Contenu : ff. 2 r ss : Théophraste, neuf opuscules scientifiques (comme dans **B**, et dans le même ordre); ff. 17 v-26 r : *Métaphysique* [avec la scholie]) ff. 84 r ss : Aristote, *MXG, Mir. Ausc., Spir., Mech.* ff. 149 r ss : Alexandre d'Aphrodise, *De fato.*

Copiste : Jean Rhosos (*ca.* 1450-1498), qui a aussi copié **N** [18].

Provenance : le manuscrit a appartenu à Gerard Vossius (1577-1649) et à Isaac Vossius (1618-1689).

Comme Burnikel l'a montré, ce manuscrit a été copié, probablement à Venise, sur **B** avant que celui-ci n'ait été corrigé [19].

15. Burnikel, p. 112-114.

16. Je suis la description d'U. Victor dans *AG* I, p. 399-400 (qui remplace K. A. de Meyier, *Codices Vossiani Graeci et miscellanei*, Leyde, 1955, p. 128-129). A la bibliographie citée on ajoutera un titre récent : Sicherl, *Vorlagen*, p. 34.

17. Le filigrane est proche de *Briquet* 747 (Lucca 1487) : cf. Wilson, « Manuscripts », p. 109; Harlfinger, « Mirabilien », p. 64.

18. Sur ce copiste, voir *Repertorium* I, n° 178, et II, n° 237.

19. Burnikel, p. 15-34.

S = Londres, British Library : Londiniensis BL Add. 5113[20] : 1480-1487[21] ; papier ; 235 × 165 mm ; ff. 73 ; 26 lignes par page.

Contenu : ff. 2r ss : Théophraste, neuf opuscules scientifiques (comme dans **B**, et dans le même ordre ; ff. 16r-24r : *Métaphysique* [avec la scholie]).

Provenance : ce volume est l'un des onze manuscrits grecs qui appartenaient au XVIIIe siècle au médecin anglais Anthony Askew ; sa bibliothèque fut vendue le 7 mars 1785[22].

On a reconnu depuis longtemps que ce manuscrit a été copié en Italie[23]. Comme Burnikel l'a maintenant démontré, il a été copié, probablement à Venise, sur **B** après que celui-ci eut fait l'objet d'une première série de corrections[24].

D = Milan, Biblioteca Ambrosiana : Ambrosianus P 80 sup. (gr. 630)[25] : XVe s. ; parchemin ; 245 × 169 mm ; ff. I + 64 + I ; 26 lignes par page[26].

Contenu : ff. 1r ss : Théophraste, neuf opuscules scientifiques (comme dans **B**, et dans le même ordre ;

20. Pour ce manuscrit et les suivants, à l'exception de **C** et **M**, je suis les descriptions de Burnikel, p. XXVI-XXXV, XXXVII, qui complète ou remplace celles des catalogues plus anciens (que j'ai aussi consultés). Pour ce qui est de **S**, la description de Burnikel, p. XXX, remplace M. Richard, *Inventaire des Manuscrits grecs du British Museum* (= CNRS, Publications de l'IHRT, III), Paris, 1952, p. 3-4.

21. Le filigrane est similaire à *Briquet* 6601 (Lecco 1480, Milan 1480, 1485, Pavie 1487) : Wilson, « Manuscripts », p. 109.

22. Voir Richard, *op. cit.*, p. X.

23. Voir E. Maunde Thompson, « Classical Manuscripts in the British Museum », *Classical Review*, 3, 1889, p. 442 ; et Richard, *op. cit.*, p. 3-4.

24. Burnikel, p. 15-34.

25. Burnikel, p. XXIX-XXX ; A. Martini - D. Bassi, *Catalogus codicum graecorum Bibliothecae Ambrosianae*, t. II, Milan, 1906, p. 714-715.

26. Une photographie du f. 1r de ce manuscrit se trouve chez Burnikel, après la p. 172.

ff. 14v-22r : *Métaphysique* [avec la scholie]; la fin du *De odoribus* est perdue).
Copiste : on a suggéré Georges Chrysokokkès, mais cela est peu vraisemblable[27].
Provenance : le manuscrit a appartenu à Gianvincenzo Pinelli (1535-1601).

Burnikel suggère que ce manuscrit a été écrit avant 1427 à Constantinople et qu'il est arrivé en Italie avant 1450 environ[28]. Il émet aussi l'hypothèse, assez probable, qu'originellement ce manuscrit contenait non seulement le reste du *De odoribus* mais aussi Aristote, *MXG* et *Mir. Ausc.*, et possédait environ 100 ff.[29].

E = Modène, Biblioteca Estense : Mutinensis Estensis α.T.9.11 (gr. 46, *olim* II B 9)[30] : XVe ou XVIe s.; papier; 210 × 154 mm; ff. 241; 24 lignes par page.
Contenu : le volume est constitué de trois parties distinctes, dues à des mains différentes : **(a)** ff. 1 r ss : Nicéphore Blemmydès, *De syllogismo*. ff. 25 ss : Platon, *Cratyle*. (b) ff. 57r-66r : Théophraste, *Métaphysique* (avec la scholie). **(c)** ff. 67 r ss : Proclus, *In primum Euclidis elementorum*.
Copiste : le copiste de la troisième section (débutant

27. Harlfinger fait la suggestion de manière hésitante *apud* Burnikel, p. 83, n. 12, mais elle est rejetée par Burnikel, *loc. cit.* Sur ce copiste, voir *Repertorium* II, n° 95.

28. Burnikel, p. 83-84 : la localisation et la première date (avant 1427) s'appuient sur le fait que **V^a^** a été copié sur **D**, et sur l'hypothèse que **V^a^** a été rapporté de Constantinople en Italie par Filelfo en 1427; la seconde date dérive de la quasi-certitude que **R** a été copié sur **D** à Florence entre 1442 et 1459.

29. Burnikel, p. 70.

30. Burnikel, p. XXVII; voir aussi V. Puntoni, « Indice dei codici greci della Biblioteca Estense di Modena », *Stud. Ital. di Filol. Class.*, 4, 1896, p. 412-413, reproduit dans Christa Samberger, *Catalogi Codicum Graecorum qui in minoribus bibliothecis italicis asservantur* ..., t. I, Leipzig, 1965, p. 328-329. On ajoutera à la bibliographie de Burnikel les études citées dans les notes suivantes.

f. 67 r) est peut-être l'humaniste Georges Valla (*ca.* 1430-1499)[31].

Provenance : comme de nombreux volumes de la collection de Modène, ce manuscrit apparaît sous la forme que nous connaissons dans l'Inventaire des manuscrits grecs d'Alberto Pio prince de Carpi (1475-1531), élève et ami d'Alde Manuce et dédicataire de l'*editio princeps* d'Aristote[32], et dans l'Inventaire des manuscrits grecs trouvés à la mort du cardinal Rodolfo Pio (1500-1564), neveu du prince Alberto[33].

Bien que ce recueil soit manifestement composite, il n'a pas non plus été constitué au hasard : il s'agit plutôt d'un ensemble philosophique, où l'introduction de Théophraste à des problèmes de science naturelle figure entre des textes d'introduction relatifs au langage et à la logique d'un côté, aux mathématiques de l'autre. Burnikel suggère que le copiste de la *Métaphysique* a sélectionné ce seul traité dans un modèle qui contenait tous les neuf opuscules scientifiques de Théophraste et qu'il a copié ce modèle soigneusement[34].

N = Naples, Biblioteca Nazionale Vittorio Emanuele III : Neapolitanus III D 1[35] : 20 janvier 1497 ;

31. C'est l'hypothèse de Puntoni, *op. cit.*, p. 413 (= p. 329 Samberger), reprise avec prudence par G. Mercati, *Codici Latini Pico Grimani Pio e di altra biblioteca ignota del secolo XVI esistenti nell'Ottoboniana e i codici greci Pio di Modena ...* = Studi e testi, 75, Cité du Vatican, 1938, p. 217.

32. Voir C. Dionisotti, « Introduzione » dans *Aldo Manuzio editore. Dediche, Prefazioni, Note ai Testi* = Documenti sulle arti del libro 11, Milan [1975], p. XI-L, spéc. p. XII-XIV et XVIII-XXII ; voir aussi Hoffmann, « Collaborateur », p. 691 ss.

33. Voir Mercati, *op. cit.*, p. 217, n° 126 (mss d'Alberto), p. 225, n° 31 (mss de Rodolfo), p. 241 (index alphabétique des mss de Rodolfo). L'identification par Puntoni du copiste de la troisième partie du manuscrit comme étant Georges Valla n'est pas certaine, mais il vaut la peine de noter que la filière Georges Valla (mort en 1500) — Alberto Pio a constitué le noyau de la Biblioteca Estense.

34. Burnikel, p. 72-73.

35. Burnikel, p. XXXIV ; voir aussi S. Cyrillus, *Codices graeci manuscripti Regiae Bibliothecae Borbonicae*, t. II, Naples, 1832,

papier ; 400 × 270 mm ; ff. 190 ; 21 lignes par page[36].

Contenu : ff. 2r ss : Théophraste, neuf opuscules scientifiques (comme dans **B**, mais dans un ordre différent : *De igne* ; ff. 35v-54v : *Métaphysique* [avec la scholie] ; *De lapidibus* [première partie], *De sudore* [seconde partie], *De vertigine*, *De lassitudine* [première partie], *De lapidibus* [seconde partie], *De sudore* [première partie], *De lassitudine* [seconde partie], *De piscibus*, *De ventis*, *De odoribus*).

Copiste : Jean Rhosos (*ca.* 1450-1498), qui a aussi copié **H**.

Commanditaire : Alexandre Farnèse (1468-1549)[37].

Ce manuscrit a été écrit à Rome, selon la souscription détaillée aux ff. 189r-190r (qui fournit aussi les renseignements sur la date, le copiste et le commanditaire)[38]. L'ordre inhabituel des opuscules de Théophraste, que **N** a en commun avec **V**, est due à une inversion des cahiers dans leur modèle commun **M**[39].

P = Paris, Bibliothèque Nationale : Parisinus gr. 1853[40] : x^{e}-xve s. (Théophraste : xe s.) ; parchemin ; 350/353 × 245/260 mm ; ff. 453 ; 38 et 46 lignes par page (Théophraste : 46 lignes par page)[41].

p. 375. On ajoutera à la bibliographie de Burnikel les études citées dans les notes suivantes.

36. Une photographie des ff. 2r + v de ce manuscrit est reproduite dans Burnikel, après la p. 172.

37. Une liste des manuscrits copiés par Jean Rhosos pour Alexandre Farnèse et une bibliographie détaillée sont données par L. Pernot, « La Collection de manuscrits grecs de la maison Farnèse », *Mélanges de l'École française de Rome. Moyen Âge-Temps Modernes*, 91, 1979, p. 457-506, spéc. p. 460, 463, 491-492.

38. La souscription est publiée par Burnikel, p. XXXIV.

39. Voir Burnikel, p. 43.

40. Burnikel, p. XXVI-XXVII ; voir aussi H. Omont, *Inventaire sommaire des Manuscrits grecs de la Bibliothèque Nationale*, t. II, Paris, 1888, p. 153.

41. Une photographie des ff. 308v et 309r de ce manuscrit est reproduite par Burnikel, après la p. 172. Voir aussi P. Moraux, « Le Parisinus Graecus 1853 (ms. E) d'Aristote », *Scriptorium*, 21, 1967, p. 17-41 et les planches 3-4.

Contenu : le volume est constitué de deux parties distinctes : **(a)** ff. 3-187 et 196-202 (38 lignes par page) : Aristote, *Phys.*, *De caelo*, *De gen. et cor.*, *Meteor.*, *De anima* (première et dernière parties). **(b)** ff. 188-195 et 203-344 (46 lignes par page) : Aristote, *De anima* (milieu), *De sensu*, *De mem.*, *De somno*, *De insomn.*, *De divinat.*, *De motu anim.*, *Metaphys.* ; ff. 309 r-312 r : Théophraste, *Métaphysique* (avec la scholie) ; Aristote, *De coloribus*, *De part. anim.*, *De gen. anim.*, *De anim. incessu*, *Eth. Nic.*, *Mag. Moralia*.

Ce célèbre manuscrit, désigné par **E** dans les éditions d'Aristote, a souvent été étudié [42]. Récemment, J. Irigoin a comparé **E** et **J** pour la tradition d'Aristote et a confirmé l'opinion d'Harlfinger selon laquelle si la première partie du *Par. gr.* 1853 dérive d'une translittération distincte de celle dont dérive **J**, dans la seconde partie (qui contient la *Métaphysique* de Théophraste, avec celle d'Aristote, mais dans l'ordre inverse de celui de **J**), les deux manuscrits dérivent de la même translittération [43]. Cette situation étrange s'explique facilement par le fait que le *Par. gr.* 1853 est composite : il rassemble deux manuscrits distincts.

42. Voir spécialement l'article fondamental de P. Moraux cité à la note précédente, et son introduction dans Moraux, *Du ciel* (CUF), p. CLXXIII-CLXXVII. À la bibliographie de Burnikel, on ajoutera les titres plus récents : A. Diller, «Notes on the History of some Manuscripts of Aristotle», in *Studia codicologica*, K. Treu éd. (avec J. Dummer, J. Irmscher, F. Paschke) = Texte u. Unters. zur altchristl. Lit., Gesch. d. altchristl. Lit., 124, Berlin, 1977, p. 147-150 ; P. Louis, éd., Aristote, *Météorologiques*, I : Livres I et II (CUF, Paris, 1982), pp. XLII, XLIV, XLVII ; et le résumé du cours de J. Irigoin indiqué dans la note suivante.

43. Harlfinger, «Metaphysik», p. 29-30 ; J. Irigoin, «Deux traditions dissymétriques : Platon et Aristote», *Annuaire du Collège de France*, 87, 1986-1987, p. 599-615, spéc. 608-610.

z = Paris, Bibliothèque Nationale : Parisinus gr. 2277[44] : *ca.* 1479[45] ; papier ; 205 × 138 mm ; ff. 1-34 ; 24 lignes par page.

Contenu : le volume est constitué de deux parties distinctes : **(a)** ff. 2 r ss : Galien, *Ars medica* (incomplet). ff. 33 r ss : Théophraste, *De lassitudine* [seconde partie], *De piscibus*, *De ventis*, *De odoribus*. ff. 63 v ss : Aristotle, *MXG* (incomplet). ff. 72 r ss : Théophraste, *De igne* ; ff. 85 v-92 v : *Métaphysique* (avec la scholie) ; *De lapidibus*, *De sudore*, *De vertigine*, *De lassitudine* (première partie). **(b)** ff. 111 r ss : Galien, *De Hippocratis et Platonis dogmatibus*.

Copiste : le copiste anonyme des ff. 2 r-32 v (Galien) peut être désigné comme « Anonymus Vindobonensis », car on lui doit également le *Vindobonensis phil. gr.* 185 (ff. 2, 7-65), le 284 (ff. 1 r-49 v)[46] et le *Paris. gr.* 2246 (ff. 223 r-229 r) ; il semble avoir été actif à la fin du xve s. à Ferrare, sans doute dans le cercle d'Antonius Vicecomes[47].

44. Burnikel, p. xxxiii-xxxiv ; voir aussi Omont, *op. cit.*, p. 228-229. À la bibliographie de Burnikel, on ajoutera un titre plus récent : Hoffmann, « Collaborateur », p. 684-687, 690.

45. Wilson, « Manuscripts », reconnaît un filigrane proche de *Briquet* 82 (Udine 1479).

46. Une photographie du f. 30 r du *Vindobonensis phil. gr.* 284 figure dans H. Hunger, *Geschichte der Textüberlieferung der antiken und mittelalterlichen Literatur*, t. I, Zurich, 1961, p. 105-106, Abb. 24 (Druckminuskel), et est reproduite dans Harlfinger, *Kodikologie*, p. 73, pl. 7.

47. Voir en particulier Hoffmann, « Collaborateur », p. 684-686, et n. 43 et 44, avec référence à d'autres manuscrits et une bibliographie plus complète. Dans une communication orale faite en avril 1976 aux responsables du Catalogue grec de la Bibliothèque nationale, et notée dans les fiches bibliographiques relatives à ce manuscrit, Agamemnon Tselikas a jugé que le même copiste était responsable dans **z** des ff. 2 r-32 v (Galien) et des ff. 33 r-110 v ; mais Philippe Hoffmann m'a aimablement communiqué que les données paléographiques lui font penser que les sections Galien et Théophraste sont dues à deux mains différentes, bien que contemporaines.

Provenance : ce manuscrit provient d'une filière célèbre : il faisait partie de la collection du cardinal Niccolò Ridolfi (1501-1550), passée au maréchal Pierre Strozzi en 1550 puis à Catherine de Médicis en 1558, et entrée à la Bibliothèque Royale en 1599[48].

Ce manuscrit composite associe, à une combinaison courante d'opuscules de Théophraste et d'Aristote, deux traités de Galien paléographiquement et codicologiquement distincts, un compendium sur la pathologie et une œuvre polémique et doxographique sur les δυνάμεις du corps. L'ordre particulier des neuf opuscules théophrastéens est dû à une erreur de reliure ; Burnikel suggère qu'un quinion et un bifolium, contenant la fin d'Aristote *MXG* et *Mir. Ausc.*, peuvent également avoir été perdus après le f. 70[49].

A = Cité du Vatican, Biblioteca Apostolica Vaticana : Vaticanus gr. 1302[50] : fin du XIIIe s. ou début du XIVe ; papier oriental ; 326 × 237mm ; ff. 218 ; 31-32 lignes par page.

Contenu : ff. 1 r ss : Diogène Laërce (incomplet). ff. 83 r ss : Théophraste, neuf opuscules scientifiques (comme dans **B**, et dans le même ordre ; ff. 94 r-100 r : *Métaphysique* [avec la scholie]). ff. 141 r ss : Aristote, *MXG*, *Mir. Ausc.*

48. Sur cette collection, outre les brèves indications données par H. Omont dans l'Introduction de son *Inventaire sommaire des manuscrits grecs de la Bibliothèque nationale*, Paris, 1898, p. XXVI, on peut lire : R. Ridolfi, « La Biblioteca del cardinale Niccolò Ridolfi (1501-1550). Nuovo contributo di notizie e di documenti », *La Bibliofilia*, 31, 1929, p. 173-193 ; R. Baladié, « Contribution à l'histoire de la collection Ridolfi : la date de son arrivée en France », *Scriptorium*, 29, 1975, p. 76-83.

49. Burnikel, p. 61-63.

50. Burnikel, p. XXX-XXXI et 66-70. A la bibliographie de Burnikel et aux titres mentionnés dans les notes suivantes, on ajoutera encore : L. Tartaglia, « Probabile ' cognatio ' dei codici *Neapolitanus Burbonicus Gr.* III B 29 (= B) e *Parisinus Gr.* 1759 (= P) di Diogene Laerzio », *Vichiana*, 3, 1974, p. 315-321 ; Most[3], p. 186-191.

Copistes : Prato distingue deux mains, A (ff. 1-82) et B (ff. 83-237) ; on a proposé de reconnaître dans B, qui a copié la *Métaphysique*, le copiste Michel Kalothetos, mais l'écriture est tellement stylisée que toute identification certaine est impossible[51]. Les marginalia des ff. 203 ss sont dus à Arnoud de Lens[52].

Provenance : ce volume, comme **V**, a appartenu à l'humaniste italien Fulvio Orsini (1529-1600) ; le copiste Jean Honorius d'Otrante (= Giovanni Onorio da Maglie) en a assuré la restauration pour le compte d'Orsini[53].

A est le plus ancien manuscrit à transmettre la *Métaphysique* de Théophraste avec ses huit autres traités scientifiques et non avec la *Métaphysique* d'Aristote. Sa date a longtemps été controversée : les suggestions s'étendaient du XIIe au XVe siècle[54]. La cause en est une écriture très stylisée, qui n'a été reconnue comme archaïsante que récemment[55]. Le style était à la mode

51. L'identification a été proposée par J. Wiesner, *Ps. Aristoteles MXG : Der historische Wert des Xenophanesreferats. Beiträge zur Geschichte des Eleatismus*, Amsterdam, 1974, p. 343 ss, et W. Burnikel - J. Wiesner, « Der Vaticanus 1302. Konvergenz einer Diskussion », *Mnemosyne*, 29, 1976, p. 136-142, mais elle est mise en question avec de bons arguments par G. Prato, « Scritture librarie arcaizzanti della prima età dei Paleologi e i loro modelli », *Scrittura e civiltà*, 3, 1979, p. 151-193, spéc. 186-187 et n. 87 (p. 187-188) avec la Planche 20 (A et B). Les doutes de Prato sont partagés par E. Gamillscheg (*per litt.*, 7 février 1992). Les deux mains sont reproduites dans Prato, *op. cit.*, planches 20A et 20B (voir aussi la photographie dans Burnikel, après la p. 172). Harlfinger, *ΓΡΑΜΜΩΝ*, p. 413, identifie le scribe des ff. 203 ss, comme étant Pierre (Petros) Karnabaka. Sur Pierre Karnabaka, cf. *Repertorium*, I, n° 346, et II, n° 474.

52. Harlfinger, *ΓΡΑΜΜΩΝ*, p. 408. Sur Arnoud de Lens, cf. *Repertorium*, I, n° 28, et II, n° 39.

53. Voir Pierre de Nolhac, *La Bibliothèque de Fulvio Orsini* = Bibliothèque de l'École des Hautes Études. Sciences philologiques et historiques, Fasc. 74, Paris, 1887, p. 164-165, 335-336, 398.

54. Voir Burnikel, p. 66, avec la bibliographie.

55. Voir spécialement Prato, *art. cit.*

sous le règne d'Andronic II Paléologue (1282-1328), et s'inscrit dans l'horizon culturel de la Renaissance des Paléologues, marquée par un retour aux textes classiques [56]. **A** offre un exemple inhabituel d'emploi de ce type d'écriture archaïsante, utilisé le plus souvent pour des manuscrits de contenu religieux ou liturgique plutôt que pour des textes classiques ou profanes [57]. Le manuscrit est écrit très soigneusement, et a été corrigé par au moins deux correcteurs compétents [58] ; néanmoins, et en dépit de sa date, il est défiguré par de nombreuses erreurs que l'on ne trouve pas dans les autres témoins plus anciens. Il a été utilisé (et annoté) par Gregorius Tiphernas au milieu du xve siècle pour sa traduction de la *Métaphysique* [59].

V = Cité du Vatican, Biblioteca Apostolica Vaticana : Vaticanus gr. 1305 [60] : seconde moitié du xve s. [61] ; papier ; 405 × 275 mm ; ff. 207 ; 58 lignes par page.

Contenu : ff. 1 r ss : Théophraste, neuf opuscules scientifiques (comme dans **B**, mais dans le même ordre que **N** ; ff. 4 v-6 r : *Métaphysique* [avec la scholie]). ff. 21 r ss : Théophraste, *Hist. Plant.* ff. 193 v ss : Aristote, *De plantis*.

Copistes : le copiste de la première section (ff. 1-20) est identifié par la souscription (f. 20 v) comme étant Georges Tzangaropoulos de Crète (seconde moitié du xve siècle) [62]. Il est douteux que le reste du manuscrit

56. Voir Wilson, *Scholars*, p. 229-230.

57. Prato, *art. cit.*, p. 186.

58. Burnikel, p. 67-70.

59. Voir Most³, p. 184-191, et *infra* p. LXXVII.

60. Burnikel, p. XXXV. A la bibliographie citée par Burnikel, on ajoutera B. Einarson, « The Manuscripts of Theophrastus' *Historia Plantarum* », *Classical Philology*, 71, 1976, p. 67-76, spéc. p. 74 ; Sicherl, *Vorlagen*, p. 46, 47.

61. N. Wilson *apud* D. E. Eichholz, éd., *Theophrastus De Lapidibus*, Oxford, 1965, p. 48, identifie le filigrane comme étant *Briquet* 5910 (Rome vers 1469, Venise 1472, 1473, 1477, Florence 1473-1474).

62. La souscription est publiée par Burnikel, p. XXXV. Sur ce copiste, cf. *Repertorium*, I, n° 72, et II, n° 93.

(ff. 21-207) ait été copié par Ermolao Barbaro, comme le dit Fulvio Orsini[63]; Harlfinger le désigne comme l'Anonyme 10[64]. Les corrections, les suppléments et les notices marginales dans les opuscules de Théophraste, et spécialement dans le *De lapidibus*, sont dus à Barbaro.

Provenance : le volume a appartenu à Ermolao Barbaro (1454-1493)[65]. Plus tard, comme **A**, il fut en la possession de Fulvio Orsini (1529-1600)[66].

Ermolao Barbaro (1454-1493) est une des grandes figures de l'humanisme vénitien du xve siècle[67]. Il est difficile de dire avec certitude si **V** a été copié à Venise ou à Rome[68]. En tout cas, en janvier 1497 il était à Rome, où il servit de modèle pour **N**[69]. L'ordre inhabituel des opuscules est commun à **V** et à **N**, et il est dû à

63. Voir de Nolhac, *op. cit.*, p. 167, n. 1 : la source est une lettre adressée en 1581 par Orsini à Vettori (British Libr., Add. Ms. 10270, f. 77). Sur Barbaro comme copiste, voir *Repertorium* II, n° 149.

64. Harlfinger, *ΓΡΑΜΜΩΝ*, p. 418.

65. Voir A. Diller, «The Library of Francesco and Ermolao Barbaro», *Italia Medioevale e Umanistica*, 6, 1963, p. 253-262, spéc. 253 et n. 3, 255, 257 (n° 1557).

66. Voir de Nolhac, *op. cit.*, p. 166-167 et 336.

67. Voir V. Branca, «Ermolao Barbaro e l'umanesimo veneziano,» dans V. Branca, ed., *Umanesimo europeo e umanesimo veneziano* = Civiltà europea e civiltà veneziana. Aspetti e problemi, 2, Florence 1963, p. 193-212; et du même auteur, «L'Umanesimo veneziano alla fine del Quattrocento. Ermolao Barbaro e il suo circolo», dans G. Arnaldi et M. P. Stocchi, éd., *Storia della cultura veneta dal primo Quattrocento al Concilio di Trento*, t. I = *Storia della cultura veneta*, 3/I (Vicence 1980), p. 123-175; Diller, art. cit.; V. di Benedetto, «Ermolao Barbaro e due codici del 'De Lapidibus' di Teofrasto», *Studi Italiani di Filologia Classica*, 38, 1966, p. 229-241.

68. La première possibilité est suggérée par le fait que Barbaro était vénitien. La seconde est avancée par Sicherl, *Vorlagen*, p. 46. Les filigranes sont compatibles avec les deux hypothèses.

69. Voir L. Pernot, «La collection de manuscrits grecs de la maison Farnèse», *Mélanges de l'École française de Rome. Moyen Âge-Temps Modernes*, 91, 1979, p. 457-506, spéc. p. 491-492.

une inversion des cahiers dans le modèle commun aux deux manuscrits, **M**[70].

O = Cité du Vatican, Biblioteca Apostolica Vaticana : Vaticanus Ottobonianus gr. 153[71] : xve-xvie s. (Théophraste : troisième quart du xve s.[72]) ; papier ; 220 × 164 mm ; ff. 274 ; 24 lignes par page[73].

Contenu : ff. 1 r ss : divers textes religieux et médicaux. ff. 43 v ss : Aristote, *Cat.*, *De lin. insec.* ff. 83 r ss : Theophylactus, *Quaestiones physicae*. f. 95 r + v : un texte botanique et un dialogue entre Antisthène et Polycrates. ff. 96 r-105 v : Théophraste, *Métaphysique* (sans la scholie). ff. 106 r ss : Théophraste, *De igne*, *De lapidibus* (première partie), *De vertigine* (troisième partie). ff. 153 r ss : textes incomplets sur la philosophie et la loi ecclésiastique. ff. 166 r ss : Syrianus, *In librum de ideis*. ff. 173 r ss : Hermès Trismégiste, *Poimandres* (incomplet). ff. 213 r ss : Théophraste, *De sudoribus* (seconde partie), *De vertigine* (première partie), *De sudoribus* (première partie). ff. 222 r ss : divers textes philosophiques et scientifiques, incluant Élien, *De nat. animalium*, et Michel Psellus, *Expositio dogmatum Chaldaicorum*.

Copistes : le copiste des textes de Théophraste (ff. 96 r-152 r, 213 r-221 v) est peut-être Théodore Gaza (*ca.* 1400-1475/76)[74]. Harlfinger a identifié certains autres copistes comme étant : Juan Páez de

70. Voir Burnikel, p. 43.

71. Burnikel, p. xxxvii et 50-52 ; voir aussi E. Feron et F. Battaglini, *Codices Manuscripti Graeci Ottoboniani Bibliothecae Vaticanae*, Rome, 1893, p. 86-87, et Harlfinger, *ΓΡΑΜΜΩΝ*, p. 191-193, 203-207.

72. Burnikel, p. 54-55.

73. Une photographie des ff. 105 v et 106 r de ce manuscrit se trouve dans Burnikel, après la p. 172.

74. C'est l'opinion de Harlfinger, *ΓΡΑΜΜΩΝ*, p. 411. Ernst Gamillscheg (*per litt.*, 7 février 1992) exprime des doutes sur cette identification mais admet l'existence d'une affinité stylistique indubitable. Sur Théodore Gaza (*ca.* 1400-1475/76), cf. *Repertorium*, I, n° 128, et II, n° 165.

Castro (ff. 75-82), Constantin Mésobotès (ff. 83-95 v), et Manuel Moros (ff. 166-172 v)[75]. Canart a identifié en outre Démétrius Damilas (ff. 260-274 v)[76].

Provenance : le manuscrit a appartenu à G. Sirleto (1514-1584)[77]. Le titre au f. 96 r est dû à la main de Nicolas Sophianos[78].

Il s'agit d'un *codex ualde miscellaneus* de contenu très hétérogène, comportant des textes principalement scientifiques, philosophiques et religieux, écrits par au moins quinze copistes différents sur des papiers variés et de divers formats[79]. La confusion est accrue par une erreur de reliure ; de fait, les parties manquantes du *De lapidibus* et du *De vertigine* de Théophraste ne font plus partie de ce manuscrit, mais se trouvent dans le *Vaticanus gr.* 1949 (ff. 310 r, 388 r + v)[80]. Comme Burnikel le remarque, il n'existe aucun indice que d'autres opuscules, outre ces six, aient été copiés à l'origine : il suggère que l'ordre traditionnel a été abandonné en faveur d'une présentation thématique, avec d'abord la philosophie (la *Métaphysique*), puis la physique *(De igne, De lapidibus)*, enfin la médecine *(De sudore, De vertigine, De odoribus)*[81].

75. Harlfinger, *ΓΡΑΜΜΩΝ*, respectivement p. 415, 414, et 415. Sur Constantin Mesobotès, cf. *Repertorium*, I, n° 224, et II, n° 315 ; sur Manuel Moros, cf. *Repertorium*, I, n° 252, et II, n° 348.

76. P. Canart, « Démétrius Damilas alias le 'librarius florentinus' », *Rivista di studi bizantini e neoellenici*, 14-16, 1977-1979, p. 335. Sur ce copiste, cf. *Repertorium*, I, n° 93, et II, n° 127. Harlfinger, *ΓΡΑΜΜΩΝ*, p. 417, l'avait désigné comme l'Anonyme 1.

77. Voir P. Canart, *Codices Vaticani Graeci 1745-1962*, t. I : *Codicum enarrationes*, Rome 1970, p. 750-751, spéc. 751.

78. L'identification de Canart, *op. cit.*, p. 750, est confirmée par E. Gamillscheg (*per litt.*, 7 février 1992). Sur Nicolas Sophianos, cf. *Repertorium*, I, n° 313, et II, n° 437.

79. L'accent mis sur les sciences naturelles (ff. 83-135, 222-259), la médecine (ff. 34-41, 136-152, 213-221), et les doctrines ésotériques (ff. 173-212, 260 ss) n'est pourtant peut-être pas entièrement le fait du hasard.

80. Voir Burnikel, p. 51.

81. Burnikel, p. 52.

R = Cité du Vatican, Biblioteca Apostolica Vaticana : Palatinus Vaticanus gr. 162[82] : 1442-1457[83] ; parchemin ; 277 × 198 mm ; ff. 216 ; 30 lignes par page[84].

Contenu : ff. 1 r ss : Aristote, *MXG*, *Mir. Ausc.*, *Mund.*, *Mech.*, *Spir.* ff. 46 v ss : Théophraste, neuf opuscules scientifiques (comme dans **B**, et dans le même ordre ; ff. 55 v-60 r : *Métaphysique* [avec la scholie]). ff. 92 r ss : Théophraste, *Hist. Plant.*, *Caus. Plant.* (incomplet). ff. 201 r ss : Aristote, *De plantis*.

Copiste : Jean Scoutariôtès (seconde moitié du xve siècle), le principal copiste grec à Florence au xve siècle. Il a aussi copié **M**[85].

Commanditaire : Giannozzo Manetti, homme d'État et humaniste florentin (1396-1459).

Comme Burnikel l'a montré, **R** est le modèle d'après lequel Scoutariôtès a également copié **M**[86]. Ce manuscrit fait partie d'une série cohérente : *Palatini Vaticani*

82. Burnikel, p. XXIX ; voir aussi H. Stevenson, *Codices Manuscripti Palatini Graeci Bibliothecae Vaticanae*, Rome, 1885, p. 87. À la bibliographie de Burnikel, on ajoutera les titres suivants : Harlfinger, « Mirabilien, » p. 64 et « Metaphysik », p. 10, 23 ; P. L. Rose, « Humanist Culture and Renaissance Mathematics : the Italian Libraries of the Quattrocento », *Studies in the Renaissance*, 20, 1973, p. 82 ; M. E. Bottecchia, « Fonte dell'Aldina per i 'Μηχανικά' di Aristotele », *Atti dell'Istituto Veneto di Scienze, Lettere ed Arti, Classe di Scienze morali, Lettere ed Arti*, 134, 1975-1976, p. 383-394 et « Per una nuova edizione dei « Mechanica » di Aristotele », *Annali della Facoltà di Lettere e di Filosofia, Università di Padova*, 2, 1977, p. 43-53 et « La recensio codicum dei « ΜΗΧΑΝΙΚΑ » di Aristotele », dans Università di Padova, Istituto di Studi Bizantini e Neogreci, *Miscellanea*, 1, Padoue, 1978, p. 2-13 ; Sicherl, *Vorlagen*, p. 48, 49 ; Einarson, *op. cit.*

83. La date approximative provient de la combinaison de *(a)* la date du plus ancien manuscrit attribué à Scoutariôtès (1442) et *(b)* la date la plus tardive possible de **M** (1457).

84. Une photographie des ff. 46 v and 47 r de ce manuscrit se trouve dans Burnikel, après la p. 172.

85. Sur ce copiste, cf. *Repertorium*, I, n° 183, et II, n° 242.

86. Burnikel, p. 44-48.

gr. 159-165, tous écrits sur parchemin[87] par Jean Scoutariôtès[88], probablement tous pour Giannozzo Manetti[89], et contenant tous des textes péripatéticiens : *Palatinus Vaticanus gr.* 159 (Porphyre, *Isagoge* ; Aristote, *Organon* ; daté du 5 novembre 1442, Florence), 160 (Aristote, notamment *Pol.*, *Rhet.*, *Rhet. ad Alex.*), 161 (Aristote, *Phys.*, *De caelo*, *Meteor.*, *De gen. et cor.*, *De anima*), 162, 163 (Aristote, traités d'histoire naturelle), 164 (Aristote, *Métaphys.*, *Probl.*), 165 (Aristote, traités éthiques, *Œcon.*). Au sein de cette collection, la *Métaphysique* de Théophraste apparaît avec ses autres opuscules, dans un contexte scientifique, et non par exemple en compagnie de la *Métaphysique* d'Aristote.

u = Cité du Vatican, Biblioteca Apostolica Vaticana : Vaticanus Reginensis gr. 124[90] : 1499-1501[91] ; papier ; 217 × 125 mm ; ff. 369 ; 30 lignes par page.

Contenu : ff. 2 r ss : Aristote, *Probl.* ff. 153 v ss : Alexandre d'Aphrodise, *Probl.* ff. 206 r ss : Aristote, *Mech.* ff. 221 v ss : Aristote, *Metaph.* ff. 363 r-369 r : Théophraste, *Métaphysique* (avec la scholie).

Copiste : un copiste occidental anonyme qui a également copié les *Vaticani Reginenses gr.* 123 et 125[92].

87. L'usage du parchemin était « à cette époque largement restreint aux livres écrits pour un riche commanditaire par un copiste professionnel » (Wilson, « Manuscripts », p. 109).

88. Ce qui est confirmé par les souscriptions des *Palat. Vat. gr.* 159, 160, et 163.

89. Confirmé par la souscription du *Palat. Vat. gr.* 159 ; Stevenson, *Palatini*, *op. cit.*, p. 86-88 indique que Manetti possédait les *Palat. Vat. gr.* 160, 161, et 163, mais il n'indique pas qu'il possédait les *Palat. Vat. gr.* 162, 164, et 165.

90. Burnikel, p. XXVIII ; voir aussi H. Stevenson, *Codices Manuscripti Graeci Reginae Suecorum et Pii Pp. II Bibliothecae Vaticanae*, Rome, 1888, p. 87-88. A la bibliographie indiquée par Burnikel on ajoutera les articles de Bottechia cités *supra* à propos de **R**.

91. La datation se fonde sur la ressemblance du filigrane du *Vaticanus Reginensis gr.* 123 avec *Briquet* 3456 (Venise 1499, cf. Venise 1501) : voir Wilson, « Manuscripts ».

92. Voir déjà Stevenson, *Reginae*, *op. cit.*, p. 87.

Provenance : le manuscrit a appartenu à Pierre Bourdelot, médecin attaché à la reine Christine de Suède de 1651 à 1653[93].

u constitue un goupe, du point de vue paléographique et codicologique, avec deux autres manuscrits, les *Vaticani Reginenses gr.* 123 et 125, avec lesquels il a en commun non seulement le copiste et la provenance, mais aussi son contenu philosophique fondamentalement péripatéticien : la collection constitue un ensemble aristotélicien[94]. Le manuscrit est une copie de **Ald**, l'*editio princeps* ; dans le stemma de la *Métaphysique* d'Aristote, il est également désigné par **u**[95].

Va = Cité du Vatican, Biblioteca Apostolica Vaticana : Vaticanus Urbinas gr. 108[96] : première moitié du xve s.[97] ; papier ; 273 × 195 mm ; ff. 151 ; 35 lignes par page[98].

93. Voir H. Omont, «Catalogue des manuscrits de Jean et Pierre Bourdelot, médecins parisiens», *Revue des Bibliothèques*, I, 1891, p. 81-103 (spécialement p. 86, nos 29-31); voir aussi *Les Manuscrits de la Reine de Suède au Vatican. Réédition du catalogue de Montfaucon et cotes actuelles* = Studi e testi, 238, Cité du Vatican, 1964, p. 52.

94. Le *Vaticanus Reginensis. gr.* 123 contient trois des opuscules de Théophraste *(De igne, De ventis, De lapidibus)* à côté d'Aristote, *Phys.*, *De caelo*, *De gen. et cor.*, *Meteor.*, et *Mund.* ; Philon, *Mund.* ; et Anon., *De signis* (faussement attribué à Théophraste). Le *Vaticanus Reginensis. gr.* 125 contient Aristote, *Eth. Nic.*, *Pol.*, *Œcon.*, *Mag. Mor.*, *Eth. Eud.*

95. Voir Burnikel, p. 34-37 ; Harlfinger, «Metaphysik,» p. 11 et 27.

96. Burnikel, p. xxxi-xxxii et 49-61 ; voir aussi C. Stornajolo, *Codices Urbinati Graeci Bibliothecae Vaticanae*, Rome, 1885, p. 166-168. A la bibliographie de Burnikel on ajoutera l'article de Tartaglia cité *supra* à propos de **A**.

97. Le filigrane est proche de *Briquet* 8353 (Lyon 1414-1428, cf. Montluel 1414, Bourg 1415, Gênes 1421-1428, Florence 1442-1445) : voir Burnikel, p. xxxi.

98. Une photographie du f. 109r de ce manuscrit est reproduite dans Burnikel, après la p. 172.

Contenu : le volume est constitué de deux parties distinctes : **(a)** ff. 1 r ss : Diogène Laërce (incomplet). **(b)** ff. 109 r ss : Théophraste, neuf opuscules scientifiques (comme dans **B**, et dans le même ordre ; ff. 114 v-118 r : *Métaphysique* [avec la scholie]). ff. 139 r ss : Aristote, *MXG*, *Mir. Ausc.*

Copiste : le diacre Théodore (première moitié du xve siècle), qui a aussi travaillé pour Bessarion à Florence[99].

Provenance : le manuscrit a appartenu à Francesco Filelfo (1398-1481), qui était aussi le commanditaire de **L**[100].

V^a est probablement le plus ancien témoin du texte de la *Métaphysique* de Théophraste dont nous savons qu'il était disponible en Italie[101]. Filelfo l'a peut-être rapporté de Constantinople en Italie en 1427 ; il a peut-être aussi été écrit à Florence après 1440[102]. Le copiste, qui a écrit ce manuscrit très soigneusement, affirme à plusieurs reprises, en se plaignant, que les nombreuses leçons fautives qu'il reproduit doivent être imputées à son modèle, et non à lui-même[103].

C = Venise, Biblioteca Nazionale Marciana : Marcianus gr. 211[104] : entre le milieu du xiiie s. et le début du

99. Harlfinger, *ΓΡΑΜΜΩΝ*, p. 417 (qui renvoie à un autre manuscrit de ce copiste, *Sinaiticus gr.* 2124, avec une souscription au f. 167 v). Sur ce copiste, voir *Repertorium* II, n° 175, et E. Gamillscheg, « Das Konzil von Ferrara-Florenz und die Handschriftliche Überlieferung », *Annuarium Historiae Conciliorum*, 21, 1989, p. 297-316 (avec les planches p. 309-10).

100. Que le manuscrit ait été la propriété de Filelfo est attesté par une marque de possession au f. 138 v.

101. Burnikel, p. 55.

102. La première hypothèse est avancée par A. Calderini, « Intorno alla biblioteca e alla cultura greca di Filelfo », *Studi Italiani di Filologia Classica*, 20, 1913, p. 100-424, spéc. 217, et Burnikel, p. 54-55. La seconde hypothèse, formulée par Harlfinger, « Mirabilien », p. 64, semble confirmée par l'examen des filigranes.

103. Voir Burnikel, p. 50.

104. Je suis la description de Mioni, *Thesaurus*, p. 324-325.

XIVe s. (Théophraste : fin du XIIIe s. ou début du XIVe s.); papier oriental dans les deux sections; 265 × 175 mm; ff. 279; 16-24, 30-40, 39 lignes par page (Théophraste : 39 lignes par page).

Contenu : le volume est constitué de deux *codices* différents : **(a)** ff. 1-150 (16-24 lignes par page) : Aristote, *De caelo*, *De gen. et cor.*, *Meteor.* (tous trois accompagnés de longs extraits des commentaires de Simplicius et de Philopon). ff. 132 r ss (30-40 lignes par page) : Porphyre, *Isagoge*; Aristote, *Cat.*, *De interp.* (avec des scholies). **(b)** ff. 151-279 : ff. 151 r-155 v (39 lignes par page) : Théophraste, *Métaphysique* (sans la scholie). ff. 155 v ss (39 lignes par page) : Aristote, *Métaph.*; Thémistius, *In Aristotelis Analytica posteriora*.

Copiste : selon Mioni, le même copiste est l'auteur du *Marcianus gr.* 494, ff. 211 ss[105].

Provenance : le manuscrit a appartenu au cardinal Bessarion (1399/1400-1472)[106].

Ce manuscrit (désigné **E**[b] dans les éditions d'Aristote), fut utilisé en 1457 à Rome comme modèle pour la transcription du livre N de la *Métaphysique* d'Aristote (*Vindobonensis phil. gr.* 64, copié en partie par Jean Rhosos et Manuel Atrapès pour le hiéromoine Esaias de Chypre, ami de Bessarion)[107].

M = Venise, Biblioteca Nazionale Marciana : Marcianus gr. 260[108] : 1442-1457[109]; papier; 210 × 145mm;

105. E. Mioni, *Aristotelis Codices Graeci qui in Bibliothecis Venetis adservantur* = Miscellanea Erudita, VI, Padoue, 1958, p. 126.

106. Comme l'indique la marque de possession au f. 279v.

107. Voir Harlfinger, «Metaphysik», p. 10, 25 et n. 50, 26, 27; voir aussi Hunger, *Katalog* 1, p. 181-182.

108. Je suis la description de Mioni, *Thesaurus*, p. 375-376.

109. La date approchée dérive de la combinaison de *(a)* la date du premier manuscrit attribué à Scoutariôtès (1442) et *(b)* la date des plus récents filigranes (Mioni, *Thesaurus*, p. 375 cite de nombreux filigranes [*Briquet* 3528, 5133, 6391, 6654, 11689, 11845] couvrant la période 1411-1457). Burnikel, p. XXVIII, suggère une date

ff. III + 177 (+ 150 *bis*); 23, 16 lignes par page (Théophraste : 23 lignes par page).

Contenu : ff. 1 r ss : Alexandre d'Aphrodise, *Probl.* ff. 73 v ss : Théophraste, neuf opuscules scientifiques (comme dans **B**, et dans le même ordre ; ff. 90 r-98 r : *Métaphysique* [avec la scholie]). ff. 160 r ss : La traduction latine par Bessarion de saint Basile, *Homilia in illud : « Attende tibi ipsi. »*

Copistes : Jean Scoutariôtès (seconde moitié du xve siècle), qui a aussi écrit **R**, pour les ff. 1-153 ; Bessarion (1399/1400-1472), pour les ff. 160-176 [110].

Provenance : le manuscrit a appartenu au cardinal Bessarion [111].

Comme Burnikel l'a montré, **M** a été copié par Scoutariôtès, sans soin et rapidement, sur **R**, qu'il avait aussi écrit [112]. **M** à son tour a fourni le modèle d'après lequel Tzangaropoulos a copié **V** [113]. Une interversion de cahiers dans **M** est à l'origine de l'ordre inhabituel des opuscules de Théophraste dans **V** et **N** [114].

J = Vienne, Österreischische Nationalbibliothek : Vindobonensis phil. gr. 100 [115] : *ca.* 850 (la dernière partie

entre 1442 et 1472 (la date de la mort de Bessarion). N. G. Wilson, « The Manuscripts of Theophrastus », *Scriptorium*, 16, 1962, p. 96-102, spéc. 101, suggère *ca.* 1440-1455.

110. Bessarion a également écrit les premiers mots du *De sudore*, ὁ δὲ ἱδρὼς. Sur Bessarion comme copiste, voir *Repertorium*, I, n° 41, et II, n° 61.

111. Comme l'atteste la marque de possession au f. 1.

112. Burnikel, p. 44-48.

113. Voir Sicherl, *Vorlagen*, p. 46.

114. Voir Burnikel, p. 43.

115. Burnikel, p. xxvi et 114-118 ; voir aussi Hunger, *Katalog* 1, p. 208-209. À la bibliographie de Burnikel, on ajoutera : B. L. Fonkič, « Vizantijskie skriptorij », *XVI. Internationaler Byzantinerkongress. Wien, 4.-9. Oktober 1981. Akten I/2 = Jahrbuch der Österreichischen Byzantinistik*, 31/2, 1981, p. 425-444, spéc. 436 ss, et la version italienne, « *Scriptoria* bizantini. Risultati e prospettive della ricerca », *Rivista di studi bizantini e neoellenici*, n.s. 17-19 (XXVII-XXIX), Rome 1980-1982, p. 73-118 (+ 27 planches), spéc. 94-96 ; P. Louis, éd., Aristote, *Météorolo-*

du texte, commençant avec ἕνεκά 11a1, a été perdue et remplacée par J^{II}, qui a aussi corrigé le reste du texte à la fin du XIIIe s. ou au XIVe s.); parchemin; 275/280 × 185/195 mm; ff. 203; 23, 42 lignes par page[116].

Contenu : ff. III r-IV v : fragments des Évangiles. f. Vr + v : notices philosophiques schématiques. ff. 1 r ss : Aristote, *Phys.*, *De caelo*, *De gen. et cor.*, *Meteor.* ff. 134 v-137 v : Théophraste, *Métaphysique* (sans la scholie). ff. 138 r ss : Aristote, *Metaph.* (débutant avec le livre α). ff. 201 v-202 v : notices personnelles.

Provenance : Le manuscrit a été acheté à Constantinople par Augier Ghislain de Busbeck, ambassadeur impérial dans cette cité, et rapporté par lui à Vienne en 1562[117].

Ce célèbre manuscrit, «l'Aristote de Vienne», est le plus ancien manuscrit byzantin d'Aristote et l'un des plus anciens manuscrits conservés en écriture minuscule calligraphique[118]. C'est un témoin important de la

giques, I : Livres I et II, CUF Paris, 1982, p. XLIII, XLIV-XLVII ; G. Vuillemin-Diem, «La traduction de la *Métaphysique* d'Aristote par Guillaume de Moerbeke et son exemplaire grec : Vind. phil. gr. 100 (J)», dans J. Wiesner, éd., *Aristoteles. Werk und Wirkung. Paul Moraux gewidmet.* II : *Kommentierung, Überlieferung, Nachleben*, Berlin - New York, 1987, p. 434-486, «Untersuchungen zu Wilhelm von Moerbekes Metaphysikübersetzung», in A. Zimmermann et G. Vuillemin-Diem, éd., *Studien zur mittelalterlichen Geistesgeschichte und ihren Quellen* = Miscellanea Mediaevalia, 15, Berlin - New York 1982, p. 102-208, et «La liste des œuvres d'Hippocrate dans le *Vindobonensis phil. gr.* 100 : un autographe de Guillaume de Moerbeke», dans J. Brams et W. Vanhamel éd., *Guillaume de Moerbeke. Recueil d'études à l'occasion du 700e anniversaire de sa mort (1286)*, Louvain, 1989, p. 135-183; Most[3], p. 179-184.

116. Une photographie du f. 134 v de ce manuscrit se trouve dans Burnikel, après la p. 172.

117. Ceci est confirmé par l'inscription au f. III r.

118. Voir en particulier l'article fondamental de J. Irigoin, «L'Aristote de Vienne», *Jahrbuch der Österreichischen Byz.*

Renaissance byzantine du IXe siècle, et le principal représentant d'une collection philosophique aristotélicienne [119]. A une certaine date, le dix-huitième cahier, consistant en un quaternion complet de huit feuillets contenant la fin de la *Métaphysique* de Théophraste et le début de la *Métaphysique* d'Aristote (tout le livre A et le début du livre α), a été perdu ; il a été remplacé par le bifolium 137 + 138, écrit en Italie du Sud à la fin du XIIIe ou au XIVe siècle ; ce dernier contient une liste des œuvres d'Hippocrate écrite par Guillaume de Moerbeke et supplée la fin de la *Métaphysique* de Théophraste (**J**^{II}) ainsi que le début du livre α de la *Métaphysique* d'Aristote. **J** a donc probablement été introduit en Italie du Sud au plus tard à la fin du XIIIe siècle, mais est revenu à Constantinople assez tôt pour qu'Augier Ghislain de Busbeck en fasse l'acquisition dans cette ville en 1562. **J** a été identifié comme la source de la traduction de la *Métaphysique* d'Aristote par Guillaume de Moerbeke [120] et peut aussi avoir été la source de la traduction de la *Métaphysique* de Théophraste par Bartholomée de Messine [121].

Gesellsch., 6, 1957, p. 5-10, ainsi que P. Moraux, dans son édition du traité *Du ciel*, Paris, CUF, 1965, p. CLXXVIII-CLXXIX.

119. Voir Wilson, *Scholars*, p. 86. Cette collection philosophique aristotélicienne (qui est représentée aussi par le *Parisinus Supplément grec* 1156 [ff. 13 r-14 v] : fragments de l'*Histoire des Animaux* d'Aristote) est distincte d'une autre collection philosophique byzantine, platonicienne celle-ci, qui a été étudiée en dernier lieu par L. G. Westerink, éd., *Damascius*, vol. I, Paris, CUF, 1986, Introduction, p. LXXIII-LXXX et «Das Rätsel des untergründigen Neuplatonismus», dans D. Harlfinger, éd., *ΦΙΛΟΦΡΟΝΗΜΑ*. Festschrift für Martin Sicherl zum 75. Geburtstag = Studien zur Geschichte und Kultur des Altertums, 1. Reihe, 4. Band, Paderborn - Munich - Vienne - Zurich, 1990, p. 105-123.

120. Vuillemin-Diem, «La traduction», *op. cit.*

121. Most³, p. 179-84. Comme Mme Vuillemin-Diem me l'a fait remarquer *(per litt.)*, on ne peut exclure la possibilité que la traduction de Bartholomée soit basée non sur **J** lui-même mais sur un manuscrit très proche.

Ald = *editio princeps*[122] : 1er juin 1497, Venise, chez Alde Manuce, dans le volume IV de l'*editio princeps* d'Aristote ; papier ; 310 × 215 mm ; ff. 121[123] ; 30 lignes par page.

Contenu : ff. 1 r-226 r : Théophraste, *Hist. Plant.*, *Caus. Plant.* ff. 1 v-116 v : Aristote, *Probl.* ff. 1 r-42 r : Alexandre d'Aphrodise, *Probl.* ff. 1 r-12 v : Aristote, *Mech.* ff. 1 r-116 v : Aristote, *Métaph.* ff. 117 r-121 v : Théophraste, *Métaphysique* (avec la scholie).

L'étude fondamentale de la relation entre l'*editio princeps* d'Aristote par Alde Manuce et les manuscrits qui lui ont servi de base reste celle de Martin Sicherl[124]. Comme Burnikel l'a montré, **Ald** a été copié sur **B** après une série de corrections portées sur ce dernier manuscrit[125]. Les difficultés éprouvées par Alde Manuce à se procurer les opuscules de Théophraste et sa décision de les publier avec Aristote ont été discutées, dans le contexte de l'horizon culturel général, par Martin Lowry[126]. L'énorme succès de l'*editio princeps* — qui jouissait, selon la formule de Burnikel, du prestige d'un

122. Burnikel, p. xxvii-xxviii et 22-25. J'ai examiné moi-même l'édition. A la bibliographie de Burnikel on ajoutera les études indiquées dans les notes suivantes.

123. Dans les deux exemplaires de l'*editio princeps* que j'ai examinés, à la Biblioteca Marucelliana et à la Biblioteca Riccardiana de Florence, le vol. 4 est relié en deux volumes séparés, le premier contenant Théophraste, *Hist. Plant.* et *Caus. Plant.*, et le second les autres traités. En outre, l'exemplaire du vol. 4.2 de la Biblioteca Marucelliana, à la suite d'une erreur de reliure, comporte en fin de volume Aristote, *Probl.*

124. Sicherl, *Vorlagen* ; voir aussi *Griechische Handschriften und Aldinen. Eine Ausstellung anläßlich der XV. Tagung der Mommsen-Gesellschaft in der Herzog August Bibliothek Wolfenbüttel*, Wolfenbüttel, 1978, p. 119-123 (introduction générale à l'étude des aldines), 125-129 (n° 47 : Aristote).

125. Burnikel, p. 15-34 ; cf. Sicherl, *Vorlagen*, p. 33 ss, spéc. 34 et 69.

126. M. Lowry, *Le Monde d'Alde Manuce. Imprimeurs, hommes d'affaires et intellectuels dans la Venise de la Renaissance*, trad. fr. Paris, 1989, p. 239-245 ; et cf. Hoffmann, «Collaborateur», p. 674 (suite de la note 5 p. 673).

codex optimus[127] — explique qu'elle ait été réimprimée, corrigée et qu'elle ait servi de modèle pour la copie de manuscrits (par exemple **u**).

b. *Relations stemmatiques.*

La transmission du texte de la *Métaphysique* a été récemment étudiée avec soin par W. Burnikel dans le cadre d'un ouvrage consacré à la transmission des neuf opuscules scientifiques de Théophraste[128]. Les études antérieures, qui portaient sur l'un ou l'autre de ces opuscules, n'avaient pas réussi à clarifier définitivement les relations entre ces manuscrits[129] ; sur la base d'un matériel textuel élargi à l'ensemble des opuscules, Burnikel a réussi pour la première fois à identifier les relations entre les différents manuscrits grecs de la *Métaphysique*, procurant un meilleur fondement à l'établissement du texte. Tous les manuscrits grecs ont été relus par G. W. Most pour la présente édition, et les résultats d'ensemble de Burnikel ont été confirmés ; les différences de détail, portant sur des questions particulières, sont indiquées à l'occasion. Pour la démonstration détaillée de la relation entre les manuscrits, nous renvoyons au livre de Burnikel ; nous donnons ici un bref résumé de sa démarche et des résultats obtenus.

Après un chapitre introductif de caractère méthodologique[130], Burnikel commence par examiner les manuscrits du groupe qu'il appelle **Σ** (dans le cas de la *Métaphysique*, ce groupe comprend tous les manuscrits grecs sauf **P**, **J**, **C**, et **L**).

Il isole d'abord un sous-groupe cohérent qu'il désigne par **δ**, et qui pour la *Métaphysique* comprend **B**, **H**, **S**, **u**, et **A**$^{\mathbf{ld}}$; au sein de ce sous-groupe, il démontre la dépendance de **H** par rapport à **B** *via* un intermédiaire perdu

127. Burnikel, p. 22.

128. Pour les références complètes, voir la bibliographie.

129. *E.g.*, Ross-Fobes, p. XXVI-XXXII ; Alfred Gercke, éd., *Theophrasti De Igne*, Programma academicum Universitatis Gryphianae, Greifswald, 1896, p. 23-24 ; D. E. Eichholz, éd., *Theophrastus De Lapidibus*, Oxford, 1965, p. 47-51.

130. Burnikel, p. 1-14.

avant toute correction dans **B**, la dépendance directe de **S** par rapport à **B**, la dépendance d'**A**^ld^ par rapport à **B** après la seconde série de corrections dans **B**, et la dépendance de **u** par rapport à **A**^ld^[131]. **δ** peut ainsi être localisé à Venise : « Dans les deux dernières décennies du xve siècle, le Bernensis [= **B**] semble avoir été la seule source disponible dans cette ville pour le corpus de Théophraste »[132]. En même temps, cela signifie que, du point de vue de la constitution du texte, tous les témoins de ce sous-groupe sauf **B** peuvent être éliminés.

Burnikel examine ensuite quatre autres manuscrits du groupe **Σ** qu'il attribue à un sous-groupe cohérent appelé **γ** et comprenant **R**, **M**, **V**, et **N** : l'ordre inhabituel des neuf opuscules dans **V** et **N** indique qu'ils dérivent de **M**, où deux cahiers ont été intervertis ; **N** dérive de **V** *via* un intermédiaire perdu, **V** dérive de **M**, probablement directement, et **M** dérive de **R**, probablement directement (**M** et **R** sont tous deux l'œuvre du même copiste)[133]. Tous les témoins de ce groupe sauf **R** peuvent donc être éliminés.

Enfin, Burnikel examine le reste des manuscrits de **Σ**, à savoir **A**, **D**, **z**, **V**^a^, **O**, et **E** : **V**^a^ (qui a peut-être été rapporté de Constantinople en Italie par Filelfo en 1427) est la source, *via* un intermédiaire perdu, de **O** (où les améliorations textuelles, l'exclusion de trois opuscules et l'organisation différente des six autres sont dus à l'intelligence du copiste, peut-être Théodore Gaza) ; **D** est la source directe de **z** et **V**^a^ ainsi que de **B** (du sous-groupe **δ**), et il est aussi la source, *via* des intermédiaires perdus, de **E** et **R** (du sous-groupe **γ**), de sorte que tous les manuscrits de **Σ** sauf **A** dérivent directement ou indirectement de **D** ; mais **D** est une copie directe de **A**, de sorte que tous les manuscrits de **Σ** dérivent directement ou indirectement de **A**[134]. Du point de vue de la consti-

131. Burnikel, p. 15-42 (stemma p. 41).
132. Burnikel, p. 31.
133. Burnikel, p. 42-48.
134. Burnikel, p. 48-91 (stemma p. 90).

tution du texte, tous les manuscrits du groupe **Σ**, sauf **A**, peuvent être éliminés.

Après avoir étudié un groupe de cinq manuscrits (appelé **α**) qui transmet le *De sensibus* et le *De igne* de Théophraste, et avoir discuté un extrait du *De igne* transmis dans trois manuscrits de la Renaissance[135], Burnikel en vient aux quatre derniers manuscrits de la *Métaphysique,* **P**, **J**, **C**, et **L**, qui constituent un groupe qu'il appelle **β** : **C** et **L** sont copiés indépendamment l'un de l'autre sur une source perdue ; **J** forme avec eux un groupe ; beaucoup plus tard, **J^II** a corrigé la plus ancienne section de **J** en recourant à la conjecture et a suppléé la fin perdue du traité sur la base de **J** lui-même ; ces changements dans le texte de **J** ont affecté **L** par contamination[136] (ceci est le seul exemple certain de ce phénomène sur une grande échelle dans l'ensemble de la transmission de la *Métaphysique*)[137].

Burnikel conclut son étude par quelques brèves remarques sur l'histoire de la *Métaphysique*, examinant sur la base de la scholie et de la traduction latine de Bartholomée de Messine la transmission du traité dans l'Antiquité et au Moyen Âge : Nicolas a très probablement trouvé le traité transmis avec la *Métaphysique* d'Aristote et l'a attribué à Théophraste sur la base d'une comparaison stylistique. Nicolas est aussi responsable du titre Θεοφράστου τῶν μετὰ τὰ φυσικά, que Burnikel interprète comme signifiant «la part revenant à Théophraste dans la *Métaphysique* d'Aristote»; le titre divergent dans la traduction de Bartholomée («liber Aristotelis de principiis») est expliqué par Burnikel comme témoignant de l'existence de deux éditions

135. Burnikel, p. 92-112.

136. Burnikel, p. 118, soutient qu'en 1445, quand **L** a été écrit à Milan, **J** se trouvait encore à Constantinople, si bien que cette contamination a dû se produire *via* un intermédiaire perdu. Mais, comme nous l'avons vu (*supra* à propos de **J**, p. LXIV), J a été introduit en Italie du Sud au XIIIe siècle et on ne sait pas quand il est revenu à Constantinople. On ne peut donc exclure la possibilité que **J^II** ait directement influencé **L**.

137. Burnikel, p. 112-119.

anciennes du traité, une «recensio Constantinopolitana» qui a servi d'archétype pour tous les manuscrits grecs et une autre version (peut-être une «recensio Messanensis») dont dérive la traduction de Bartholomée, de sorte que cette traduction acquiert une importance considérable en tant que témoin de l'état du texte avant l'édition Byzantine ; en fin de compte, la *Métaphysique* a été détachée de la «recensio Constantinopolitana» des œuvres d'Aristote, et insérée dans un groupe déjà existant d'autres opuscules scientifiques de Théophraste, pour former le corpus des neuf opuscules que nous trouvons dans **A** et dans la plupart des autres manuscrits du groupe Σ [138].

Brièvement résumé, pour ce qui regarde la constitution du texte de la *Métaphysique,* le résultat se présente de la façon suivante. La tradition du texte grec comporte deux branches. La première est représentée uniquement par **P** (Parisinus gr. 1853). La seconde est elle-même divisée en deux : d'un côté une famille constituée de **J** (Vindobonensis phil. gr. 100), **C** (Marcianus gr. 211) et **L** (Laurentianus 28, 45), de l'autre côté l'ensemble des autres manuscrits, qui dérivent de **A** (Vaticanus gr. 1302) par l'intermédiaire de **D** (Ambrosianus P 80 sup. [gr. 630]) [139].

Ces données soulèvent des questions intéressantes et difficiles quant à la relation entre les traditions manuscrites de la *Métaphysique* de Théophraste et de la *Métaphysique* d'Aristote, car les deux textes ont évidemment été transmis ensemble de l'Antiquité au Moyen Âge [140].

138. Burnikel, p. 123-30. Ceci est peut-être la partie la plus faible du travail par ailleurs admirable de Burnikel ; Most[3], p. 170-184, et la Notice à la présente édition, *supra*, p. x, font état d'un certain nombre de divergences. L'étude de Burnikel se conclut sur une discussion des extraits de Théophraste dans Photius, un résumé général (stemma p. 145) et divers appendices et planches (p. 131-172).

139. Burnikel, p. 119-123 (stemma p. 122).

140. Pour la transmission manuscrite de la *Métaphysique* d'Aristote, voir en particulier Harlfinger, «Metaphysik» (stemma : p. 27), qui corrige sur des points importants S. Bernardinello, *Eli*

Le problème est trop délicat et complexe pour pouvoir être définitivement résolu dans le présent contexte ; mais quelques suggestions peuvent peut-être être formulées. La comparaison entre le stemma de la *Métaphysique* d'Aristote proposé par Harlfinger et celui de la présente édition de la *Métaphysique* de Théophraste fait ressortir certaines similitudes aussi bien que des différences évidentes. La différence la plus importante est que, tandis que la transmission aristotélicienne dérive de deux hyparchétypes, **α** (principalement représenté par **E** [= notre **P**] et **J**) et **β** (représenté spécialement par **A**[b], mais aussi par **Y** et par des manuscrits plus récents tels que **M**, **V**[k], et **C**), la transmission de Théophraste se réduit à la première famille : rien ne semble correspondre dans la transmission grecque de la *Métaphysique* de Théophraste à la famille aristotélicienne **β**. D'un autre côté, au sein de la famille **α**, la relation entre **E** (= notre **P**) et **J** que postulent Harlfinger et Burnikel est identique : dans les deux cas, un hyparchétype perdu (appelé **α** par Harlfinger) est postulé comme source commune de **E** (= notre **P**) et de la source perdue de **J** (appelé **γ** par Harlfinger). Manque naturellement, dans le stemma de la transmission de la *Métaphysique* d'Aristote, l'ensemble de la branche de la transmission de Théophraste qui commence avec **A**, puisque c'est à ce moment que la *Métaphysique* de Théophraste a été séparée du traité d'Aristote portant le même titre pour être désormais associée aux autres opuscules de Théophraste. La question la plus difficile que pose la comparaison des deux transmissions touche le statut de **C** (= **E**[b] de Harlfinger), qui, dans le stemma de Harlfinger, non seulement est lié à **J** par une série de relations beaucoup plus complexes que dans le nôtre, mais, surtout, est aussi apparenté à **E** (= notre **P**) *via* une série d'inter-

minatio codicum della Metafisica = Studia Aristotelica, 4, Padoue, 1970. Pour un panorama du contexte plus large de la transmission du corpus aristotélicien, voir D. Harlfinger, « Einige Grundzüge der Aristoteles-Überlieferung », dans *ΓΡΑΜΜΩΝ*, p. 36-85 (reproduit dans Harlfinger, *Kodikologie*, p. 447-483).

médiaires perdus, ce qui n'est pas le cas dans notre stemma de Théophraste. Peut-être des recherches postérieures permettront-elles d'établir si l'un ou l'autre stemma demande à être modifié, ou s'il existe ici une différence spécifique entre les deux traditions textuelles.

En conclusion : même les plus fervents admirateurs de Théophraste ne seront guère enclins à considérer sa *Métaphysique* comme un des textes centraux de l'Antiquité. Mais son association avec d'un côté la *Métaphysique* d'Aristote et de l'autre les huit autres opuscules de Théophraste nous permet de retrouver, à travers le procès de la transmission, tous les plus grands moments philologiques du Moyen Âge et de la Renaissance. Nos plus anciens manuscrits, **J** et **P**, sont éloignés tout au plus d'une ou deux étapes du μεταχαρακτηρισμός, le processus capital de translittération en écriture minuscule des manuscrits en onciales ; on ne sait pas avec certitude si **J** a été lui-même translittéré à partir d'un manuscrit oncial tardif ou s'il a été copié sur l'un des plus anciens manuscrits de translittération en minuscules [141]. En tout cas, **J** et **P** restent des témoins importants de la Renaissance byzantine des IXe et Xe siècles. **J** en particulier est le principal représentant d'une collection philosophique byzantine des œuvres d'Aristote, parallèle à une autre collection des œuvres de Platon. Quatre siècles plus tard, la Renaissance des Paléologues est représentée par deux manuscrits à peu près contemporains, **C** et **A** ; ce dernier témoigne de la décision érudite de rompre radicalement avec la tradition ancienne qui avait associé la *Métaphysique* de Théophraste avec celle d'Aristote, et de regrouper cet opuscule avec les autres opuscules scientifiques de Théophraste [142] ; **A** est

141. La première hypothèse est avancée par Burnikel, p. 114-115 ; la seconde par Moraux, *Du ciel*, p. CLXVIII.

142. Il est impossible de déterminer avec certitude la date de cette décision érudite. A la p. 130, Burnikel suggère, sur la base du grand nombre d'erreurs dans **A**, que cette décision remonte à une date bien antérieure à celle de **A**, peut-être même le Xe siècle. Mais

aussi remarquable pour son écriture archaïsante, à la mode durant le règne d'Andronic II (1282-1328) mais généralement réservée aux textes religieux. Un peu auparavant, **J** semble avoir été introduit en Italie du Sud, où Guillaume de Moerbeke l'a annoté et l'a utilisé pour sa traduction de la *Métaphysique* d'Aristote et où Bartholomée de Messine l'a utilisé (ou un manuscrit très proche) pour sa traduction de la *Métaphysique* de Théophraste[143]. Théophraste devait encore voyager de Constantinople en Italie à une ou deux reprises dans la première moitié du xve siècle — certainement à travers **D**, sur lequel **V^a** a peut-être été copié à Constantinople avant 1427, et qui a aussi servi de modèle à **R**, copié à Florence entre 1442 et 1457 ; et peut-être à travers **V^a**, qui a pu être apporté par Francesco Filelfo de Constantinople en Italie en 1427. Une fois encore, au xvie siècle, le traité est passé d'Orient en Italie : dans **J**, qui était entre-temps retourné à Constantinople et y fut acquis par un diplomate occidental en 1562. A cette date, bien sûr, la Renaissance italienne, qui avait été en partie stimulée justement par ce genre d'échanges, s'était depuis longtemps épanouie. Des dix-huit manuscrits de la *Métaphysique* de Théophraste, quatorze datent du xve siècle ou du début du xvie — et parmi ceux-ci, douze sont postérieurs à 1442. Ces manuscrits de la Renaissance nous mettent en contact avec la plupart des grands centres de l'humanisme italien, Venise (**B**, **H**, **S**, peut-être **V**), Rome (**N**, **C**, peut-être **V**), Florence (**R**, peut-être **V^a**), Ferrare (**z**), Milan (**L**). Ils sont l'œuvre de copistes connus — le diacre Théodore (première moitié du xve s., **V^a**), peut-être Théodore Gaza (*ca.* 1400-1475/76, **O**), Dẹmétrios Sgouropoulos (seconde moitié du xve s., **L**), Georges Tzangaropoulos (seconde moitié du xve s., **V**), Jean Scoutariôtès (seconde moitié du xve s., **R**, **M**), Jean Rhosos (milieu du xve s. - 1498, **H**,

ailleurs (p. 144), il reconnaît qu'il est impossible de déterminer à quel moment entre le ixe et le xiiie siècle elle est intervenue.

143. Voir *infra*, p. LXXVII.

N)[144] — et leurs commanditaires sont des humanistes importants de la Renaissance : Giannozzo Manetti (1396-1459, **R**), Francesco Filelfo (1398-1481, **L**), Alexandre Farnèse (1468-1549, **N**). Ils ont été la possession de personnalités telles que Filelfo (**V**^{a}), Bessarion (1399/1400-1472, **C**, **M**), Ermolao Barbaro (1454-1493, **V**), Alberto et Rodolfo Pio (1475-1531 et 1500-1564, **E**), Niccolò Ridolfi (1501-1550, **z**), Fulvio Orsini (1529-1600, **A**, **V**), Gerard et Isaac Vossius (1577-1649 et 1618-1689, **H**). Et tout comme la Renaissance italienne du xve siècle récapitule sur une plus grande échelle le transfert antérieur des manuscrits d'Est en Ouest, elle répète aussi sous deux autres aspects des tendances que nous avons déjà rencontrées : la traduction du grec en latin (Gregorius Tiphernas d'après **A**, et un traducteur anonyme très probablement d'après **A**^{ld})[145] ; et le regroupement de textes de contenu apparenté mais dérivés de traditions manuscrites différentes dans des *corpus* philosophiquement cohérents (**E**, **R**, **u**). Finalement, la tradition manuscrite culmine dans **A**^{ld}, qui est une partie de la splendide *editio princeps* d'Aristote en cinq volumes, — culmine, mais ne se termine pas, car **u** présente le cas — qui n'est pas rare — d'une copie manuscrite d'un livre imprimé.

Ainsi, au-delà de la complexité du traitement de la *Métaphysique* de Théophraste par l'ancienne érudition et de son intérêt philosophique, que nous avons discutés dans les premières sections de cette « Notice », l'examen de la transmission du texte au Moyen Âge et à la Renaissance enrichit l'opuscule de plusieurs niveaux de signification historique. Ce petit essai devient ainsi comme la lentille d'un télescope, permettant d'apercevoir de vastes pans du développement culturel.

2. Les traductions.

Nous avons, outre la tradition grecque, quatre témoins anciens du texte de Théophraste, sous la forme

144. En outre, une section de **M** a été écrite par Bessarion.

145. Sur ces traductions, voir *infra*, p. LXXVII-LXXVIII.

de traductions : une traduction arabe, par Isḥâq ibn Hunain († 910) ; et trois latines, l'une de Bartholomée de Messine (1258-66), l'autre de Gregorius Tiphernas (1447-55) et une troisième généralement attribuée, mais, comme nous le verrons, à tort, au cardinal Bessarion[146].

a. *La traduction arabe.*

La version arabe, identifiée en 1892 par R. Margoliouth, a été éditée en 1985 par I. Alon. Cette édition ne mérite aucune confiance ; elle accumule les erreurs de lecture, les corrections arbitraires et les fautes d'impression ; l'apparat critique en est très défectueux. Il convient donc de recourir aux manuscrits[147].

Ceux-ci sont au nombre de deux. Le meilleur d'entre eux (le Malik 5925 de Téhéran, daté de 461 H. = 1068/69 A.D.)[148] attribue la traduction à « Isḥâq », sans autre précision. Il s'agit certainement d'Isḥâq b. Hunain (mort en 910), le fils et l'élève de Hunain b. Isḥâq, le plus célèbre helléniste du monde musulman. La version arabe se fonde donc sur un modèle datant au

146. Nous avons aussi examiné une quatrième traduction latine de ce texte, élaborée en 1574-75 par Jacobus Dalechampius et préservée à la Bibliothèque Nationale de Paris sous la cote BN. Lat. 11857, ff. 286 r-292 r. Cette traduction, qui paraphrase, interprète et parfois corrige (implicitement) le texte grec, reflète l'intelligence et l'érudition de son auteur. Elle représente un document important dans l'histoire de la réception moderne de Théophraste. Mais elle semble entièrement dépendre des éditions imprimées disponibles à l'époque, et ne contribuer en rien à l'établissement du texte grec. Sur cette traduction, cf. C. B. Schmitt, « Some Notes on Jacobus Dalechampius and his Translation of Theophrastus (Manuscript : BN. Lat. 11,857) », *Gesnerus* 26, 1969, p. 36-53 ; voir aussi, du même, « Theophrastus in the Middle Ages », *Viator* 2, 1971, p. 251-70, spéc. 256-7.

147. M. Crubellier espère être bientôt en mesure de publier le texte qu'il a établi à partir des manuscrits. Il en a donné une traduction française dans Crubellier, p. 27-43.

148. Le second manuscrit, Oxford Bodleian Library Ouseley 95, date de 1630 environ. C'est un descendant direct du manuscrit de Téhéran ; en outre il est gravement mutilé. Il n'apporte donc rien à l'établissement du texte grec.

plus tard du IXe siècle. Elle témoigne d'un état de la tradition antérieur à tous nos manuscrits excepté **J**[149].

La version d'Isḥâq est en général remarquablement littérale. Dans la plupart des cas, on retrouve sans difficulté le mot-à-mot du texte grec. Cependant, Isḥâq cherche aussi parfois à clarifier ou à aplanir des difficultés. Son propre idéal en matière d'expression philosophique est assez éloigné de la langue heurtée et elliptique de Théophraste ; d'où certaines redondances, ou même de véritables gloses. La différence de langue et de culture peut aussi conduire à une paraphrase plus ou moins lâche. Enfin, quoiqu'il fasse en général preuve d'une bonne connaissance du grec, il arrive qu'une erreur de construction ou un contresens philosophique le conduisent à s'éloigner sensiblement du texte.

Le texte arabe diffère substantiellement de celui des manuscrits grecs par une quinzaine d'ajouts ou d'omissions d'une certaine étendue. Mais ces divergences n'ont pas d'incidence sur l'établissement du texte. Plusieurs omissions résultent manifestement d'accidents propres à la tradition arabe (la plus remarquable est la lacune initiale, 4a2-12) ; les autres semblent refléter un choix du traducteur. Quant aux ajouts, ce sont tous soit des gloses, soit même des notes marginales insérées après coup.

Le modèle grec utilisé par Isḥâq se rattache à la tradition dont dérivent tous nos manuscrits. Il a en commun avec elle un certain nombre d'erreurs caractéristiques[150]. Mais il paraît n'être plus particulièrement affilié avec aucun des manuscrits que nous connaissons. Car il est très rare qu'il s'accorde dans l'erreur avec l'un d'eux (ou avec une partie d'entre eux). Nous avons relevé sept cas de ce genre :

149. Pour une étude détaillée du style et de la traduction, ainsi que les listes d'exemples, voir Crubellier, p. 20-7.

150. 5b2 διαφοράν (voir à ce sujet commentaire, p. 37, n. 44) ; 7b16 κινοῦν ; 10a11 ἤ ; 10b13 κινήσει ; 11a1 τοῦθ' ; 11a20 ἀοριστίᾳ. On peut ajouter à cette liste 7a14 σάρξ dans le fragment d'Héraclite.

— deux correspondent à des variations orthographiques minimes, où l'erreur s'explique en outre par des automatismes de lecture : 10a17 μηδὲν (pour μὴδ' ἐν) et 10b26 ἡ καὶ (au lieu de ᾗ καὶ);

— trois autres cas peuvent s'expliquer par des effets de traduction; on ne peut être certain que la variante représentée par Isḥâq se soit trouvée dans son modèle grec : 4a21 ajout de τοῦ devant παντός; 7b19 omission de καὶ [151]; 10b12-13 λελωβημένοις (comme dans **A**, pour λελωβημένων), leçon qui peut s'expliquer comme une décision de traduction face à un passage difficile.

— en 7b8, Isḥâq suppose εἰ, alors que **J** et **L** d'une part, **B**[2] d'autre part, rétablissent le texte correct ἤ.

— en 9a23, Isḥâq traduit ὁρατόν, que l'on trouve dans tous les manuscrits grecs sauf A et ses descendants.

Enfin, la traduction d'Isḥâq nous conserve quelques leçons manifestement supérieures à celles de la tradition directe : 5b18 ἀσύνδετον; 7b3-4 ἐτησίους; 8a13 ἤ et 10b20 του. Dans quatre autres cas, où la relation de l'arabe au grec n'est toutefois pas aussi claire, il semble que le témoignage d'Isḥâq puisse venir à l'appui d'une correction que nous acceptons ou proposons : 5b3 ψυχῇ; 7b20 μὴ δεῖν; 11a19-20 πλήθει et 11a22 ἐστι· καὶ γὰρ [152].

151. Ce cas est à première vue plus troublant, puisqu'il suggère une parenté avec P, que par ailleurs le stemma des manuscrits grecs place dans une position isolée. Mais l'omission de καὶ, même lorsqu'il a une valeur adverbiale, n'est pas rare chez Isḥâq. Sur vingt occurrences, καὶ adverbial n'est rendu que cinq fois (6b16, 7a4, 8a8, 9b16-17, 11b13) par un terme exprès *('ayḍan)*; c'est pourquoi nous n'avons pas jugé utile de mentionner l'omission de 7b19 dans l'apparat.

152. Pour la translittération de l'arabe dans l'apparat, on a adopté les équivalences suivantes (dans l'ordre traditionnel de l'alphabet arabe) : â, b, t, ṯ, ǧ, ḥ, ḫ, d, ḏ, r, z, s, š, ṣ, ḍ, ṭ, ẓ, ', ġ, f, q, k, l, m, n, h, w/û, y/î, hamza', tâ lié -at, voyelles brèves a, i, u, tanwîn -an, -in, -un.

b. *Les traductions latines.*

Les trois traductions latines ont été discutées en détail par G. W. Most dans un article récent[153]. On trouvera ci-dessous les conclusions résumées.

La traduction de Bartholomée de Messine a été commanditée par le roi Manfred de Sicile au cours de son règne (1258-66) ; elle est transmise par un unique manuscrit datant du début du XIVe siècle préservé à Padoue, Bibl. Antoniana XVII 370, et a été publiée en 1936 par W. Kley[154]. Elle appartient sûrement à la famille **J C L** et est très probablement basée sur une copie de **J** faite entre 1260 et 1266.

La traduction de Gregorius Tiphernas a été commanditée par le pape Nicolas V durant son pontificat (1447-1455). Elle est préservée dans deux manuscrits :

Florent. Laurentianus 79, 15 : XVe s., parchemin. 272 × 181mm. Théophraste, *Métaphysique* : 161 r-172 v.

Vat. Urbinas lat. 208 : XVe s., parchemin, 330 × 219 mm. Théophraste, *Métaphysique* : 118 r-123 v.

Cette traduction n'a jamais été publiée ni utilisée pour établir le texte de la *Métaphysique* de Théophraste. Il est sûr qu'elle dépend entièrement du manuscrit **A** ; les corrections marginales et interlinéaires dans **A**, indiquées **A^{II}**, sont de Tiphernas en personne.

Une troisième traduction anonyme a été publiée pour la première fois dans l'édition, procurée par Jacques Lefèvre d'Étaples, de la traduction des douze premiers livres de la *Métaphysique* d'Aristote par Argyropylos et de la traduction de l'ensemble du traité par Bessarion, publiée par H. Étienne à Paris en 1515[155]. Elle connut

153. Most[3].

154. Kley, p. 3-13. En général, la transcription est fidèle ; la liste des erreurs, dont une seule est sérieuse (en 8.12 lire *oportet* pour *omne*), figure dans Most[3], p. 170, n. 6.

155. [Jacobus Faber Stapulensis, ed.] Contenta. *Continentur his Aristotelis castigatissime recognitum opus metaphysicum a Claris-*

plusieurs éditions au XVIe siècle. Depuis Fabricius, elle est traditionnellement attribuée au cardinal Bessarion. Mais il ne peut en être ainsi, étant donné que la traduction est basée soit sur **A**[ld] (1497), soit sur **u** (1499), un apographe de **A**[ld], soit sur un hypothétique intermédiaire entre **B** (1480) et **A**[ld]. Or Bessarion est mort en 1472. L'identité du traducteur reste un mystère. On peut penser que la traduction fut entreprise à la demande d'Étienne pour sa publication de 1515. Nous la désignons ici par «Stephanus».

Toutes les traductions latines dépendant de manuscrits grecs existants, leur seule contribution à la constitution du texte se situe dans quelques corrections du manuscrit grec sur lequel elles sont basées.

3. Stemma.

On obtient ainsi le stemma ci-contre (qui reprend celui de Burnikel en le modifiant légèrement)[156].

4. Principes éditoriaux.

Tous les témoins du texte de la *Métaphysique* peuvent être éliminés, à six exceptions près : la traduction arabe d'Isḥâq, **P**, la famille **J**, **C**, **L**, et enfin **A**. Les leçons de ces cinq témoins grecs sont reportées toutes les fois qu'elles divergent du texte que nous imprimons ; on a fait exception pour les divergences d'esprit ou d'accentuation, qui ne sont indiquées qu'en cas d'ambiguïté significative. Les leçons des nombreux descendants de **A** ou des traductions ne sont reproduites que si elles présentent un intérêt particulier[157]. Nous avons essayé de

simo principe Bessarione Cardinale Niceno latinitate foeliciter donatum, Paris, H. Stephanus, 20 octobre 1515, p. 121 r-124 v.

156. Nous avons ajouté la traduction arabe et les trois traductions latines aux endroits appropriés. Mais nous n'avons pas donné d'indications, qui n'auraient pu être que spéculatives, sur les intermédiaires perdus entre les manuscrits existants.

157. Cela a pour conséquence que les trois manuscrits suivants

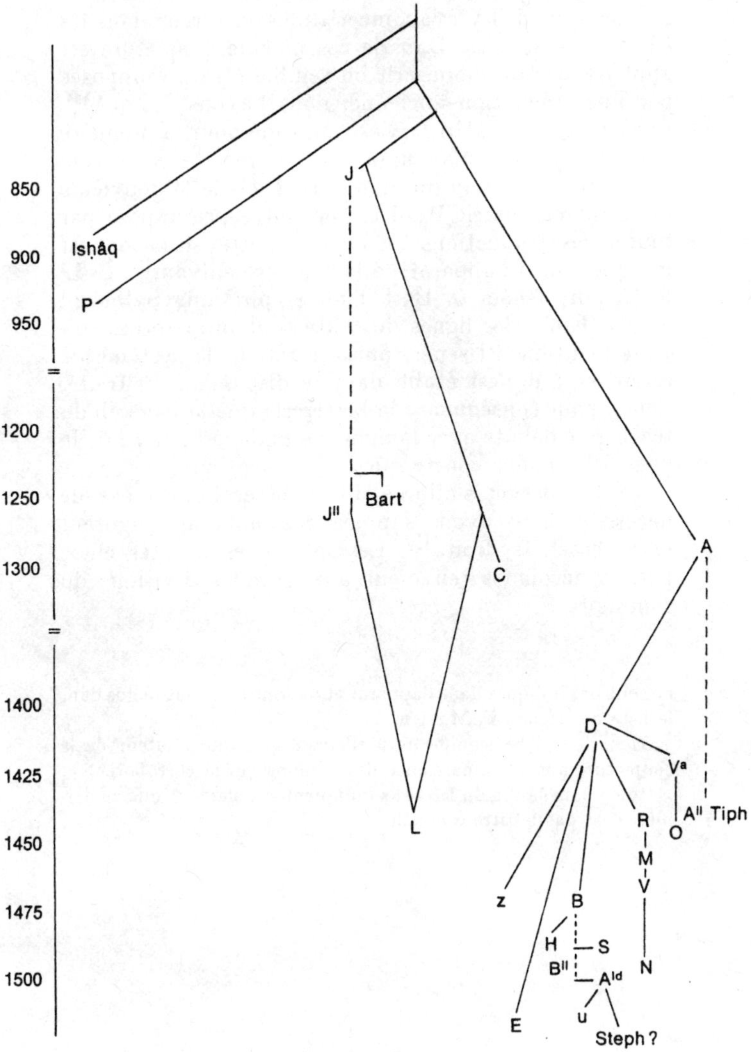
850
900
950
1200
1250
1300
1400
1425
1450
1475
1500
Isḥâq
P
J
Bart
J^II
C
L
A
D
Va
A^II Tiph
R
O
M
V
z
B
H
S
B^II
A^Id
N
E
u
Steph ?

mentionner systématiquement dans l'apparat toutes les conjectures proposées et d'identifier leur premier auteur, quand il y avait incertitude ou erreur dans les éditions existantes. Dans le cas où une conjecture est appuyée par un manuscrit ou semble être présupposée par une traduction ancienne, nous l'avons indiqué[158]. Par exemple, en 11b12, ἐν est imprimé pour la première fois par Sylburg, mais apparaît comme une correction de la première main du manuscrit **L** et de la deuxième main du manuscrit **B** ; il est en outre présupposé par toutes les traductions anciennes. Cette situation est indiquée dans l'apparat de la manière suivante : ἐν **L**^{1} **B**^{2} [fî *(in)* Isḥâq, *in* Bart Tiph Steph] coni. Sylburg : om. **α**. Enfin, les lignes du texte sont numérotées suivant l'édition d'Usener, puisque tel est le système de référence qui s'est établi dans la discussion du traité. Cela a pour conséquence la bizarrerie que la page 4b du texte grec débute avec la ligne 2 ou que la ligne 12 de la page 19 est plus courte que la justification.

La traduction s'efforce d'être littérale. En cas de nécessité, nous avons suppléé des mots, qui figurent entre crochets droits[159]. Les intertitres ajoutés entre petites accolades renvoient aux grandes divisions du sommaire.

ne sont pas indiqués dans l'apparat et ne sont donc pas inclus dans la liste des sigles ; **E**, **M**, et **u**.

158. Ce qui ne signifie naturellement pas que l'auteur de la conjecture ait eu connaissance des témoins qui la corroborent.

159. Dans le cas du titre, ils indiquent simplement que ce dernier n'est pas le titre originel.

BIBLIOGRAPHIE[1]

Abréviations

F. = *Theophrastus of Eresos. Sources for his Life, Writings, Thought and Influence*, edited and translated by Fortenbaugh (W. W.), Huby (P. M.), Sharples (R. W.), Gutas (D.) and *alii*, 2 vol., Leyde - New York - Londres, 1992.

W. = *Theophrasti Eresii Opera*, ed. Wimmer (F.), Paris, Didot, 1866 (repr. Francfort/Main, 1964).

DK = voir Diels (H.) et Kranz (F.)

Dox. = voir Diels (H.), *Doxographi Graeci*.

KG = voir Kühner (R.) et Gerth (B.).

LSJ = voir Liddell (H. G.), Scott (R.), Jones (H. S.).

Alon (I.), «The Arabic Version of Theophrastus' *Metaphysics*», *Jerusalem Studies in Arabic and Islam*, 6, 1985, p. 163-207.

Aubenque (P.), «Sur la notion aristotélicienne d'aporie», dans : *Aristote et les problèmes de méthode* (1er *Symposium Aristotelicum*), Louvain-Paris, 1961, p. 3-19 (= Aubenque[1]).

Aubenque (P.), *Le problème de l'être chez Aristote. Essai sur la problématique aristotélicienne*, Paris, 1962 (= Aubenque[2]).

Balme (D. M.), «Development of Biology in Aristotle and Theophrastus : Theory of Spontaneous Generation», *Phronesis*, 7, 1962, p. 91-104.

Barbotin (E.), *La théorie aristotélicienne de l'intellect d'après Théophraste*, Paris, 1954.

Bélis (A.), «Le procédé de numération du Pythagoricien Eurytos», *Revue des Études Grecques*, 96, 1983, p. 64-75.

Bergk (T.), «Theophrastus Metaph. p. 314,8 ed. Br.», dans : *Kleine philologische Schriften*, 2, Halle, 1886, p. 302-303.

1. Ouvrages cités dans la notice (à l'exclusion des compléments bibliographiques de la section IV), l'apparat et le commentaire.

Bignone (E.), compte rendu de Ross-Fobes, *Rivista di Filologia e di Istruzione Classica*, N. S. 9, 1931, p. 112-114.

Bonitz (H.), *Index Aristotelicus = Aristotelis Opera ex recensione I. Bekkeri, ed. altera quam curavit* O. Gigon, vol. V, Berlin, 1971 (1870[1]).

Brandis (C. A.), *Aristotelis et Theophrasti Metaphysica*, Berlin, 1823.

Brunschwig (J.), Aristote, *Topiques*. Tome I, livres 1-4, Paris (Collection des Universités de France), 1967.

Brunschwig (J.), «*EE* I, 8, 1218a15-32 et le περὶ τἀγαθοῦ», dans : P. Moraux et D. F. Harlfinger, edd., *Untersuchungen zur Eudemischen Ethik* [5. *Symposium Aristotelicum*] (= Peripatoi, 1), Berlin, 1971, p. 197-222.

Burkert (W.), *Weisheit und Wissenschaft. Studien zu Pythagoras, Philolaos und Platon*, Nuremberg, 1962.

Burnikel (W.), *Textgeschichtliche Untersuchungen zu neun Opuscula Theophrasts* (= Palingenesia 8), Wiesbaden, 1974.

Camotius (J. B.) = Camozzi (Giambattista de), *Commentariorum in primum Metaphysices Theophrasti libri tres*, Venise, *apud* F. Turrisanum, 1551.

Chantraine (P.), *La formation des noms en grec ancien*, Paris, 1933.

Crubellier (M.), «La version arabe de la *Métaphysique* de Théophraste et l'établissement du texte grec», *Revue d'Histoire des Textes*, 22, 1992, p. 19-45.

Daiber (H.), «The *Meteorology* of Theophrastus in Syriac and Arabic Translation», dans *Theophrastus. His Psychological, Doxographical and Scientific Writings*, W. W. Fortenbaugh and D. Gutas, edd. (= *Rutgers University Studies in Classical Humanities*, V), New Brunswick - London, 1992, p. 161-293.

Denniston (J. D.), *The Greek Particles*, Oxford, 1950[2] (nombr. réimpr.).

Devereux (D. T.), «The Relationship between Theophrastus' *Metaphysics* and Aristotle's *Metaphysics* Lambda», dans : *Theophrastean Studies on Natural Science, Physics and Metaphysics, Ethics Religion and Rhetoric*, W. W. Fortenbaugh and R. W. Sharples, edd. (= *Rutgers University Studies in Classical Humanities*, III), New Brunswick - Oxford, 1988, p. 167-88.

Diels (H.), *Doxographi Graeci*, Berlin, 1876 (réimpr. 1965).

Diels (H.), compte rendu de l'édition d'Héraclite par I. Bywater

(Oxford, 1887), *Jenaer Literaturzeitung*, 25, 1877, p. 393-395.

DIELS (H.) et KRANZ (W.) (= DK), *Die Fragmente der Vorsokratiker*, 3 vol., Berlin, 1951^6 (réimpr.).

DIRLMEIER (F.), compte rendu de W. Kley, *Gnomon*, 14, 1938, p. 129-137.

DODDS (E. R.), Plato, *Gorgias, A Revised Text with Introduction and Commentary*, Oxford, 1959 (réimp.).

DROSSAART-LULOFS (H. J.), *Nicolaus Damascenus On the Philosophy of Aristotle* (= Philosophia Antiqua, 13), Leyde, 1965.

DÜRING (I.), *Aristotle in the ancient biographical tradition*, Göteborg, 1957

ELLIS, J., «The aporematic character of Theophrastus' *Metaphysics*», dans : *Theophrastean Studies on Natural Science, Physics and Metaphysics, Ethics Religion and Rhetoric*, W. W. Fortenbaugh and R. W. Sharples, edd. (= *Rutgers University Studies in Classical Humanities*, III), New Brunswick - Oxford, 1988, p. 216-223.

FESTUGIÈRE (A.-J.), «Le sens des apories métaphysiques de Théophraste», dans : *Études de philosophie grecque*, Paris, 1971, p. 357-366 (originellement publié dans la *Revue Néoscolastique de Philosophie*, 33, 1931).

FREDE (D.), «Theophrasts Kritik am unbewegten Beweger des Aristoteles», *Phronesis*, 16, 1971, p. 65-79.

FRIEDLÄNDER (P.), «Heraclitus Fragm. 124», *American Journal of Philology*, 63, 1942, p. 336.

GAISER (K.), *Platons ungeschriebene Lehre*, Stuttgart, 1968^2 (= Gaiser^1).

GAISER (K.), *Theophrast in Assos. Zur Entwicklung der Naturwissenschaft zwischen Akademie und Peripatos*, Heidelberg, 1985 (= Gaiser^2).

GRUMACH (E.), *Physis und Agathon in der alten Stoa* (= Problemata 6), Berlin, 1932.

HEINZE (R.), *Xenocrates*, Leipzig, 1892 (repr. Hildesheim, 1965).

HINDENLANG (L.), *Sprachliche Untersuchungen zu Theophrasts botanische Schriften*, Strasbourg, 1910.

HINTIKKA (J.), «Time, Truth and Knowledge in Aristotle and other Greek Philosophers», in *Time and Necessity*, Oxford, 1973, p. 62-92.

HOMMEL (H.), «Cicero und der Peripatos», *Gymnasium*, 62, 1955, p. 319-334.

HUBY (P.), «The Date of Aristotle's *Topics*», *Classical Quarterly*, N. S. 12, 1962, p. 72-80.

ISNARDI PARENTE (M.), «Théophraste, *Metaphysica* 6a23 ss», *Phronesis*, 16, 1971, p. 49-64 (= Isnardi-Parente¹).

ISNARDI PARENTE (M.), *Speusippo. Frammenti*, Naples, 1980 (= La Scuola di Platone 1) (= Isnardi-Parente²).

ISNARDI PARENTE (M.), *Senocrate-Ermodoro. Frammenti*, Naples, 1982 (= La Scuola di Platone 3) (= Isnardi-Parente³).

JAEGER (W.), *Aristoteles. Grundlegung einer Geschichte seiner Entwicklung*, Berlin, 1955² (1923¹) (= Jaeger¹).

JAEGER (W.), compte-rendu de Ross-Fobes, *Gnomon*, 8, 1932, 289-295 (= Jaeger²).

KLEY (W.), *Theophrasts Metaphysisches Bruchstück und die Schrift περὶ σημείων* in der lateinischen Übersetzung des Bartholomaeus von Messina (Diss. Berlin, 1936), Würzburg, 1936.

KRÄMER (H. J.), *Arete bei Platon und Aristoteles. Zum Wesen und Geschichte der platonischen Ontologie* (= Abh. d. Heidelb. Akad. d. Wiss, Phil.-hist. Kl. 1959/6), Heidelberg, 1959, Amsterdam 1967² (= Krämer¹).

KRÄMER (H. J.), *Der Ursprung der Geistmetaphysik. Untersuchungen zur Geschichte des Platonismus zwischen Platon und Plotin*, Amsterdam, 1967² (1964¹) (= Krämer²).

KRÄMER (H. J.), *Platonismus und hellenistische Philosophie*, Berlin - New York, 1971 (= Krämer³).

KRÄMER (H. J.), «Zum Standort der 'Metaphysik' Theophrasts», *Zetesis, Festschrift für E. de Strycker*, Anvers - Utrecht, 1973, p. 206-214 (= Krämer⁴).

KRISCHE (A. B.), *Forschungen auf dem Gebiete der alten Philosophie*, I *(Die theologischen Lehren der griechischen Denker)*, Göttingen, 1840.

KÜHNER (R.) - GERTH (B.) (= KG), *Ausführliche Grammatik der griechischen Sprache*. Zweiter Teil : *Satzlehre*, Hannovre - Leipzig, 1898 (repr. Darmstadt, 1963).

LAKS (A.), *Diogène d'Apollonie. La dernière cosmologie présocratique* (= Cahiers de Philologie, 9), Lille-Paris, 1983 (= Laks¹).

LAKS (A.), «Eurytus in Theophrastus' *Metaphysics*» (= Laks²) : voir LAKS A., MOST G. W., RUDOLPH E.

LAKS (A.), MOST (G. W.), RUDOLPH (E.) : «Four Notes on Theophrastus' *Metaphysics*», dans : *Theophrastean Studies on Natural Science, Physics and Metaphysics, Ethics Religion and Rhetoric*, W. W. Fortenbaugh and R. W. Sharples, edd. (= *Rutgers University Studies in Classical Humanities*, III), New Brunswick - Oxford, 1988, p. 224-256.

LENNOX (J. G.), « Theophrastus on the Limits of Teleology », dans : *Theophrastus of Eresus. On his Life and Work*, W. W. Fortenbaugh, P. M. Huby and A. Long, edd. (= *Rutgers University Studies in Classical Humanities*, II), New Brunswick - Oxford, 1985, p. 143-163.

LIDDELL (H. G.), SCOTT (R.), JONES (H. S.), *A Greek-English Lexicon*, Oxford, 1968.

MANSFELD (J.), « Theophrastus and the Xenophanes Doxography », *Mnemosyne*, 40, 1987, p. 286-312.

MARCOVICH (M.), *Eraclito Frammenti*, Florence, 1978.

MARGOLIOUTH (R.), « The *Book of the Apple* ascribed to Aristotle », *Journal of the Royal Asiatic Society of Great Britain and Ireland*, N. S. 24, April 1892, p. 187-252.

MERLAN (P.), *From Platonism to Neoplatonism*, La Haye, 1960[2] (1953[1]).

MORAUX (P.), *Der Aristotelismus bei den Griechen. Von Andronikos bis Alexander von Aphrodisias*, 2 vol. (= Peripatoi, 5 et 6), Berlin - New York, 1973/1984 (= Moraux[1]).

MORAUX (P.), « Diogène Laërce et le ' Péripatos ' », dans : *Diogene Laerzio storico del pensiero antico* (= *Elenchos*, 7), Naples, 1986 (= Moraux[2]).

MOST (G. W.), « The relative date of Theophrastus' *Metaphysics* » : voir LAKS (A.), MOST (G. W.), RUDOLPH (E.), p. 224-233 (= Most[1]).

MOST (G. W.), « Heraclitus, D-K 22B124 in Theophrastus' *Metaphysics* » : voir LAKS (A.), MOST (G. W.), RUDOLPH (E.), p. 243-248 (= Most[2]).

MOST (G. W.), « Three Latin Translations of Theophrastus' Metaphysics », *Revue d'Histoire des Textes*, 18, 1988, p. 169-200 (= Most[3]).

OPORINUS (= H. Gemusaeus), *Theophrasti ... Opera ... omnia*, Bâle, *apud* J. Oporinum, 1541.

VAN RAALTE (M.), « The Idea of the Cosmos as an Organic Whole in Theophrastus' *Metaphysics* », *Theophrastean Studies on Natural Science, Physics and Metaphysics, Ethics Religion and Rhetoric*, W. W. Fortenbaugh and R. W. Sharples, edd. (= *Rutgers University Studies in Classical Humanities*, III), New Brunswick - Oxford, 1988, p. 189-215.

REALE (G.), *Teofrasto e la sua aporetica metafisica*, Brescia 1964 (partiellement repris dans : *Il concetto di filosofia prima e l'unità della Metafisica di Aristotele*, Milan, 1985[4] ; version anglaise dans : *The Concept of First Philosophy and the Unity of the Metaphysics of Aristotle*, Albany, N. Y., 1980, p. 364-423).

Regenbogen (O.), « Theophrastos », *Realenzyclopädie*, Suppl. 7, Stuttgart, 1940, col. 1354-1562.

Repici (L.), « Limits of Teleology in Theophrastus' Metaphysics ? », *Archiv für Geschichte der Philosophie*, 72, 1991, p. 182-213.

Richard, M. D., *L'enseignement oral de Platon*, Paris, 1986.

Ritter (H.), *Geschichte der pythagoreischen Philosophie*, Hambourg, 1826.

Robin (L.), *La théorie platonicienne des Idées et des Nombres d'après Aristote*, Paris, 1908 (repr. Hildesheim, 1963).

Rose (V.), *Aristoteles Pseudepigraphus*, Leipzig, 1863.

Ross (W. D.), *Aristotle's Metaphysics*, 2 vol., Oxford 1924 (nomb. réimp.).

Ross (W. D.), Fobes (F. H.), Theophrastus. *Metaphysics*, Oxford, 1929 (repr. Hildesheim 1982) (= Ross).

Rudolph (E.), « *Energeia* in Aristotle and Theophrastus » : voir Laks (A.), Most (G. W.), Rudolph (E.), p. 233-237.

Schmidt (H.), *De duali graecorum et emoriente et reviviscente*, Bratislava, 1893.

Schuster (P.), « Heraklit von Ephesus. Ein Versuch dessen Fragmente in ihrer ursprünglichen Ordnung wiederherzustellen », *Acta Societatis philologicae Lipsiensis*, 3, 1873, p. 1-394.

Schwyzer (E.), Debrunner (A.), *Griechische Grammatik*, 2 vol. Munich, 1968[4] (1953[1]).

Sedley (D.), « Epicurean anti-reductionism », dans : J. Barnes et M. Mignucci, edd., *Matter and Metaphysics* (4th *Symposium Hellenisticum*), Naples, 1988, p. 295-328.

Skemp (J. B.), « The *Metaphysics* of Theophrastus in Relation to the Doctrine of κίνησις in Plato's later Dialogues », dans : I. Düring, ed., *Naturphilosophie bei Aristoteles und Theophrast* (4. *Symposium Aristotelicum*), Heidelberg, 1969, p. 217-223.

Sorabji (R.), « Theophrastus on Place », dans : *Theophrastean Studies on Natural Science, Physics and Metaphysics, Ethics Religion and Rhetoric*, W. W. Fortenbaugh and R. W. Sharples, edd. (= *Rutgers University Studies in Classical Humanities*, III), New Brunswick - Oxford, 1988, p. 139-166.

[SPENGEL (L.)][2], compte rendu (2e partie) de H. Bonitz, *Observationes criticae in Aristotelis libros Metaphysicos*, Berlin, 1842, dans : *Gelehrte Anzeigen* (Bayer. Akad. d. Wiss., München), 17, 1843 (nº 243), col. 913-918.

STEINMETZ (P.), *Die Physik des Theophrast von Eresos* (= Palingenesia, 1), Bad Homburg - Berlin - Zürich, 1964.

SYLBURG (F.), *Aristotelis Opera*, Francfort, *apud* Andreae Wecheli haeredes, Claudium Marnium & Ioannem Aubrium, 1584/87.

TARÁN (L.), *Academica : Plato, Philip of Opus and the Pseudo-Platonic « Epinomis »*, Philadelphie, 1975 (= Tarán[1]).

TARÁN (L.), *Speusippus of Athens. A critical study with a collection of the related texts and commentary*, Leyde, 1981 (= Tarán[2]).

THEILER (W.), « Die Entstehung der Metaphysik des Aristoteles mit einem Anhang über Theophrasts Metaphysik », *Museum Helveticum*, 15, 1958, p. 85-105.

TRICOT (J.), Théophraste. *La Métaphysique. Traduction et notes*, Paris, 1948.

USENER (H.), « Zu Theophrasts metaphysischem Bruchstück », *Rheinisches Museum*, 16, 1861, p. 259-281 (repris dans : *Kleine Schriften*, vol. 1, Leipzig - Berlin, 1912, p. 91-111) (= Usener[1]).

USENER (H.), Theophrastos *Metaphysica*, ed. H. Usener, Bonn, 1890 (= Usener[2]).

VALLANCE (J.), « Theophrastus and the Study of the Intractable : Scientific Method in *De Lapidibus* and *De Igne* », dans : *Theophrastean Studies on Natural Science, Physics and Metaphysics, Ethics, Religion, and Rhetoric*, W. W. Fortenbaugh and R. W. Sharples, edd. (= *Rutgers University Studies in Classical Humanities*, III), New Brunswick-Oxford, 1988, p. 25-40.

VUILLEMIN-DIEM (G.), « Untersuchungen zu Wilhelm von Moerbeke's Metaphysikübersetzung », *Miscellanea Medievalia*, 15, 1982, p. 102-208 (= Vuillemin-Diem[1]).

VUILLEMIN-DIEM (G.), « Anmerkungen zum Pasikles-Bericht und zu Echtheitszweifeln am grösseren und kleineren Alpha in Handschriften und Kommentatoren », dans : P. Moraux et J. Wiesner, edd., *Zweifelhaftes im Corpus Aristotelicum*.

2. Le compte rendu n'est pas signé. L'auteur est identifié par Wimmer, p. XXII, comme étant Spengel. Le passage relatif à Théophraste se trouve col. 917.

Studien zu einigen Dubia (9. *Symposium Aristotelicum*) (= Peripatoi, 14), Berlin-New York, 1983, p. 157-192 (= Vuillemin-Diem[2]).

WILSON (J. R.), «Non-temporal οὐκέτι/μηκέτι», *Glotta*, 65, 1987, p. 194-198.

WIMMER (F.), *Theophrasti Eresii Opera*, 3 vol. Leipzig 1854/1862 (= Wimmer[1])[3].

ZELLER (E.), *Die Philosophie der Griechen in ihrer geschichtlichen Entwicklung*, II, 2, Leipzig, 1922[5].

P.-S. A la présente bibliographie il convient désormais d'ajouter :

VAN RAALTE (M.), *Theophrastus. Metaphysics* (with an Introduction, Translation and Commentary), Leiden-New York-Köln, 1993.

3. «Wimmer» sans autre précision renvoie à l'édition Didot de 1866 (cf. *supra*, Abréviations).

SIGLA

P	= Parisinus gr. 1853 : saec. X.
J	= Vindobonensis phil. gr. 100 : ca. 850 (J^{II} saec. XIII exeuntis uel XIV).
C	= Marcianus gr. 211 : saec. XIII exeuntis uel XIV ineuntis.
L	= Laurentianus 28, 45 : I.1445.
A	= Vaticanus gr. 1302 : saec. XIII exeuntis uel XIV ineuntis.
Isḥâq	= translatio arabica ab Isḥâq ibn Hunain confecta, Teheran Malik 5925 : 1068/69.
ω	= codicum PJCLA et Isḥâq consensus.
α	= codicum PJCLA consensus.

Raro citantvr

B	= Bernensis 402 : saec. $XV^{4/4}$.
D	= Ambrosianus P 80 sup. (gr. 630) : saec. XV.
H	= Leidensis Vossianus gr. Q. 25 : ca. 1487.
N	= Neapolitanus III D 1 : 20.i.1497.
O	= Vaticanus Ottobonianus gr. 153 : saec. $XV^{3/4}$.
R	= Palatinus Vaticanus gr. 162 : 1442-1457.
S	= Londinensis BL Add. 5113 : 1480-1487.
V	= Vaticanus gr. 1305 : saec. $XV^{2/2}$.
V^a	= Vaticanus Urbinas gr. 108 : saec. $XV^{1/2}$.
z	= Parisinus gr. 2277 : ca. 1479.
A^{ld}	= *editio princeps* : 1.VI.1497 Venetiis apud Aldum Manutium.
Bart	= translatio Latina a Bartholomaeo de Messana confecta, Patav. Bibl. Antoniana XVII 370 : saec. XIV ineuntis.

Steph = translatio Latina a Henrico Stephano 1515 Parisiis edita.

Tiph = translatio Latina a Gregorio Tiphernate confecta, Vat. Urbinas lat. 208 : saec. XV.

P, J ... : prima lectio a prima manu scripta ante correctionem.

P^1, J^1 ... : lectio a prima manu correcta.

P^2, J^2 ... : secunda manus.

TEXTE ET TRADUCTION

[TIRÉ DE LA *MÉTAPHYSIQUE*] DE THÉOPHRASTE[1]

{La question}

1. Comment faut-il définir et par quels types [d'objets][2] l'étude qui porte sur les premiers [êtres][3]? Car l'étude de la nature, elle, est plus diversifiée[4], et, comme certains le disent même, plus désordonnée, parce qu'elle admet toutes sortes de changements[5]; celle des premiers [êtres], par contre, est définie et toujours identique[6]. C'est précisément pourquoi on la situe dans les intelligibles, et non dans les sensibles, en tant qu'ils sont soustraits au mouvement et au changement, et pourquoi, de manière générale, on considère qu'elle est plus vénérable et supérieure[7].

{I. La connexion}

2. Le point de départ est [la question de savoir] s'il existe une certaine connexion, et comme une communauté mutuelle, entre les intelligibles et les [êtres] de la nature, ou aucune, mais que chacun des deux [domaines] est comme séparé, tout en collaborant en quelque manière à la totalité de ce qui est[1]. Or il est plus raisonnable qu'existe une connexion et que le tout ne soit pas constitué d'épisodes[2], mais qu'il existe [quelque chose] comme des [êtres] antérieurs et d'autres qui sont postérieurs, des principes et d'autres [êtres] qui

1. Le titre n'est pas de Théophraste. Pour les hypothèses concernant le titre originel, voir Notice, p. IX-XVIII. Sur le titre figurant dans la traduction de Bartholomée de Messine, voir aussi Most[3], p. 183-4.

2-7. Voir *Notes complémentaires*, p. 25-26.

1-2. Voir *Notes complémentaires*, p. 26-27.

ΘΕΟΦΡΑΣΤΟΥ [ΤΩΝ *ΜΕΤΑ ΤΑ ΦΥΣΙΚΑ*] 4a

1. Πῶς ἀφορίσαι δεῖ καὶ ποίοις τὴν ὑπὲρ τῶν πρώτων θεωρίαν; Ἡ γὰρ δὴ τῆς φύσεως πολυχουστέρα καί, ὥς γε δή τινές φασιν, ἀτακτοτέρα, μεταβολὰς ἔχουσα παντοίας· ἡ δὲ τῶν πρώτων ὡρισμένη καὶ ἀεὶ κατὰ ταὐτά· διὸ δὴ καὶ ἐν νοητοῖς, οὐκ αἰσθητοῖς, αὐτὴν τιθέασιν ὡς ἀκινήτοις καὶ ἀμεταβλήτοις, καὶ τὸ ὅλον δὲ σεμνοτέραν καὶ μείζω νομίζουσιν αὐτήν.

I 2. Ἀρχὴ δέ, πότερα συναφή τις καὶ οἷον κοινωνία πρὸς ἄλληλα τοῖς τε νοητοῖς καὶ τοῖς τῆς φύσεως, ἢ οὐδεμία ἀλλ' ὥσπερ ἑκάτερα κεχωρισμένα, συνεργοῦντα δέ πως εἰς τὴν πᾶσαν οὐσίαν. Εὐλογώτερον δ' οὖν εἶναί τινα συναφὴν καὶ μὴ ἐπεισοδιῶδες τὸ πᾶν, ἀλλ' οἷον τὰ μὲν πρότερα τὰ δ' ὕστερα, καὶ ἀρχὰς τὰ δ'

4a 1 Θεοφράστου τῶν μετὰ τὰ φυσικά J A : τῶν om. CL τὰ om. P V[a] *liber aristotelis de principiis* Bart || 2 πῶς P JCL A[2] Tiph : ὡς A || 3-4 πολυχουστέρα P JC (ut uid.) L : -χεστέρα A -χιδεστέρα C[2] || 4 καὶ P JCL : ἢ A || 5 μεταβολὰς P JL A : -ὴν C || παντοίας **a** : -αν C[2] || 6 ταὐτὰ C[2] [*eadem* Bart Tiph Steph] Brandis : ταυτα P ταῦτα JCL τὰ αὐτὰ A || 9 πότερα P O Tiph : ποτερα JA[2] ποτέρα A πότερόν ἐστιν J[2] προτέρα C πρότερον ἔστι L || 10 κοινωνία πρὸς ἄλληλα P J A : π. ἄ. κ. CL || 12 ab ἑκάτερα inc. Isḥâq || ἑκάτερα post κεχωρισμένα transp. Use.[1] || 13 πᾶσαν om. Isḥâq || δ' om. A || 14 post μὴ add. εἶναι L || post ἐπεισοδιῶδες add. εἶναι J[2] || 15 post καὶ add. τὰ μὲν J[2] et dubit. Use.[1] || δ' P JCL : δὲ A.

sont subordonnés à ces principes[3], et de la même façon des [êtres] éternels par rapport aux [êtres] corruptibles[4].

S'il en va ainsi, quelle est la nature de ceux-ci et parmi quels types [d'objets] la trouver? **3.** Car si les intelligibles se trouvent exclusivement parmi les objets mathématiques, comme certains le disent[5], leur connexion avec les sensibles n'est pas d'une clarté excessive, et, de manière générale, ils [les objets mathématiques] paraissent bien ne pas posséder une utilité à la hauteur de toute chose[6]. Car[7] ils semblent avoir été comme construits par nous, dans la mesure où nous revêtons [les choses] de figures et de formes ainsi que de proportions[8], et ils n'ont eux-mêmes aucune nature propre[9]; et si ce n'est pas le cas, ils n'entretiennent pas avec les êtres de la nature une connexion capable[10] d'y introduire une chose telle que la vie, et le mouvement[11]; car pas même le nombre lui-même, que certains posent comme le premier [des êtres] et le plus souverain [des êtres, n'y parvient][12].

4. Mais s'il existe un autre être antérieur et plus puissant[13], il faut essayer de dire, à son sujet, s'il possède ou non une unité selon le nombre, selon l'espèce ou selon le genre[14]. Or il est plus raisonnable que, puisque leur nature est celle d'un principe[15], ils appartiennent aux choses peu nombreuses et éminentes, pour ne pas dire premières, et au premier[16].

Mais quel est-il donc ou quels sont-ils, s'ils sont mul-

3-9. Voir *Notes complémentaires*, p. 27-29.

10. Le premier ὥστε (4b2), que transmettent tous les manuscrits, est rendu suspect par la présence, dans la suite immédiate, d'une seconde proposition introduite par ὥστε (b3). Il serait à la rigueur possible de le conserver (cf. la discussion de Ross *ad loc.* et Bignone, p. 113), en admettant une ellipse : «même s'ils ont une nature par eux-mêmes, ce ne sera pas de sorte à ...». La décision dépend du degré de rudesse que l'on est prêt à admettre dans un opuscule qui en comporte beaucoup (cf. *e.g.* *Notes complémentaires*, p. 27, n. 4). Il semble ici plus raisonnable d'adopter la conjecture d'Usener, οὕτως γε.

11-16. Voir *Notes complémentaires*, p. 29-30.

ὑπὸ τὰς ἀρχάς, ὥσπερ καὶ τὰ ἀίδια τῶν φθαρτῶν.

Εἰ δ' οὖν οὕτω, τίς ἡ φύσις αὐτῶν καὶ ἐν ποίοις; 3. **Εἰ μὲν γὰρ ἐν τοῖς μαθηματικοῖς μόνον τὰ νοητά, καθάπερ τινές φασιν, οὔτ' ἄγαν εὔσημος ἡ συναφὴ τοῖς αἰσθητοῖς, οὔθ' ὅλως ἀξιόχρεα φαίνεται παντός· οἷον γὰρ μεμηχανημένα δοκεῖ δι' ἡμῶν εἶναι σχήματά τε καὶ μορφὰς καὶ λόγους περιτιθέντων, αὐτὰ δὲ δι' αὑτῶν οὐδεμίαν ἔχει φύσιν· εἰ δὲ μή, οὐχ οὕτως γε συνάπτειν τοῖς τῆς φύσεως ὥστ' ἐμποιῆσαι καθάπερ ζωὴν καὶ κίνησιν αὐτοῖς· οὐδὲ γὰρ αὐτὸς ὁ ἀριθμός, ὅνπερ δὴ πρῶτον καὶ κυριώτατόν τινες τιθέασιν.** 4. **Εἰ δ' ἑτέρα τις οὐσία προτέρα καὶ κρείττων ἐστίν, ταύτην πειρατέον λέγειν, πότερον μία τις κατ' ἀριθμὸν ἢ κατ' εἶδος ἢ κατὰ γένος. Εὐλογώτερον δ' οὖν ἀρχῆς φύσιν ἐχούσας ἐν ὀλίγοις εἶναι καὶ περιττοῖς, εἰ μὴ ἄρα καὶ πρώτοις, καὶ ἐν τῷ πρώτῳ.**

Τίς δ' οὖν αὕτη καὶ τίνες, εἰ πλείους,

4a 16 καὶ **ω** : αἰτία Use.[1] ‖ 16-17 τῶν φθαρτῶν P J[2]CL Isḥâq : τῶν ἀφθάρτων J τοῖς φθαρτοῖς A ‖ 18 μόνον P JC : -οις L A ‖ 20-21 ἀξιόχρεα P CL : ἀξιοχρέα J A ‖ 21 παντός P A : τοῦ π- JCL Isḥâq περᾶναί τι Use.[1] αἰτιά τινος prop. Use.[2] πάντως Jae.[2] ‖ μεμηχανημένα P J A Isḥâq : -η[μν'] C -ημένη L ‖ 22 δι' P JCL Isḥâq : δ' A ‖ 23 περιτιθέντων P L O[1] : -τεθέντων JC A ‖ αὑτῶν O Isḥâq Bart : αυ- P αὐ- JCL A.

4b 2 ἔχει **a** : -ειν B[2] et coni. Wim. ‖ οὐχ οὕτως γε Use.[2] : οὐχ ὥστε **a** οὐχ οἷον τε A[2] et (ut uid.) Isḥâq οὐχ οἷά τε Hoffmann apud Use.[1] οὐδ' ὥς Use.[1] ‖ 3 ἐμποιῆσαι P J A Isḥâq : ἓν ποιῆσαι L ἓν ποιῆ C ‖ 3-4 ζωὴν καὶ κίνησιν P J A Isḥâq : ζωὴ καὶ κίνησις CL Bart ‖ 6 εἰ P JCL A[2]O Isḥâq Tiph : ἡ A ‖ 9 post οὖν add. οὐσίαν Use.[1, 2] ‖ ἐχούσας P JC Isḥâq : ἔχουσαν L A ‖ ὀλίγοις **a** : kaṯîratin *(mullis)* Isḥâq ‖ 9-10 εἶναι καὶ P JCL Isḥâq : εἰ ἦν A εἰ ἦν ἐν A[2] ‖ 10 περιττοῖς **a** : zâ'idatin *(permultis)* Isḥâq πρώτοις Zeller ‖ post καὶ (alt.) add. ἐν O ‖ πρώτοις καὶ del. Zeller ‖ post πρώτοις interpunx. nos (et iam Allan) ‖ 11 εἰ JCL Isḥâq Tiph : εἰ P οἱ A.

tiples, il faut essayer de l'indiquer d'une manière ou d'une autre, soit par analogie soit par une autre [forme de] similarité [17]. Et peut-être est-il nécessaire de le concevoir au moyen d'une certaine puissance et supériorité par rapport au reste, comme s'il s'agissait du dieu. Car divin est le principe de toutes choses, lui par lequel toutes les choses et sont et demeurent [18]. Or peut-être est-il facile de donner une explication en ces termes, mais il est difficile de le faire de manière plus claire ou plus convaincante [19].

5. Tel étant le principe [20], puisqu'il est en connexion avec les sensibles et que la nature est, pour le dire de manière générale, en mouvement (et c'est là son propre) [21], il est clair qu'il faut poser celui-ci [le principe] comme cause du mouvement. Or, puisqu'il est en soi immobile [22], il est manifeste que ce n'est pas par le fait d'être mû qu'il sera cause pour les [êtres] de la nature [23] ; mais il reste que ce soit par une autre puissance supérieure et antérieure. Et telle est la nature de l'objet désiré [24], dont provient le [mouvement] circulaire continu et ininterrompu [25]. De sorte que par là [26] serait résolue [la difficulté selon laquelle] il ne saurait y avoir de principe de mouvement à moins qu' [27]une chose mue ne meuve [28].

6. Jusqu'à ce point-ci, l'argument est pour ainsi dire bien adapté [29] : il établit un principe unique pour toutes choses et donne une explication de son activité et de son être ; en outre, il n'en fait pas quelque chose de divisible ou de quantitatif, mais l'exhausse simplement jusqu'à un lot supérieur et plus divin [30]. Mieux vaut en effet donner une telle explication que de faire abstraction du divisible et du sécable [31]. Car pour ceux qui argu-

17-21. Voir *Notes complémentaires*, p. 31-32.

22. Cf. 4a7-8 et *Notes complémentaires*, p. 26, n. 7.

23. L'expression est elliptique : «les êtres naturels» est mis pour «le mouvement des êtres naturels».

24. Cf. Aristote, *Mét.*, XII, 7, 1072a26-7.

25-31. Voir *Notes complémentaires*, p. 32-33.

πειρατέον ἐμφαίνειν ἀμῶς γέ πως εἴτε κατ' ἀναλογίαν εἴτε κατ' ἄλλην ὁμοίωσιν. Ἀνάγκη δ' ἴσως δυνάμει τινὶ καὶ ὑπεροχῇ τῶν ἄλλων λαμβάνειν, ὥσπερ ἂν εἰ τὸν θεόν· θεία γὰρ ἡ πάντων ἀρχή, δι' ἧς ἅπαντα καὶ ἔστιν καὶ διαμένει. Τάχα μὲν οὖν ῥᾴδιον τὸ οὕτως ἀποδοῦναι, χαλεπὸν δὲ σαφεστέρως ἢ πειστικωτέρως.

5. Τοιαύτης δ' οὔσης τῆς ἀρχῆς, ἐπείπερ συνάπτει τοῖς αἰσθητοῖς, ἡ δὲ φύσις ὡς ἁπλῶς εἰπεῖν ἐν κινήσει καὶ τοῦτ' αὐτῆς τὸ ἴδιον, δῆλον ὡς αἰτίαν θετέον ταύτην τῆς κινήσεως· ἐπεὶ δ' ἀκίνητος καθ' αὑτήν, φανερὸν ὡς οὐκ ἂν εἴη τῷ κινεῖσθαι τοῖς τῆς φύσεως αἰτία, ἀλλὰ λοιπὸν ἄλλῃ τινὶ δυνάμει κρείτ- 5a
τονι καὶ προτέρᾳ· τοιαύτη δ' ἡ τοῦ ὀρεκτοῦ φύσις, ἀφ' ἧς ἡ κυκλικὴ ἡ συνεχὴς καὶ ἄπαυστος. Ὥστε κατ' ἐκεῖνο λύοιτο ἂν τὸ μὴ εἶναι κινήσεως ἀρχὴν ἢ εἰ κινούμενον κινήσει.

6. Μέχρι μὲν δὴ τούτων οἷον ἄρτιος ὁ λόγος, ἀρχήν τε ποιῶν μίαν πάντων καὶ τὴν ἐνέργειαν καὶ τὴν οὐσίαν ἀποδιδούς, ἔτι δὲ μὴ διαιρετὸν μηδὲ ποσόν τι λέγων ἀλλ' ἁπλῶς ἐξαίρων εἰς κρείττω τινὰ μερίδα καὶ θειοτέραν. Οὕτω γὰρ μᾶλλον ἀποδοτέον ἢ τὸ διαιρετὸν καὶ μεριστὸν ἀφαιρετέον·

4b 12-13 εἴτε κατ' ἀναλογίαν iter. A || 17 οὖν **α** : 'allâ (*ne*, i.e. οὐ) Isḥâq || 18 πειστικωτέρως D : πιστ- **α** || 19 τῆς om. CL || ἐπείπερ **ω** : εἴπερ Jae.[2] || 21 ταύτην PJA Isḥâq : -της CL.

5a 1 post δυνάμει ras. unius litt. capax J || 1-2 κρείττονι P J[2]CL A Isḥâq : κρεῖττον J || 2-3 φύσις susp. Gercke apud Use.[2] || 3 post κυκλικὴ add. κίνησις Use.[1, 2] || 3-4 ἄπαυστος JCL A Isḥâq : ἀπαυτος P || 4 κατ' ἐκεῖνο **ω** : κἀκεῖνο coni. Cam. καὶ ἐκεῖνο coni. Use.[1, 2] || 5 εἰ del. J[2] || κινούμενον P JC[1]L A Isḥâq : κινοῦμεν C || 8 μὴ ... μηδὲ **ω** : μήτε ... μήτε coni. Cam.

mentent de cette manière, la négation relève d'un argument à la fois plus élevé et plus vrai[32].

7. Mais ce qui vient après demande déjà un argument plus développé : à propos du désir[33], de quelle nature est-il, et vers quels [êtres] est-il dirigé[34], étant donné que les [corps] en rotation[35] sont multiples et les translations d'une certaine manière opposées[36], et que la non-interruption et le but [auquel ils tendent] n'apparaissent pas clairement[37] ? Car si le moteur est un, il est étrange que tous ne [suivent] pas la même [translation] ; et s'il est autre pour chacun, et que les principes sont multiples, il s'ensuit que[38] leur accord en matière de désir, quand ils suivent la meilleure [des translations], n'est absolument pas manifeste[39]. **8.** Quant à la question de la quantité des sphères, elle appelle un argument plus développé pour [en expliquer] la cause. Car celui-ci du moins ne relève pas des astronomes[40]. Mais difficile aussi est la question de savoir comment il se fait donc que, tout en ayant un désir naturel, ils poursuivent non pas le repos, mais le mouvement[41]. Pourquoi donc tous ceux qui posent l'un et tous ceux qui posent les nombres affirment-ils cela de la même manière en même temps que l'imitation[42] ? Car eux aussi affirment que les nombres [imitent] l'un[43]. Et si tout désir, et singulièrement celui du meilleur, suppose une âme, à moins de parler par similitude et métaphore[44], les [êtres] mus seront animés[45]. Et le mouvement lui aussi semble en même temps appartenir à l'âme[46]. Car elle est vie pour ceux qui la possèdent, elle

32-34. Voir *Notes complémentaires*, p. 34.

35. τὰ κυκλικά se rapporte comme en 5b11 aux sphères porteuses (Simplicius, *In De caelo*, II, 12, p. 493, 22-3 Heiberg, utilise en ce sens τὸ κυκλικὸν σῶμα juste après avoir cité Théophraste, Fr. 32 W. = 165C F. ; voir aussi p. 14, 25). Le terme eudoxéen de σφαῖραι, que Théophraste emploie en 5a22 (cf. aussi *De igne*, 4, et Fr. 31 et 32 W. = 165B et 165C F.), est usuel chez Aristote, qui dit aussi parfois κύκλοι (voir par exemple *Ciel*, II, 8, 289b33). Les «corps» célestes sont naturellement divins (cf. *Notes complémentaires*, p. 45-46, n. 83).

36-46. Voir *Notes complémentaires*, p. 34-37.

ἅμα γὰρ ἐν ὑψηλοτέρῳ τε καὶ ἀληθινωτέρῳ λόγῳ τοῖς λέγουσιν ἡ ἀπόφασις.

7. Τὸ δὲ μετὰ ταῦτ' ἤδη λόγου δεῖται πλείονος περὶ τῆς ἐφέσεως, ποία καὶ τίνων, ἐπειδὴ πλείω τὰ κυκλικὰ καὶ αἱ φοραὶ τρόπον τινὰ ὑπεναντίαι, καὶ τὸ ἀνήνυτον καὶ οὗ χάριν ἀφανές. Εἴτε γὰρ ἓν τὸ κινοῦν, ἄτοπον τὸ μὴ πάντα τὴν αὐτήν· εἴτε καθ' ἕκαστον ἕτερον αἵ τ' ἀρχαὶ πλείους, ὥστε τὸ σύμφωνον αὐτῶν εἰς ὄρεξιν ἰόντων τὴν ἀρίστην οὐθαμῶς φανερόν. 8. Τὸ δὲ κατὰ τὸ πλῆθος τῶν σφαιρῶν τῆς αἰτίας μείζονα ζητεῖ λόγον· οὐ γὰρ ὅ γε τῶν ἀστρολόγων. Ἄπορον δὲ καὶ πῶς ποτε φυσικὴν ὄρεξιν ἐχόντων οὐ τὴν ἠρεμίαν διώκουσιν ἀλλὰ τὴν κίνησιν. Τί οὖν ἅμα τῇ μιμήσει φασὶν ἐκεῖνο ὁμοίως ὅσοι τε τὸ ἓν καὶ ὅσοι τοὺς ἀριθμοὺς λέγουσιν; Καὶ γὰρ αὐτοὶ τοὺς ἀριθμούς φασιν τὸ ἕν. Εἰ δ' ἡ ἔφεσις ἄλλως τε καὶ τοῦ ἀρίστου μετὰ ψυχῆς, εἰ μή τις λέγοι καθ' ὁμοιό- 5b
τητα καὶ μεταφοράν, ἔμψυχ' ἂν εἴη τὰ κινούμενα· ψυχῇ δ' ἅμα δοκεῖ καὶ κίνησις ὑπάρχειν· ζωὴ γὰρ

5a 14 ταῦτ' P J A : -τα CL || 15 ποία JCL A Isḥâq : ποῖα P J^2 || 17 ἀνήνυτον **a** : ἀκίνητον A^2 Isḥâq Tiph ἄριστον Zeller || 20 ἰόντων P J A : ὄν- CL || 21 οὐθαμῶς P JCL : οὐδ- A || 22 τῆς αἰτίας P JC A Isḥâq : τὰς αἰτίας εἶναι L περὶ τῆς αἰτίας Use.^{1} || 23 post γὰρ add. ἀρκεῖ Use.^{1} || ὅ P JCL Isḥâq : οἵ A || post ἀστρολόγων add. ἱκανός J^2 et ἀξιόλογον dubit. Ross || 24 ὄρεξιν P JCL Isḥâq : ἕξιν A || 25-26 μιμήσει **ω** : κιν- coni. Brandis || 26 post μιμήσει add. κι A^2 (*imitando moueri* Tiph) || ἐκεῖνο P JC A Isḥâq : ἐκεῖνοι B^2 ἐκίνει L || ὁμοίως om. P || 28 εἰ δ' ἡ P J^2 : εἰ δὴ JCL A^2 ἐδὴ A.

5b 1 ἀρίστου P J^2CL A Isḥâq : ἀορ- J || λέγοι P JCL : -ει A || post λέγοι add. ὅτι Use.^{1} || 2 μεταφορὰν J^2 A^2 Tiph et Hampke apud Use.$^{1, 2}$: δια- **a** ʾiḫtilâṭi *(confusione)* Isḥâq || ἔμψυχ' P C A : -χα JL || ἂν εἴη **ω** : εἶναι coni. Wim. || 3 ψυχῇ Use.$^{1, 2}$: -ὴ [-η P] P JL A -ὴν C maʿa wuǧûdi an-nafsi *(simul cum exsistentia animae)* Isḥâq || κίνησις P JL A : -ιν C.

dont proviennent justement les désirs envers chaque chose[47], tout comme pour les animaux[48], puisque même les sensations, bien qu'elles consistent dans le fait d'être affecté par d'autres objets, se produisent cependant dans l'âme[49]. **9.** Mais si ce qui est premier est effectivement[50] cause du [mouvement] circulaire, ce ne sera pas du meilleur ; car celui de l'âme l'emporte, et à coup sûr le premier mouvement et [le mouvement] par excellence est celui de la pensée, dont provient justement aussi le désir[51]. Peut-être pourrait-on encore chercher pourquoi seuls les [corps] en rotation éprouvent le désir[52], et aucun des [êtres] autour du centre, en dépit du fait qu'ils sont mobiles[53] : est-ce parce qu'ils en sont incapables, ou bien parce que ce qui est premier ne parvient pas [jusqu'à eux]? Or il serait étrange que ce fût par faiblesse ; car on pourrait estimer qu'il est plus fort que le Zeus d'Homère, qui dit : « Je [vous] tirerais, avec la terre même et la mer même[54]. » Il reste donc qu'ils soient pour ainsi dire quelque chose d'inapte à recevoir et de disjoint[55]. **10.** Mais peut-être pourrait-on auparavant chercher ce qu'il en est, si ce sont là ou non des parties du ciel, et, si ce sont des parties, de quelle façon ils sont parties[56]. Car à présent, ils sont comme rejetés à l'écart des [êtres] les plus nobles non seulement pour ce qui est des lieux, mais aussi pour ce qui est de l'activité, si vraiment le mouvement circulaire est tel[57]. Car ce qui arrive est que[58] tant les changements de lieux que ceux qui sont réciproques[59] [se produisent] comme acciden-

47-57. Voir *Notes complémentaires*, p. 38-40.

58. Usener[1], p. 268, corrige συμβαίνει en λαμβάνει. Cette correction, adoptée par Ross, est économique : l'erreur s'expliquerait par une anticipation de συμβεβηκός. Le συμβαίνει transmis correspond cependant au sens attendu (« il arrive », à savoir : « dans cette hypothèse »). Il ne peut être construit que si l'on supplée un infinitif. Camotius ajoutait ἔχειν (cf. 4a5) ; Zeller corrigeait οἷον, 5b24, en εἶναι. Il nous semble que l'ellipse de εἶναι ou de γίγνεσθαι (cf. 7a 23 s.), bien que rude, peut être acceptée.

59. Voir *Notes complémentaires*, p. 40.

τοῖς ἔχουσιν, ἀφ' ἧς καὶ αἱ ὀρέξεις πρὸς ἕκαστον, ὥσπερ καὶ τοῖς ζῴοις, ἐπεὶ καὶ αἱ αἰσθήσεις καίπερ ἐν τῷ πάσχειν οὖσαι δι' ἑτέρων ὅμως ἐν ψυχῇ γίνονται. 9. **Εἰ δ' οὖν τῆς κυκλικῆς αἴτιον τὸ πρῶτον, οὐ τῆς ἀρίστης ἂν εἴη· κρεῖττον γὰρ ἡ τῆς ψυχῆς, καὶ πρώτη δὴ καὶ μάλιστα ἡ τῆς διανοίας, ἀφ' ἧς καὶ ἡ ὄρεξις. Τάχα δὲ καὶ τοῦτ' ἄν τις ἐπιζητήσειεν, διὰ τί τὰ κυκλικὰ μόνον ἐφετικά, τῶν δὲ περὶ τὸ μέσον οὐθὲν καίπερ κινητῶν ὄντων, πότερον ὡς ἀδύνατα ἢ ὡς οὐ διικνουμένου τοῦ πρώτου· ἀλλὰ τοῦτό γ' ἄτοπον, εἰ δι' ἀσθένειαν· ἰσχυρότερον γὰρ ἄν τις ἀξιώσειεν τοῦ Ὁμήρου Διός, ὅς φησιν**

αὐτῇ κεν γαίῃ ἐρύσαιμ' αὐτῇ τε θαλάσσῃ.

Ἀλλὰ λοιπὸν ὥσπερ ἄδεκτόν τι καὶ ἀσύνδετον εἶναι.
10. **Τάχα δὲ πρότερον ζητήσειεν ἄν τις πῶς ἔχει, πότερα μέρη ταῦτα ἢ οὐ μέρη τοῦ οὐρανοῦ, καὶ εἰ μέρη, πῶς μέρη· νῦν γὰρ οἷον ἀπεωσμένα τῶν ἐντιμοτάτων οὐ μόνον κατὰ τὰς χώρας ἀλλὰ καὶ κατὰ τὴν ἐνέργειαν, εἴπερ ἡ κυκλικὴ τοιαύτη· συμβαίνει γὰρ οἷον κατὰ συμβεβηκὸς ὑπὸ τῆς κυκλικῆς περιφορᾶς καὶ εἰς τοὺς τόπους καὶ εἰς ἄλληλα**

5b 4 αἱ om. A || 5 ὥσπερ καὶ τοῖς P[1] (τοῦ P) JCL A Isḥâq : ἀνθρώποις τε καὶ Use.[1] || αἱ om. A || 6 ἑτέρων P JCL : -οις A || ὅμως **ω** : μόνοις prop. Use.[2] || 6-7 ἐν ψυχῇ Ross : ἔμψυχοι **ω** ἐμψύχοις coni. Use.[2] ὡς ἐμψύχοις Use.[1] || 8 κρεῖττον P J : κρείττων [κρεῖ- C] CL A || ἡ om. L || 9 ψυχῆς JCL A Isḥâq : ψῆς P || alt. καὶ om. L O || 10 τάχα — 26 p. 7 μεταβολάς secl. Use.[1] || 11 μόνον P JC A : μόνα L || 12 τὸ μέσον P JCL[1] A Isḥâq : τῶν μέσων L || οὐθὲν P J A : οὐδ- CL || 13 ἀδύνατα **α** : -άτων prop. Use.[2] || οὐ P JL[1] A Isḥâq : om. CL || 17 κεν P JCL : κ' ἐν A || 18 ἀσύνδετον Use.[2] [lâ muḥtamilun li-l-'irtibâṭi *(non accipiens coniunctionem)* Isḥâq] : ἀσύνθετον **α** ἀσύνετον coni. Use.[1, 2] || 20 οὐρανοῦ P JCL Isḥâq : ἀνθρώπου A ὅλου A[2] Tiph || 22 καὶ P J[1]CL A : om. J || 23-24 συμβαίνει **ω** : λαμβάνει coni. Use.[1, 2] || 24 οἷον **ω** : εἶναι Zeller || 25 περιφορᾶς P JCL Isḥâq : -ρᾶ A.

tellement sous l'effet de la translation circulaire[60]. Et si le meilleur provient du meilleur[61], il faudrait que du premier résulte quelque chose de plus beau que le déplacement circulaire, à moins évidemment que [les sphères] ne soient empêchées par une incapacité à recevoir[62]. Car à coup sûr le premier et le plus divin est tel qu'il veut toutes les meilleures choses[63]. Mais peut-être ceci va-t-il en quelque sorte trop loin et ne peut pas être recherché[64]. Car celui qui tient ces propos exige que les choses soient toutes semblables et comptent au nombre des meilleures, et ne présentent qu'une petite différence, ou aucune[65]. **11.** Mais peut-être pourrait-on formuler, en faisant remonter [l'argument] au premier ciel lui-même[66], la difficulté suivante : la révolution appartient-elle à son être, et périrait-il simultanément si elle cessait, ou bien, s'il est vrai qu'elle est due à une forme de désir et d'appétit[67], se produit-elle par accident? A moins évidemment qu'éprouver l'appétit n'appartienne à sa nature ; et [de fait], rien n'empêche qu'existent des êtres de cette sorte[68]. Mais peut-être pourrait-on, même en éliminant le désir, formuler une difficulté à propos du mouvement lui-même [en se demandant] si son élimination détruirait le ciel[69].

Ce point relève cependant en quelque sorte d'arguments différents[70]. Mais à partir de ce ou de ces principes[71] (et sans doute aussi donc[72] à partir d'autres, si quelqu'un en pose)[73], on pourrait juger bon de rendre compte directement des [choses] successives[74] et de ne

60-69. Voir *Notes complémentaires*, p. 40-42.

70. A savoir, de la physique (voir Aristote, *Mét.*, VIII, 4, 1044b6 ; *Phys.*, II, 7, 198a29-31 ; pour l'expression, voir aussi *De l'âme*, I, 3, 407b13). C'est à ce titre que Théophraste en a parlé (voir 10a13-16 ; le traité *Sur le mouvement*, également intitulé *Du ciel*, constituait le 3e livre de la *Physique*, voir Steinmetz, p. 158-9). D'où le retour, dans la phrase suivante, à la question fondamentale de la relation entre les principes et ce qui en dérive (pour μὲν ... δ' οὖν, cf. Denniston, p. 461 : «οὖν marks the opposed idea as essential»).

71-74. Voir *Notes complémentaires*, p. 42.

τὰς μεταβολάς. Εἰ δὲ καὶ τὸ ἄριστον ἀπὸ τοῦ ἀρίστου, κάλλιον ἄν τι παρὰ τοῦ πρώτου δέοι τῆς κυκλοφορίας, εἰ μὴ ἄρ' ἐκωλύετο τῷ μὴ δύνασθαι δέχεσθαι· τὸ γὰρ δὴ πρῶτον καὶ θειότατον πάντα 6a τὰ ἄριστα βουλόμενον. Τάχα δὲ τοῦτο μὲν οἷον ὑπερβατόν τι καὶ ἀζήτητον· ἀξιοῖ γὰρ ὁ τοῦτο λέγων ἅπανθ' ὅμοια καὶ ἐν τοῖς ἀρίστοις εἶναι, μικράν τιν' ἢ μηδεμίαν ἔχοντα διαφοράν. 11. Τόδε δ' ἄν τις ἴσως ἀπορήσειεν πρὸς αὐτὸν τὸν πρῶτον οὐρανὸν ἀναφέρων, πότερον ἡ περιφορὰ τῆς οὐσίας ἐστὶν αὐτοῦ καὶ ἅμα τῷ πεπαῦσθαι φθείροιτ' ἄν, ἢ εἴπερ ἐφέσει τινὶ καὶ ὀρέξει, κατὰ συμβεβηκός· εἰ μὴ ἄρα σύμφυτον αὐτῷ τὸ ὀρέγεσθαι — καὶ οὐθὲν κωλύει τοιαῦτ' ἄττα τῶν ὄντων ὑπάρχειν. Ἴσως δ' ἂν εἴη καὶ ἀφελόντα τὴν ὄρεξιν ὑπὲρ αὐτῆς τῆς κινήσεως ἀπορεῖν, εἰ ἀφαιρεθεῖσα φθείροι ἂν τὸν οὐρανόν.

Καὶ τοῦτο μὲν ὥσπερ ἑτέρων λόγων. Ἀπὸ δ' οὖν ταύτης ἢ τούτων τῶν ἀρχῶν ἀξιώσειεν ἄν τις (τάχα δὲ καὶ ἀπὸ τῶν ἄλλων ἄρ', ἄν τις τίθηται) τὰ ἐφεξῆς εὐθὺς ἀπο-

5b 26 post μεταβολὰς add. ἔχειν Cam. || τὸ ἄριστον ἀπὸ τοῦ P JCL H² Isḥâq : om. A in lac. ἐφετικὴ A² Tiph || 27 παρὰ P JL A : περὶ C || δέοι P JC A : δέχοιτο L.

6a 1 δὴ P CL A : δεῖ J || 2 post βουλόμενον add. ἦν J²L || 3 τι P JCL A² Tiph : τε A γε O || 4 post ὅμοια add. εἶναι L || post εἶναι interpunx. Use.¹ add. τὰ χείριστα J² || 4-5 εἶναι μικράν τιν' P JCL Isḥâq : μ. εἶ. τ. A || 5 τόδε P JC A Isḥâq : τό τε L || 6 ἀπορήσειεν ἴσως CL || 10 ὀρέγεσθαι P J²CL A : ὀεγ- J || 11 οὐθὲν P J : οὐδ- CL A || τοιαῦτ' ἄττα J A : τοιαυτ' αττι P τοιαῦτάτα C τοιαῦτα L || 12 ἴσως P JL A : ἴ C || 13 εἰ J²C¹L A Isḥâq : εἰ P η J οἱ C || 14 φθείροι P JCL O Isḥâq Tiph Steph : -οιτ' A || ἂν del. Wim. || 15 λόγων P JC A Isḥâq : -ος L || ἀπὸ P JCL Isḥâq : αὐτὸ A || 17 ἄρ', ἄν τις τίθηται om. Isḥâq || ἄρ' P J A : 'ἄρ' C ἃς J² ὃς L ἀρχῶν coni. Wim. ἄρα post ἄν τις transp. Use.¹ || τίθηται τὰ P JCL : τιθῆται τὰς A.

pas s'interrompre une fois parvenu à un certain point. Car c'est le fait d'un homme adulte et sensé de procéder comme Archytas jadis affirmait qu'Eurytos le faisait quand il disposait certains cailloux [75] : car il disait [selon Archytas] que tel nombre est celui de l'homme, tel autre du cheval, tel autre d'autre chose [76]. Mais à présent la plupart s'interrompent une fois parvenus jusqu'à un certain point [77], **12.** comme aussi les tenants de l'un et de la dyade illimitée [78]. Car ayant engendré les nombres, les surfaces et les corps [79], ils laissent presque entièrement de côté les autres choses, si ce n'est qu'ils effleurent [le sujet] et se contentent de montrer seulement que les unes viennent de la dyade illimitée, comme le lieu, le vide et l'illimité, les autres des nombres et de l'un, comme l'âme et certaines autres choses ; et [ils engendrent] simultanément le temps, le ciel et de nombreuses autres choses [80], mais du ciel et du reste ils ne font plus la moindre mention [81]. Il n'en va pas différemment chez les partisans de Speusippe [82], ni chez aucun des autres, à l'exception de Xénocrate. Car celui-ci dispose d'une certaine façon toute chose autour de l'univers, les sensibles de la même manière que les intelligibles et les [êtres] mathématiques, et en outre les [êtres] divins [83]. **13.** Et Hestiée le tente aussi jusqu'à un certain point, et non, comme il a été dit, [en s'en

75. Voir *Notes complémentaires*, p. 43.

76. Eurytos, 45 A 2DK. Aristote, citant le procédé de numération d'Eurytos en *Mét.*, XIV, 5, 1092b10-13, indique que celui-ci reposait sur l'« imitation des figures » (des choses). Les explications du Ps.-Alexandre *ad loc.* (p. 827, 9-26 Hayduck), qui impliquent la composition d'une sorte de mosaïque (cf. Bélis, p. 72-74), sont conjecturales (cf. Laks², p. 251, n. 48).

77. νῦν δ' pourrait être compris, après l'hypothétique ἀξιώσειεν ἄν τις, comme marquant le retour à la réalité des faits. Mais dans le contexte, le sens temporel est meilleur. Cf. la fameuse plainte d'Aristote en *Mét.*, I, 9, 992a32-3, selon laquelle la mathématique est devenue la philosophie « pour nos contemporains » (τοῖς νῦν).

78-83. Voir *Notes complémentaires*, p. 43-46.

διδόναι καὶ μὴ μέχρι του προελθόντα παύεσθαι· τοῦτο γὰρ τελέου καὶ φρονοῦντος, ὅπερ Ἀρχύτας ποτ' ἔφη ποιεῖν Εὔρυτον διατιθέντα τινὰς ψήφους· λέγειν γὰρ ὡς ὅδε μὲν ἀνθρώπου ὁ ἀριθμός, ὅδε δὲ ἵππου, ὅδε δ' ἄλλου τινὸς τυγχάνει. Νῦν δ' οἵ γε πολλοὶ μέχρι τινὸς ἐλθόντες καταπαύονται, 12. **καθάπερ καὶ οἱ τὸ ἓν καὶ τὴν ἀόριστον δυάδα ποιοῦντες· τοὺς γὰρ ἀριθμοὺς γεννήσαντες καὶ τὰ ἐπίπεδα καὶ τὰ σώματα σχεδὸν τἆλλα παραλείπουσιν πλὴν ὅσον ἐφαπτόμενοι καὶ τοσοῦτο μόνον δηλοῦντες, ὅτι τὰ μὲν ἀπὸ τῆς ἀορίστου δυάδος, οἷον τόπος καὶ κενὸν καὶ ἄπειρον,** 6b **τὰ δ' ἀπὸ τῶν ἀριθμῶν καὶ τοῦ ἑνός, οἷον ψυχὴ καὶ ἄλλ' ἄττα· χρόνον δ' ἅμα καὶ οὐρανὸν καὶ ἕτερα δὴ πλείω, τοῦ δ' οὐρανοῦ πέρι καὶ τῶν λοιπῶν οὐδεμίαν ἔτι ποιοῦνται μνείαν· ὡσαύτως δ' οἱ περὶ Σπεύσιππον, οὐδὲ τῶν ἄλλων οὐθεὶς πλὴν Ξενοκράτης· οὗτος γὰρ ἅπαντά πως περιτίθησιν περὶ τὸν κόσμον, ὁμοίως αἰσθητὰ καὶ νοητὰ καὶ μαθηματικὰ καὶ ἔτι δὴ τὰ θεῖα.** 13. **Πειρᾶται δὲ καὶ Ἑστιαῖος μέχρι τινός, οὐχ ὥσπερ εἴρηται περὶ**

6a 18 του προελθόντα P J[2] Isḥâq : τοῦ -όντα J τοῦ -όντος C A τοῦ -όντας L του -ὼν Use.[1] || 19 ὅπερ P JCL Isḥâq Tiph : ὅπως A || 21 λέγειν P J A : -ει CL || γὰρ om. J || 22 ὅδε (pr.) P JL A : ὁ C || δὲ ἵππου, ὅδε om. A || 24 ante τὴν add. οἱ L || 26 καὶ (alt.) del. J[2] om. L || τἆλλα A : τὰ ἄλλα P τ' ἄλλα JCL || 27 ὅσον P CL A : -ων J || 27-28 τοσοῦτο P JC A : -ον L.

6b 2 ψυχὴ P CL A Isḥâq : -ῆι J || 3 ἄλλ' ἄττα P JL A : τἄλλάτα C || 3-4 post πλείω, non post ἄττα, dist. Isḥâq et Isnardi Parente[1] || χρόνον — πλείω del. J[2] om. L secl. Use.[1, 2] || 3 δ' **a** : θ' Use.[1] || 4 οὐρανοῦ **ω** : an scribendum est ἀνθρώπου ? || 5 οὐδεμίαν P J B[2] : οὐδὲ μίαν J[2]CL οὐδεμένων A || ποιοῦνται P JCL : -τα A || δ' P A : δ' οὐδ' J δ' οὐδυ' C δ' οὐδὲ L || 6 σπεύσιππον P J A[2]B[2]Nz[1] Tiph : -πτον ABz πέσσιππον C πέσσιπον L || 7 οὗτος P J A Isḥâq : οὕτως CL || post γὰρ del. ἂν J[1] || περιτίθησιν **ω** : δια- prop. Use.[2] || 10 τινός JCL A Isḥâq : τινσος P.

tenant] aux premières réalités seulement[84]. Platon quant à lui semblerait, en les faisant remonter jusqu'aux principes, traiter des autres choses quand il les rattache aux Idées, celles-ci aux nombres, [parvient] à partir de ceux-ci aux principes, et [procède] ensuite suivant [l'ordre de] la génération jusqu'aux [choses] que nous avons dites[85] : les autres en revanche ne [semblent traiter] que des seuls principes[86]. Et certains [disent que] la vérité aussi est parmi eux ; car ce qui est [se trouve] exclusivement dans le domaine des principes[87]. Or il se produit le contraire de ce qui a lieu dans les autres disciplines[88]. Car dans ces cas-là[89], ce qui des sciences vient après les principes est plus fort, et pour ainsi dire plus accompli[90]. Et peut-être cela est-il plausible : car ici la recherche [est recherche] des principes, tandis que dans les autres [sciences], elle s'effectue à partir des principes[91].

{II. Principes}

14. On pourrait peut-être soulever la difficulté [de savoir] comment donc il faut poser les principes, et de quelle sorte[1] : est-ce sans forme et en quelque sorte dotés d'un pouvoir[2], comme ceux qui [posent] le feu et la terre[3], ou pourvus d'une forme, dans l'idée qu'il convient éminemment à ceux-ci d'être définis, comme il le dit dans le *Timée*[4] ? Car l'ordre et le fait d'être défini est la chose la plus propre aux [êtres] les plus nobles[5]. Et il semble en aller effectivement ainsi dans les autres [sciences][6] aussi, comme en grammaire, en musique et en mathématiques ; et ce qui vient après les principes

84-85. Voir *Notes complémentaires*, p. 46-47.

86. Le génitif τῶν ἀρχῶν continuant de dépendre de ἅπτεσθαι, et les deux membres de phrase étant mis en corrélation par μὲν οὖν ... δὲ ..., il semble naturel de sous-entendre δόξειαν ἂν ἅπτεσθαι, plutôt que ἅπτονται (cf. par ex. Ross). Théophraste, en guise de résumé (μὲν οὖν ..., 6b11), suggère (δόξειεν ἂν) d'opposer Platon lui-même à l'ensemble de ses disciples (οἱ δὲ ...).

87-91. Voir *Notes complémentaires*, p. 47-48.

1-6. Voir *Notes complémentaires*, p. 48-49.

τῶν πρώτων μόνον. Πλάτων μὲν οὖν ἐν τῷ ἀνάγειν εἰς τὰς ἀρχὰς δόξειεν ἂν ἅπτεσθαι τῶν ἄλλων εἰς τὰς ἰδέας ἀνάπτων, ταύτας δ' εἰς τοὺς ἀριθμούς, ἐκ δὲ τούτων εἰς τὰς ἀρχάς, εἶτα κατὰ τὴν γένεσιν μέχρι τῶν εἰρημένων· οἱ δὲ τῶν ἀρχῶν μόνον. Ἔνιοι δὲ καὶ τὴν ἀλήθειαν ἐν τούτοις· τὰ γὰρ ὄντα μόνον περὶ τὰς ἀρχάς. Συμβαίνει δὲ τοὐναντίον ἢ ἐν ταῖς ἄλλαις μεθόδοις· ἐν ἐκείνοις γὰρ τὰ μετὰ τὰς ἀρχὰς ἰσχυρότερα καὶ οἷον τελεώτερα τῶν ἐπιστημῶν· τάχα δὲ καὶ εὐλόγως· ἔνθα μὲν γὰρ τῶν ἀρχῶν, ἐν δὲ ταῖς λοιπαῖς ἀπὸ τῶν ἀρχῶν ἡ ζήτησις.

II 14. Πῶς δέ ποτε χρὴ καὶ ποίας τὰς ἀρχὰς ὑποθέσθαι, τάχ' ἂν ἀπορήσειέν τις, πότερον ἀμόρφους καὶ οἷον δυναμικάς, ὥσπερ ὅσοι πῦρ καὶ γῆν, ἢ μεμορφωμένας, ὡς μάλιστα δέον ταύτας ὡρίσθαι, καθάπερ ἐν τῷ Τιμαίῳ φησίν· τοῖς γὰρ τιμιωτάτοις οἰκειότατον ἡ τάξις καὶ τὸ ὡρίσθαι.
Φαίνεται δὲ καὶ ἐν ταῖς λοιπαῖς σχεδὸν ἔχειν 7a
οὕτω, καθάπερ ἐν γραμματικῇ καὶ μουσικῇ καὶ ταῖς μαθηματικαῖς, συνακολουθεῖ δὲ καὶ τὰ μετὰ

6b 11 μόνον P JCL O Tiph A[ld] : -ων A || 12 post ἀρχὰς add. τὰ ὑπὸ τὰς ἀρχὰς J[2]L || δόξειεν ἂν P CL A Isḥâq : δόξει ἐρᾶν J || 14 ἀρχάς JCL A Isḥâq : ἀργάς P || κατὰ **ω** : κατάγων coni. Use.[2] || 15 τὴν om. L || 19 ἐκείνοις **a** : -αις coni. Cam. || 20 post ἐπιστημῶν add. ἐνταῦθα δὲ τὸ κράτιστον ἡ ἀρχή J[2] || 21 ἔνθα **ω** : ἐνταῦθα J[2] || 23 καὶ ποίας P JCL : καὶ ὁπ- B[2] ὁπ- A || 24 ἀπορήσειέν P JCL : -ρήσειέ A || 25-26 ὥσπερ ὅσοι πῦρ καὶ γῆν om. Isḥâq || 27 post καθάπερ add. Πλάτων Use.[1] || 27-28 καθάπερ — ὡρίσθαι om. C.

7a 2 καθάπερ ἐν γραμματικῇ καὶ μουσικῇ καὶ J[2] et Use.[2] : καθ- ἡ γραμματικὴ καὶ μουσικὴ καὶ P J A καθ- ἡ μουσικὴ καὶ ἡ γραμματικὴ καὶ CL καθ- τῇ γραμματικῇ καὶ μουσικῇ καὶ coni. Wim. καθ' ἅσπερ ἡ γραμματικὴ καὶ ἡ μουσική, κἂν Use.[1] || 3 συνακολουθεῖ JCL A : -ουσθεῖ P -ουθεῖν coni. Use.[2].

également s'ensuit[7]. En outre [il en va] de la même manière pour les techniques, qui justement imitent la nature[8], et les instruments ainsi que le reste sont conformes aux principes[9]. Les uns [posent] donc que tous les [principes] sont informés[10]; les autres [posent] seulement les [principes] matériels[11], tandis que d'autres [posent] les uns et les autres, aussi bien les principes informés que les principes relevant de la matière, dans l'idée que ce qui est complet réside dans les uns et les autres[12]. **15.** Car l'ensemble de ce qui existe est comme constitué des contraires[13]. Mais ceux-là aussi jugeraient irrationnel que le ciel en totalité et chacune des parties connaissent tous l'ordre et la raison, tant pour ce qui est des formes que des propriétés et des cycles[14], et qu'il n'y ait rien de tel dans les principes[15], mais que «le monde» [soit] «comme le plus beau des tas répandus au hasard», [comme le] dit Héraclite[16]. Et ils conçoivent [les choses] de la même manière[17] dans le plus infime détail, s'agissant d'êtres inanimés et d'êtres animés[18]; car la nature de chacune d'entre elles est pour ainsi dire déterminée, bien qu'elles soient produites de manière mécanique[19]; mais [ils disent] que les principes sont indéterminés[20]. Inversement, il est difficile de revêtir chaque chose d'une raison, en ramenant à la cause finale dans tous [les cas][21], pour les animaux et

7. Les éléments que sont, pour la lecture (= la «grammaire»), les lettres, pour la musique les sons, et pour les mathématiques les nombres, sont bien définis. Pour l'expression τὰ μετὰ τὰς ἀρχάς, cf. 6b19. Il pourrait sembler que συνακολουθεῖ doive être logiquement subordonné à φαίνεται, comme ἔχειν. La correction en συνακολουθεῖν (Usener) est cependant inutile. L'indicatif, en mettant le verbe sur le même plan que φαίνεται, donne au second membre une certaine autonomie par rapport à la restriction qu'implique la formule «il semble bien que» (pour la variation indicatif/infinitif dans l'opuscule, cf. *Notes complémentaires*, p. 29, n. 9). Le parallèle avec le cas des techniques ressort ainsi plus nettement (cf. *Notes complémentaires*, p. 50, n. 9). Le verbe est ici appliqué à la relation entre les principes et ce qui en dépend; Aristote, *Mét.*, XIII, 9, 1085a16-7, emploie la notion pour une relation interne aux principes eux-mêmes.

8-21. Voir *Notes complémentaires*, p. 49-53.

τὰς ἀρχάς· ἔτι δὲ καὶ κατὰ τὰς τέχνας ὁμοίως, αἵπερ τὴν φύσιν μιμοῦνται, καὶ τὰ ὄργανα καὶ τὰ ἄλλα κατὰ τὰς ἀρχάς. Οἱ μὲν οὖν ἐμμόρφους πάσας, οἱ δὲ μόνον τὰς ὑλικάς· οἱ δ' ἄμφω, τάς τ' ἐμμόρφους καὶ τὰς τῆς ὕλης, ὡς ἐν ἀμφοῖν τὸ τέλεον· 15. **οἷον γὰρ ἐξ ἀντικειμένων τὴν ἅπασαν οὐσίαν. Ἄλογον δὲ κἀκείνοις δόξειεν ἄν, εἰ ὁ μὲν ὅλος οὐρανὸς καὶ ἕκαστα τῶν μερῶν ἅπαντ' ἐν τάξει καὶ λόγῳ, καὶ μορφαῖς καὶ δυνάμεσιν καὶ περιόδοις, ἐν δὲ ταῖς ἀρχαῖς μηθὲν τοιοῦτον ἀλλ' «ὥσπερ σωρῶν εἰκῇ κεχυμένων ὁ κάλλιστος», φησὶν Ἡράκλειτος, «ὁ κόσμος». Καὶ κατὰ τοὐλάχιστον δ' ὡς εἰπεῖν λαμβάνουσιν ὁμοίως ἐν ἀψύχοις καὶ ἐμψύχοις· ὡρισμέναι γὰρ ἑκάστων αἱ φύσεις ὡς εἰπεῖν καίπερ αὐτομάτως γινομένων· τὰς δ' ἀρχὰς ἀορίστους εἶναι. Χαλεπὸν δὲ πάλιν αὖ τὸ τοὺς λόγους ἑκάστοις περιθεῖναι πρὸς τὸ ἕνεκά του συνάγοντας ἐν ἅπασιν, καὶ ἐν**

7a 4 τὰς (alt.) om. A || 5 τὴν φύσιν **α** : fî ṭab'ihâ *(suâ naturâ)* Isḥâq || 6 ἐμμόρφους J^{2}CL : ἐνμ- PJ εὐμ- A || 7 post πάσας add. τίθενται J^{2}L || post μόνον add. ἀμόρφους J^{2}L || 7-8 ἄμφω, τάς τ' **ω** : ἀμφοτέρας coni. Wim. || 7-8 τάς τ' — ὕλης om. Isḥâq || 8 τ' ἐμμόρφους P JCL Tiph : τε ἀμόρ- A || 9 τέλεον P JCL : -ειον A || post τέλεον add. ὂν Use.^{2} || 10 κἀκείνοις **ω** : -εῖνο Bergk || 12 ἅπαντ' P JC : -τα L -τά τ' A || post λόγῳ interpunxit Use.^{2} || 14 σωρῶν,nos : σάρξ **ω** σάρον Bernays apud Schuster σάρμα Diels σωρὸς Use.^{1} et Wim. στρὰγξ siue ἐξ ἀστρίων siue ἀστραγάλων Bergk || κεχυμένων **α** : -η [laḥmin manṯûrin *(caro sparsa)* Isḥâq *caro fusa* Tiph] Bergk -νον Use.^{2} -νη ἀνθρώπων Friedländer || ὁ del. Bergk || 15 post κάλλιστος add. ὥς Hommel apud Marcovich, et Marcovich ipse || ὁ del. Use.^{1,2} || ὁ κόσμος om. Isḥâq || 15-19 καί — εἶναι secl. Use.^{2} || 16 τοὐλάχιστον J : τοὐλάχιστου P τοῦ λάχ- C τοῦτο ἐλάχ- L τοῦ ἐλάχ- A || 19 τὰς δ' P C A : τὰς J οἷον τὰς J^{2} εἰς τὰς L || post εἶναι add. λέγουσι L || χαλεπὸν P J A Isḥâq : λεπὸν C λεκτέον L || 20 αὖ τὸ Zeller : αὐτὸ **ω** post αὐτὸ add. τὸ Brandis || 21 συνάγοντας P JCL $A^{2}B^{2}$ Isḥâq Tiph : συναγόνας AB.

les plantes et pour la bulle elle-même[22] ; à moins qu'il n'arrive que les formes multiples et les variétés de ce qui occupe la région de l'air et de la terre ne se produisent à cause de l'ordre et de la transformation d'autres choses[23]. Et certains citent comme le plus grand exemple d'un tel [processus] les phénomènes liés aux saisons de l'année, dans le cadre desquelles [se produit] la genèse des animaux, des plantes et des fruits, le soleil les engendrant pour ainsi dire[24]. Mais ces phénomènes dans ce lieu-ci[25] demandent un examen, puisqu'ils exigent que l'on définisse jusqu'à quel degré l'ordre [y est présent][26], et pourquoi plus [d'ordre] est impossible ; à moins que le passage [à plus d'ordre ne conduise] au moins bon[27].

16. Mais dans le domaine des principes, d'où précisément est [issu] le premier argument aussi, on pourrait à juste titre formuler également une difficulté au sujet du repos[28]. Car si [on le considère] comme une chose meilleure, on pourrait le rattacher aux principes ; mais si [on le considère] comme une paresse et une certaine privation de mouvement[29], on ne le rattachera pas, à moins qu'il ne faille lui substituer l'activité comme étant antérieure et plus noble, et [situer] le mouvement dans les sensibles[30]. Car qu'ils soient en repos pour la raison qu'il est impossible que le moteur soit à chaque fois mû[31] — sinon, il ne serait pas premier — risque bien de

22. Pour la composition du paragraphe, cf. *Notes complémentaires*, p. 51, n. 15. L'explication du monde, dans une doctrine où les principes sont purement formels, repose sur une téléologie nécessairement trop ambitieuse, parce qu'elle devrait être intégrale. Le domaine des animaux et des plantes, mais aussi des phénomènes météorologiques et des minéraux, que les enquêtes détaillées d'Aristote et de Théophraste explorent systématiquement, est celui où la téléologie révèle ses limites. La «bulle» est présentée comme un cas extrême («elle-même» ; cf. *Notes complémentaires*, p. 68, n. 34) ; sans doute est-il fait allusion à un problème particulier (cf. Platon, *Timée*, 66b4 ; voir aussi les références rassemblées par Bonitz, *Index arist.*, 620a44-52). C'est ici la première occurrence dans l'opuscule du thème de la cause finale, développé dans la dernière partie (10a22-12a2).

23-31. Voir *Notes complémentaires*, p. 53-55.

ζῴοις καὶ φυτοῖς καὶ ἐν αὐτῇ πομφόλυγι· πλὴν εἰ συμβαίνει τῇ ἑτέρων τάξει καὶ μεταβολῇ μορφάς τε παντοίας καὶ ποικιλίας γίνεσθαι τῶν περὶ 7b **τὸν ἀέρα καὶ τὴν γῆν· ὧν δὴ μέγιστόν τινες παράδειγμα ποιοῦνται τὰ περὶ τὰς ὥρας τὰς ἐτησίους, ἐν αἷς καὶ ζῴων καὶ φυτῶν καὶ καρπῶν γενέσεις, οἷον γεννῶντος τοῦ ἡλίου. Καὶ ταῦτα μὲν ἐνταῦθά που ζητεῖ τὴν σκέψιν, ἀφορισμὸν ἀπαιτοῦντα μέχρι πόσου τὸ τεταγμένον καὶ διὰ τί τὸ πλέον ἀδύνατον, ἢ εἰς τὸ χεῖρον ἡ μετάβασις.**

16. **Ἐν δὲ ταῖς ἀρχαῖς, ὅθεν δὴ καὶ ὁ πρῶτος λόγος, εἰκότως ἄν τις καὶ τὸ περὶ τῆς ἠρεμίας ἀπορήσειεν. Εἰ μὲν γὰρ ὡς βέλτιον, ἀνάψειεν ἂν ταῖς ἀρχαῖς· εἰ δ' ὡς ἀργία καὶ στέρησίς τις κινήσεως, οὐκ ἀνάψει, ἀλλ' εἴπερ, τὴν ἐνέργειαν ἀντιμεταλλακτέον ὡς προτέραν καὶ τιμιωτέραν, τὴν δὲ κίνησιν ἐν τοῖς αἰσθητοῖς· ἐπεί τό γε διὰ τοῦτ' ἠρεμεῖν ὡς ἀδύνατον ἀεὶ κινούμενον εἶναι τὸ κινοῦν — οὐ γὰρ ἂν εἴη πρῶτον — κίνδυνος μὴ**

7a 22 ante φυτοῖς add. ἐν CL || πομφόλυγι P A : παμ- J παμφόλυγγι CL || 23 ἑτέρων **ω** : ἀστέρων coni. Use.[1, 2].

7b 1 τε P JCL : τὰς A || ποικιλίας P J A : ποικίλας J[2]CL Isḥâq *uarietate* Bart || 3 ποιοῦνται P JCL B[2] : -τες AB || 3-4 ἐτησίους Use.[2] ['awqâti as-sinnati *(tempora anni)* Isḥâq] : ἐστησιους P αἰτίους JCL ἐτείους A || 5 post οἷον add. ἡ C || 6 ποῦ *(sic)* post ζητεῖ transp. A : om. CL || ζητεῖ P JL A : -εῖν C || 7 πόσου P JL A : ποσοῦ C || 7-8 post ἀδύνατον dist. nos, post τεταγμένον edd. || 8 pr. τὸ om. A || ἢ J[corr]L B[2] : εἰ C AB Isḥâq εἰ P || ἡ om. A || 9 ἀρχαῖς P[1] JCL A : -ᾶς P || 12 ἀρχαῖς JL A : -ᾶς P post ἀρχαῖς iter. ὅθεν — ἀπορήσει C e lin. 9-11 || τις P Tiph : τῆς JCL A || 13-14 ἀντιμεταλλακτέον D : τι μετ- P JC[1]L A yanbaġî 'an yutaġayyara al-fi'lu *(oportet ut commutetur actio)* Isḥâq τὴν μετ- C ἀντικατ- coni. Use.[1, 2] || 14 ὡς προτέραν P[1] JCL A Isḥâq : ὥσπερ τέραν P || 15 ἐν del. Use.[1, 2] || 15-16 τοῦτ' ἠρεμεῖν P J A : τοῦθ' ἠρ- J[2]CL || post ἠρεμεῖν add. δεῖ J[2] || 16 post ὡς add. εἰ L || κινούμενον Ross : κινοῦν **ω** || 17 κινοῦν **ω** : κινούμενον coni. Use.[1, 2] || post κινοῦν add. ἄτοπον J[2]L || οὐ γὰρ J[1] in ras. unius litt. || οὐ — πρῶτον om. Isḥâq || post πρῶτον add. καὶ J[2]L || κίνδυνος πρῶτον A.

n'être qu'un argument purement verbal, et qui de toute façon n'est pas digne de foi, mais demande une cause supérieure [32]. Et la sensation semble elle aussi d'une certaine manière proclamer de son côté qu'il est possible que le moteur ne doive pas [33] être différent de ce qu'il meut, parce qu'il y a agir et pâtir [34]; et encore, si l'on rapporte [l'argument] à l'intellect lui-même et au dieu [35]. Étrange également est l'autre déclaration, selon laquelle les [êtres] qui désirent ce qui est en repos n'imitent pas [celui-ci]; car pourquoi donc l'[imitation] des autres ne les accompagne-t-elle pas [36]? A moins peut-être qu'il ne faille pas concevoir [les choses] de la même manière que si l'on rapportait [l'argument] à ce qui est dépourvu de parties, mais de façon que le ciel dans sa totalité, que l'on dit même être d'une suprême perfection, soit lui aussi le plus possible en accord avec lui-même et agencé comme une cité ou un animal ou quelque autre chose pourvue de parties [37].

17. Le problème suivant requiert également une explication : comment donc [rapporter] aux êtres le partage en matière et forme [38], est-ce que l'une est un être, tandis que l'autre est un non-être, tout en étant un être en puissance et qui est amené à l'activité ? Ou bien est-elle un être, mais indéterminé [39], comme, dans le cas des techniques, leur [40] génération ou même leur existence même [est due] à ce que [ces objets] reçoivent une forme

32-33. Voir *Notes complémentaires*, p. 55-56.

34. Ross comprend que la sensation nous fait voir des cas d'automotricité, en l'occurrence les êtres vivants. Ce n'est pas impossible. Mais la perception constitue elle-même, dans une certaine mesure, un tel cas d'automotricité, du moins s'il est vrai que le moteur de la perception n'est pas uniquement l'objet extérieur mais, comme Théophraste l'a déjà noté en 5b5-7, une activité psychique. διὰ τὸ ποιεῖν καὶ πάσχειν, qu'on a parfois voulu corriger (cf. Ross *ad loc.*), se réfère à la double détermination, externe et interne, de la sensation. τρόπον τινά marque alors les limites de l'exemple, puisque, dans le cas de la sensation, le moteur ne se confond pas intégralement avec le mû.

35-40. Voir *Notes complémentaires*, p. 56-58.

λογῶδες, καὶ ἄλλως οὐκ ἀξιόπιστον, ἀλλὰ μείζω τινὰ αἰτίαν ζητεῖ. Δοκεῖ δὲ καὶ ἡ αἴσθησις τρόπον τινὰ συναυδᾶν ὡς ἐνδεχόμενον μὴ δεῖν τὸ κινοῦν ἕτερον εἶναι καὶ ὃ κινεῖ διὰ τὸ ποιεῖν καὶ πάσχειν· ἔτι δ' ἐάν τις ἐπ' αὐτὸν ἄγῃ τὸν νοῦν καὶ τὸν θεόν. Ἄτοπον δὲ καὶ τὸ ἕτερον λεχθέν, ὡς οὐ μιμοῦνται τὰ ὀρεγόμενα τοῦ ἠρεμοῦντος· τί γὰρ αὐτοῖς οὐ συνακολουθεῖ ἡ τῶν ἄλλων; Πλὴν ἴσως οὐχ ὁμοίως ληπτέον ὡς εἰς τὸ ἀμερὲς ἄγοντας, ἀλλ' ὅπως ὅ τι μάλιστα σύμφωνον ἑαυτῷ καὶ ἀπηρτισμένον ὡς ἂν πόλις ἢ ζῷον ἢ ἄλλο τι τῶν μεριστῶν ᾖ καὶ ὁ ὅλος οὐρανός, ὅν δή φασιν εἶναι τελεώτατον.

17. **Ἐπιποθεῖ δέ τινα καὶ τὰ τοιάδε λόγον, πῶς ποτε τῶν ὄντων ὁ μερισμὸς εἰς ὕλην καὶ μορφήν, πότερον ὡς τὸ μὲν ὄν, τὸ δὲ μὴ ὄν, δυνάμει δ' ὂν καὶ ἀγόμενον εἰς ἐνέργειαν· ἢ ὂν μέν, ἀόριστον δέ, καθάπερ ἐν ταῖς τέχναις ἡ γένεσις ἢ οὐσία γ' αὐτῶν τῷ μορφοῦσθαι κατὰ**

7b 18 λογῶδες P : -οειδὲς JCL A || 19 post τινὰ del. τι L¹ || καὶ om. P || 20 μὴ P JC A Isḥâq : καὶ ὡς L || δεῖν nos et ut uid. Isḥâq : δεῖ P JL δὴ C A ἀεὶ coni. Wim. πᾶν Kley || 21 κινεῖ **ω** : κινεῖται coni. Use.¹, ² [*mouetur* Tiph Steph] || ποιεῖν **ω** : ποιοῦν coni. Use.¹, ² τὸ ποιοῦν prop. Ross || 22 δ' ἐάν P : δὲ ἄν JCL A || ἄγῃ [-ει JC] **a** : ἀνάγῃ prop. Use.².

8a 1 μιμοῦνται **ω** : κιν- coni. Use.² [*moueri* Steph] || 1-2 τοῦ ἠρεμοῦντος **ω** : τὰ -τα J² || 2 τί Use.² : εἰ P JC A Isḥâq ἢ J²L ᾗ Bignone || αὐτοῖς **ω** : ἂν τοῖς coni. Use.² || οὐ συνακολουθεῖ ἡ Ross : οὖσιν ἀκολουθεῖ ἡ P οὖσιν ἀκολουθείη JCL A οὖσιν ἀκολουθοίη prop. Sylburg || 3 post ληπτέον add. δὲ L || 5 post ἢ (alt.) add. καὶ A || 6 ᾖ Use.¹, ² : ἡ P J ἢ CL A || καὶ iter. J || ὁ om. A || 10 πότερον om. Isḥâq || pr. ὂν om. Isḥâq || 11 pr. ὂν B²O Isḥâq : ἓν **a** || ἢ ὂν μέν ante 10-11 δυνάμει transp. Brandis || 12 δὲ P JCL Isḥâq : δέον A || ἡ prop. Ross : ἡ δὲ **ω** εἰ δὲ coni. Use.¹, ² ᾗ δὲ coni. Ross || 13 ἢ Use.¹ ['aw *(aut)* Isḥâq] : ἡ P JC L ἡ A || ἢ — τῷ **ω** : τῆς οὐσίας ἕνεκα τὸ coni. Wim. || γ' [γε LA] **ω** : δ' [*autem* Bart] prop. Ross || τῷ P J²L : τῶν JC τὸ A.

conformément à leurs définitions[41] ? Mais[42] de cette manière là du moins, d'une part le passage pourrait s'effectuer vers le meilleur[43], et d'autre part l'être ne se trouverait pas moins être vrai s'agissant d'elle (car il n'y aurait pas même génération, si elle n'était pas présente)[44], sans qu'il soit ni ceci, ni tel, ni tant, parce qu'il est indéterminé pour ce qui est des espèces, bien que possédant une certaine puissance[45]. Et de manière générale, il faut concevoir [cela] par analogie avec les techniques et [par] toute autre [forme de similitude], s'il en existe[46].

{III. Différences}

18. Voilà encore un point qui semblerait comporter une difficulté, à moins que ce ne soit un excès de subtilité, dans la recherche[1] : pourquoi donc la nature et même l'ensemble de ce qui est dans le tout[2] résident-ils dans les contraires[3], et pourquoi le moins bon équilibre-t-il presque le meilleur, ou plutôt l'excède-t-il de beaucoup, de sorte qu'Euripide aussi semble parler de manière générale en disant « les biens ne sauraient advenir isolés »[4] ? Mais cet argument revient à peu près à chercher pourquoi tout n'est pas bon ni tout semblable, et pourquoi nous affirmons l'être de toutes les choses, [tout en disant] qu'aucune n'est semblable l'une à l'autre, comme ce qui est blanc et noir parmi elles[5]. [Il

41-45. Voir *Notes complémentaires*, p. 58-59.

46. Pour la relation ὁμοιότης/ ἀναλογία, voir 4b12-3. Contrairement à ce qu'on pourrait penser au premier abord, Théophraste ne suggère pas que l'on puisse recourir à d'autres analogies que celle des techniques, mais bien que l'analogie n'est pas la seule espèce de similitude possible. ἀναλογία ἐπί ne semble pas attesté ailleurs (mais pour un emploi comparable de ἐπί, cf. *Notes complémentaires*, p. 56, n. 35). Philodème emploie parfois ἀναλογία πρὸς ..., voir *e.g.* *De lib. dic.*, 80, 2 s., p. 37 s. Olivieri ; *De musica*, IV, 14, p. 69 Neubecker.

1-5. Voir *Notes complémentaires*, p. 59-60.

τοὺς λόγους. Ἀλλ' οὕτω γ' εἰς μὲν τὸ βέλτιον τάχ' ἂν ἡ μετάβασις εἴη, τὸ δ' εἶναι οὐθὲν ἂν ἧττον ἀληθὲς ὑπάρχοι κατ' αὐτήν (οὐ γὰρ ἂν οὐδὲ γίνοιτο μὴ ὑπαρχούσης), ἀλλὰ τὸ μήτε τόδε μήτε ποιὸν μήτε ποσόν, ὡς ἀόριστον τοῖς εἴδεσιν, δύναμιν δέ τιν' ἔχον. Ὅλως δὲ κατ' ἀναλογίαν ληπτέον ἐπὶ τὰς τέχνας καὶ εἴ τις ὁμοιότης ἄλλη.

III 18. **Δόξειεν δ' ἂν καὶ τοῦτ' ἔχειν ἀπορίαν, εἰ μὴ ἄρα περιεργίαν, τοῦ ζητεῖν, τί δή ποτε ἡ φύσις καὶ ἡ ὅλη δ' οὐσία τοῦ παντὸς ἐν ἐναντίοις ἐστίν, καὶ σχεδὸν ἰσομοιρεῖ τὸ χεῖρον τῷ βελτίονι, μᾶλλον δὲ καὶ πολλῷ πλέον ἐστίν, ὥστε δοκεῖν καὶ Εὐριπίδην καθόλου λέγειν ὡς «οὐκ ἂν γένοιτο χωρὶς ἐσθλά». Ὁ δὲ τοιοῦτος λόγος ἐγγὺς τοῦ ζητεῖν ὅ τι οὐ πάντ' ἀγαθὰ οὐδὲ πάντα ὅμοια,** 8b
καὶ ὅ τι κατὰ πάντων μὲν τὸ εἶναι λέγομεν, οὐθὲν δὲ ὅμοιον ἀλλήλοις, καθάπερ τὰ λευκὰ καὶ μέλανα ἐν αὐτοῖς. Ἔτι δὲ τὸ δοκοῦν παραδοξότε-

8a 14 βέλτιον P JC A : βέλτιστον L || 15 τάχ' P JCL : τάχα A || οὐθὲν P JCL R[1]B[2] : ἀθὲν A || 16 post ὑπάρχοι [-χει CL] add. καὶ L || κατ' αὐτήν PB[2] : καθ' αὐ- JC[1]L AB καθ' αὐ- C || 17 οὐδὲ P JC A : οὐδὲν L || 18 post pr. μήτε add. τὸ CL || 19 τιν' P JC A Isḥâq : τινες L || ἀναλογίαν P JCL : ἀνολ- A || 20 ληπτέον **ω** : ἀντιτέον prop. Use.[1] || ἐπὶ **ω** : ἐστὶ coni. Use.[2] || εἴ JCL A Isḥâq : ἤ P || 22 περιεργίαν τοῦ ζητεῖν [τ- ζ- iter. P] **a** : -ίαν, τὸ ζη- Jae.[2] -ία, τὸ ζη- Dirlmeier || 23 ἐν P J Isḥâq Tiph : om. C A ἢ L || 26 εὐριπίδην P JCL : -δης A || οὐκ P[1] JCL A : οὐδ' P.

8b 1 post οὐ add. ποτε L || 3 post ἀλλήλοις add. ἀλλὰ Use.[1] || post καὶ add. τὰ A || 4 μέλανα P JC A : -αινα L || αὐτοῖς **ω** : ἐναντίοις Use.[1] || post δὲ add. καὶ A.

y a] en outre ce qui peut sembler plus paradoxal, [à savoir] qu'il n'est pas possible que l'être soit sans les contraires[6]. Quant à ceux qui poussent le paradoxe encore plus loin, ils vont jusqu'à compter dans la nature du tout aussi ce qui n'est pas ni n'a été ni ne sera[7].

Mais c'est là une sagesse pour ainsi dire excessive[8]. **19.** Que l'être soit de multiple façon[9] est en revanche manifeste[10]; en effet, la sensation à la fois observe les différences[11] et recherche les causes[12]; mais peut-être est-il plus vrai de dire qu'elle les suggère à la pensée[13], partie en cherchant simplement, partie en [y] produisant la difficulté, grâce à laquelle, même si elle est incapable de progresser, une certaine lumière apparaît cependant dans la non-lumière, tandis que nous cherchons plus avant[14]. Le savoir ne va donc pas sans une certaine différence[15]. Car si les choses sont autres les unes par rapport aux autres, il y a une différence, et dans le cas des universaux, puisque plusieurs choses tombent sous les universaux, il est nécessaire que celles-là aussi diffèrent, et ce, que les universaux soient des genres ou des espèces[16]. **20.** Et sans doute[17] tout savoir est-il savoir des propres[18]. Car la substance et l'essence sont propres à chaque particulier[19], et les [caractéristiques] considérées en elles-mêmes, et non par accident, seraient ce qui est prédiqué [essentiellement] de quelque chose[20]. Et généralement parlant[21], il revient au savoir de saisir l'identique dans plusieurs choses, qu'il soit dit de manière commune et générale ou d'une manière en quelque sorte particulière à chacun, par exemple dans les nombres et les lignes, les animaux et les plantes[22]. Complet est cependant celui qui

6-20. Voir *Notes complémentaires*, p. 60-65.

21. Ross, voyant une opposition entre la science comme connaissance des propres, et la science comme connaissance de l'identique, suggère de corriger ὅλως en ὅμως. Cependant, Théophraste est engagé dans une énumération des différents modes de connaissance (cf. le début de la section suivante, 9a10); il n'est donc pas surprenant qu'il adopte, pour la seconde rubrique, un autre point de vue, plus général.

22. Voir *Notes complémentaires*, p. 65.

ρον, ὡς οὐχ οἷόν τε τὸ ὂν ἄνευ τῶν ἐναντίων. Οἱ δ' ἔτι πλέονι τῷ παραδόξῳ χρώμενοι καὶ τὸ μὴ ὂν μηδὲ γεγονὸς μηδὲ μέλλον προσκαταριθμοῦσιν εἰς τὴν τοῦ παντὸς φύσιν.

Ἀλλ' ἥδε μὲν οἷον | ὑπερβατός τις σοφία.

19. **Τὸ δὲ ὂν ὅτι πολλαχῶς, φανερόν· ἡ γὰρ αἴσθησις καὶ τὰς διαφορὰς θεωρεῖ καὶ τὰς αἰτίας ζητεῖ· τάχα δ' ἀληθέστερον εἰπεῖν ὡς ὑποβάλλει τῇ διανοίᾳ τὰ μὲν ἁπλῶς ζητοῦσα, τὰ δ' ἀπορίαν ἐνεργαζομένη, δι' ἧς, κἂν μὴ δύνηται προβαίνειν, ὅμως ἐμφαίνεταί τι φῶς ἐν τῷ μὴ φωτὶ ζητούντων ἐπὶ πλέον. Τὸ ἐπίστασθαι ἄρα οὐκ ἄνευ διαφορᾶς τινος. Εἴ τε γὰρ ἕτερα ἀλλήλων, διαφορά τις· ἔν τε τοῖς καθόλου πλειόνων ὄντων τῶν ὑπὸ τὰ καθόλου διαφέρειν ἀνάγκη καὶ ταῦτα, ἐάν τε γένη τὰ καθόλου ἐάν τ' εἴδη.** 20. **Σχεδὸν δὲ καὶ ἐπιστήμη πᾶσα τῶν ἰδίων· ἥ τε γὰρ οὐσία καὶ τὸ τί ἦν εἶναι καθ' ἕκαστον ἴδιον, τά τε θεωρούμενα καθ' ἑαυτὰ καὶ οὐ κατὰ συμβεβηκὸς ἦν ἂν τὶ κατὰ τινός. Ὅλως δὲ τὸ ἐν πλείοσιν τὸ αὐτὸ συνιδεῖν ἐπιστήμης, ἤτοι κοινῇ καὶ καθόλου λεγόμενον ἢ ἰδίᾳ πως καθ' ἕκαστον, οἷον ἀριθμοῖς γραμμαῖς, ζῴοις φυτοῖς· τέλεος δ' ἡ ἐξ ἀμφοῖν. Ἔστιν δ'**

8b 12 ὑποβάλλει P : ὑπερ- JCL A || 14 ἐνεργαζομένη P : ἐνεργαζομένηι J ἐργαζομένη CL A || προβαίνειν P JCL : παρα- A || 15 τῷ P CL A : τὸ J || 15-16 post ζητούντων add. ἡμῶν A[2] || 16 ante τὸ add. καὶ L || ἄρα P J A : ἔστιν CL || 17 εἴ ω : ᾖ coni. Use.[2] || 18 post ὄντων add. καὶ L || 19 διαφέρειν P JC A : -ρει γὰρ L || 20 γένη ... εἴδη A Isḥâq Bart Tiph : γένη ... εἴδει L γένει ... εἴδει P JCL[1] || τὰ καθόλου om. L || τ' P JCL : τε A || 21 ἥ P CL A Isḥâq : εἴ J || 23 ἑαυτὰ P J A : αὑτὰ CL || 23-24 ἦν — τινός susp. Wim. || 24 ὅλως ω : ὁμοίως coni. Use.[1, 2] ὅμως prop. Ross || 25 καὶ om. J || λεγόμενον P JCL Isḥâq : λέγομεν A || 26 post οἷον add. ἐν Use.[1] || 27 τελεος δ' ἡ P [al-kâmilatu *(perfecta)* Isḥâq] : τέλος δὲ JCL A τέλος δ' ἡ Brandis.

résulte de l'un et l'autre. Et il en existe certains dont[23] la fin est le général (car en celui-ci réside la cause), tandis que pour d'autres elle est le particulier, pour autant que la division s'effectue jusqu'aux individus[24], comme dans le cas des actions accomplies ou des objets produits. Car leur actualité [s'effectue] de cette manière[25]. **21.** Et nous connaissons l'identique[26] par la substance, par le nombre, par l'espèce, par le genre, par l'analogie[27], et par [toute catégorie] obtenue par la division, s'il en existe outre celles-là[28]. Mais l'identique par analogie est à la plus grande distance, comme si nous étions [dans ce cas] le plus distants[29], parfois à cause de nous-mêmes, parfois à cause de l'objet, parfois pour l'une et l'autre raison.

22. Le savoir étant multiple, comment faut-il poursuivre chacun des objets particuliers[30] ? Le point de départ et le plus important est le mode approprié[31], comme ce qui est premier et intelligible, ce qui est en mouvement et relève de la nature[32], et, dans ce domaine même, ce qui est au début et ce qui est dérivé[33], jusqu'aux animaux, aux plantes, et aux derniers des êtres inanimés[34]. Car il existe quelque chose de propre à chaque genre particulier, comme aussi dans le cas des objets mathématiques; **23.** car même les mathématiques elles-mêmes présentent une différence, tout en étant en quelque façon homogènes ; et elles sont divisées de manière adéquate[35]. Et quand même certaines choses seraient connaissables par le fait d'être inconnaissables, comme certains le disent, ce serait un mode propre, et qui exige une certaine [place dans la] division[36]. Mais peut-être, pour les cas où cela est possible, est-il plus approprié de les expliquer par analogie plutôt qu'au moyen de l'inconnaissable lui-même,

23-31. Voir *Notes complémentaires*, p. 66-68.

32. Cf. le début de l'opuscule. L'énumération des différents *objets* du savoir illustre la notion de *modes* du savoir. Le passage est sans doute moins surprenant qu'il n'y paraît à première vue, voir *Notes complémentaires*, p. 25-26, n. 5 et 6.

33-36. Voir *Notes complémentaires*, p. 68.

ἔνια ὧν μὲν καθόλου τέλος (ἐν τούτῳ γὰρ τὸ 9a **αἴτιον), τῶν δὲ τὸ ἐν μέρει, καθ' ὅσα διαίρεσις εἰς τὰ ἄτομα, καθάπερ ἐν τοῖς πρακτοῖς καὶ ποιητοῖς· οὕτως γὰρ αὐτῶν ἡ ἐνέργεια.** 21. **Ταὐτὸ δ' ἐπιστάμεθα καὶ οὐσίᾳ καὶ ἀριθμῷ καὶ εἴδει καὶ γένει καὶ ἀναλογίᾳ καὶ εἰ ἄρα παρὰ ταῦτα διαιρέσει· διὰ πλείστου δὲ τὸ κατ' ἀναλογίαν, ὡς ἂν ἀπέχοντες πλεῖστον, τὰ μὲν δι' ἡμᾶς αὐτούς, τὰ δὲ διὰ τὸ ὑποκείμενον, τὰ δὲ διὰ τἄμφω.**

22. **Πλεοναχῶς δ' ὄντος τοῦ ἐπίστασθαι, πῶς ἕκαστα μεταδιωκτέον; Ἀρχὴ καὶ μέγιστον ὁ οἰκεῖος τρόπος, οἷον τὰ πρῶτα καὶ νοητά, καὶ τὰ κινητὰ καὶ ὑπὸ τὴν φύσιν, αὐτῶν τε τούτων τὰ ἐν ἀρχῇ καὶ ἑπόμενα μέχρι ζῴων καὶ φυτῶν καὶ ἐσχάτων τῶν ἀψύχων. Ἔστιν γάρ τι καθ' ἕκαστον γένος ἴδιον, ὥσπερ καὶ ἐν τοῖς μαθηματικοῖς·** 23. **ἔχει δὲ καὶ αὐτὰ τὰ μαθήματα διαφορὰν καίπερ ὁμογενῆ πως ὄντα· διῄρηται δ' ἱκανῶς. Εἰ δὲ καὶ ἔνια γνωστὰ τῷ ἄγνωστα εἶναι, καθάπερ τινές φασιν, ἴδιος ἂν ὁ τρόπος εἴη, διαιρέσεως δέ τινος δεῖται· τάχα δ' ἐφ' ὧν ἐνδέχεται, κατ' ἀναλογίαν οἰκειότερον λέγειν ἢ αὐτῷ τῷ ἀγνώστῳ, καθάπερ**

9a 1 ἔνια ὧν μὲν nos : ἔνια τῶν μὲν P J[1]CL A μὲν om. J ἔνια om. Isḥâq ἐνίων μὲν τὸ coni. Wim. ἔνθα τῶν μὲν coni. Use.[2] ἐνίων μὲν coni. Ross || 2 δὲ τὸ **ω** : δ' Use.[1] || 3 πρακτοῖς P J A : -τικοῖς CL || 4 ταὐτὸ JCL A Isḥâq : ταυτωι P || δ' P J A : δὲ CL || 6 εἰ ἄρα P J A : εἰ ἔστι C ἔτι L || παρὰ P JL A Isḥâq : περὶ C || διαιρέσει P JL Isḥâq : διαιρέσεις A διαίρεσις CVSO || 7 τὸ **ω** : τῷ coni. Use.[1, 2] || 7-8 ἀπέχοντες **ω** : -τα Dirlmeier [*distantia* Bart] -τος coni. Ross || 10-11 ἕκαστα P JCL : -τον A || 12 ante νοητά add. τὰ Brandis || 13 post καὶ add. τὰ L || 14 ante ἑπόμενα add. τὰ Wim. || 15-16 γένος iter. L || 16-17 ἔχει — μαθήματα om. Isḥâq || 16-18 ἔχει — ἱκανῶς secl. Use.[1] || 17-18 ὁμογενῆ P JCL : ὁμοιο- A || 19 γνωστὰ JCL A : γνωτὰ P || 22 ἢ P CL A Isḥâq : ᾗ J.

comme si l'on [expliquait] l'invisible au moyen de l'invisible[37]. Il faut donc tenter de distinguer combien il existe de modes, et combien de manières il y a de connaître[38]. **24.** Or le point de départ pour parvenir à cela même et la première chose [à faire] est de définir ce qu'est le savoir. Mais il pourrait sembler que cela soit trop difficile (car il n'est pas possible de saisir quelque chose de général et de commun dans le cas de ce qui est dit en de multiples sens[39]) ; c'est pourquoi il est impossible ou du moins il n'est pas facile de dire jusqu'à quel point et de quels êtres il faut chercher les causes, de la même manière dans les sensibles et dans les intelligibles[40]. C'est que la démarche à l'infini est dans les deux cas inappropriée et supprime la pensée[41]. Or les uns et les autres sont d'une certaine manière des points de départ[42]. Mais peut-être les uns le sont-ils pour nous, et les autres absolument, ou mieux les uns sont-ils fin, et les autres un point de départ qui nous est propre[43]. **25.** Donc, il nous est possible jusqu'à un certain point d'étudier [les choses] au moyen de la cause, en prenant notre point de départ dans les sensations[44]. Mais quand nous passons aux [êtres] suprêmes et premiers eux-mêmes, nous ne le pouvons plus, soit parce qu'ils n'ont pas de cause, soit en raison de notre faiblesse à l'égard de ce qui est, pour ainsi dire, le plus lumineux à regarder[45]. Mais peut-être est plus vraie cette [thèse] selon laquelle la connaissance des [êtres] de ce genre s'effectue au moyen de l'intellect lui-même, quand il les touche et pour ainsi dire les saisit, raison pour laquelle justement il n'y a pas illusion à leur sujet[46].

37-41. Voir *Notes complémentaires*, p. 68-69.

42. La tradition manuscrite diverge curieusement ici. On pourrait être tenté de penser que Théophraste avait recouru à la forme relativement rare du duel, ἀρχᾶ, que les scribes n'auraient pas identifiée. Mais la forme ne semble pas attestée chez Théophraste, voir Schmidt, p. 15-18 (spéc. p. 16).

43-46. Voir *Notes complémentaires*, p. 69-70.

εἴ τις τῷ ἀοράτῳ τὸ ἀόρατον. Πόσοι δ' οὖν τρόποι καὶ ποσαχῶς τὸ εἰδέναι, πειρατέον διελεῖν. 24. **Ἡ δ' ἀρχὴ πρὸς αὐτὰ ταῦτα καὶ πρῶτον τὸ ἀφορίσαι τί τὸ ἐπίστασθαι. Χαλεπώτερον δ' ἂν δόξειεν (οὐ γὰρ οἷόν τε καθόλου καὶ κοινόν τι λαβεῖν ἐν τοῖς πλεοναχῶς λεγομένοις), ᾗ καὶ τοῦτ' ἄπορον ἢ οὐ ῥᾴδιόν γε εἰπεῖν, μέχρι πόσου καὶ τίνων ζητητέον αἰτίας ὁμοίως ἔν τε τοῖς αἰσθητοῖς καὶ νοητοῖς· ἡ γὰρ εἰς τὸ ἄπειρον ὁδὸς ἐν ἀμφοῖν ἀλλοτρία καὶ ἀναιροῦσα τὸ φρονεῖν. Ἀρχαὶ δὲ τρόπον τινὰ ἄμφω. Τάχα δ' ἡ μὲν ἡμῖν ἡ δ' ἁπλῶς, ἢ τὸ μὲν τέλος ἡ δ' ἡμετέρα τις ἀρχή.** 25. **Μέχρι μὲν οὖν τινὸς δυνάμεθα δι' αἰτίου θεωρεῖν, ἀρχὰς ἀπὸ τῶν αἰσθήσεων λαμβάνοντες· ὅταν δὲ ἐπ' αὐτὰ τὰ ἄκρα καὶ πρῶτα μεταβαίνωμεν, οὐκέτι δυνάμεθα, εἴτε διὰ τὸ μὴ ἔχειν αἰτίαν εἴτε διὰ τὴν ἡμετέραν ἀσθένειαν ὥσπερ πρὸς τὰ φωτεινότατα βλέπειν. Τάχα δ' ἐκεῖνο ἀληθέστερον ὡς αὐτῷ τῷ νῷ τῶν τοιούτων ἡ θεωρία θιγόντι καὶ οἷον ἁψαμένῳ, διὸ καὶ οὐκ ἔστιν ἀπάτη περὶ αὐτά.**

9a 23 ἀόρατον A : ὁρατόν P JCL Isḥâq || δ' οὖν P CL A : δὲ J || 26 τί P J[1]CL Isḥâq : om. J A.

9b 1 πλεοναχῶς P J A : πολλ- CL || ᾗ καὶ Ross : ἢ καὶ **a** wala'alla *(et fortasse)* Isḥâq ἐπεὶ καὶ Wim. ante ἔστι δὲ (pro ᾗ) καὶ lacunam ind. Use.[1] post ἡ<γούμεθα οὖν ἐπίστασθαι> et ante καὶ lacunam ind. Use.[2] || 2 γε P J : τε CL A || 6 ἀρχαὶ P[1] J[1] Isḥâq : -χὰ J -χας P -χῆς CL -χὴ A || 8 ἀρχή P CL A : -χηι J || τινὸς P JL A Isḥâq : τίνος C || 9 λαμβάνοντες P JCL B[2]O Isḥâq Tiph : -νται A || 10 πρῶτα P JL A Isḥâq : -τον C || 13 φωτεινότατα P JCL B[2] Isḥâq : ποθει- A || βλέπειν **a** : -ποντες coni. Use.[1, 2] || 14 τῶν τοιούτων om. CL A Bart || 15 θιγόντι Brandis : θίγοντι **a** || pr. καὶ om. CL.

26. Mais la compréhension et la créance à l'égard de ce point précis sont difficiles[47], bien qu'[48]il constitue une question importante par ailleurs, et nécessaire en vue des recherches particulières — et surtout des plus importantes —, [c'est-à-dire savoir] à quel endroit il faut tracer la limite, par exemple à propos des recherches sur la nature et à propos de celles qui sont encore antérieures. Car ceux qui cherchent la raison de toute chose suppriment la raison, et avec elle le connaître également[49]; ou plutôt il serait plus vrai de dire qu'ils cherchent [la raison] de ce qui n'en a pas ni ne peut en avoir par nature. Quant à ceux qui présupposent que le ciel est éternel[50], **27.** et qu'en outre [sont aussi éternels] les phénomènes relatifs aux déplacements, les grandeurs, les formes, les distances et tout ce dont l'astronomie fait la démonstration[51], il leur reste encore à mentionner les premiers moteurs, la cause finale[52], quelle est la nature de chacun et leur position les uns par rapport aux autres[53], en quoi consiste l'être du tout[54], ainsi bien sûr qu'à celui qui descend[55] vers le reste des espèces particulières ou de leurs parties jusqu'aux animaux et aux plantes[56]. Si donc l'astronomie collabore [à cette connaissance][57], mais ne se situe pas dans [le domaine] des premiers [êtres], ce qui a la plus grande puissance sera autre que la nature et antérieur [à elle][58]. Et de fait ce mode, comme certains le pensent, n'est pas physique ou ne l'est pas dans son entier[59]. Pourtant, le mouvement est bien propre à la nature de

47-54. Voir *Notes complémentaires*, p. 71-73.

55. Le participe singulier ὑποβαίνοντι est sur le même plan que τούτοις, 9b27, et désigne le naturaliste (pour l'emploi du participe substantivé sans article, voir KG, I, p. 608-9) : que l'on ait affaire à des objets éternels, comme l'astronome, ou à des objets périssables, il faut remonter aux questions ultimes. Ross rapporte le participe à τούτοις (il n'imprime pas de virgule avant καί). Le passage du pluriel au singulier, bien que rude, pourrait être admis (cf. KG, I, p. 87). Mais il est difficile alors de comprendre la logique de la progression.

56-59. Voir *Notes complémentaires*, p. 73.

26. Χαλεπὴ δὲ καὶ εἰς αὐτὸ τοῦθ' ἡ σύνεσις καὶ ἡ πίστις, ἐπεὶ καὶ ἄλλως μέγα καὶ πρὸς τὰς καθ' ἕκαστα πραγματείας ἀναγκαῖον καὶ μάλιστα τὰς μεγίστας, ἐν τίνι ποιητέον τὸν ὅρον, οἷον περὶ τὰς τῆς φύσεως καὶ περὶ τὰς ἔτι προτέρας. Οἱ γὰρ ἁπάντων ζητοῦντες λόγον ἀναιροῦσιν λόγον, ἅμα δὲ καὶ τὸ εἰδέναι· μᾶλλον δ' ἀληθέστερον εἰπεῖν ὅτι ζητοῦσιν ὧν οὐκ ἔστιν οὐδὲ πέφυκεν. Ὅσοι <δὲ> τὸν οὐρανὸν ἀίδιον ὑπολαμβάνουσιν, 27. ἔτι δὲ τὰ κατὰ τὰς φορὰς καὶ τὰ μεγέθη καὶ τὰ σχήματα καὶ τὰς ἀποστάσεις καὶ ὅσα ἄλλα ἀστρολογία δείκνυσιν, τούτοις κατάλοιπον τά τε πρῶτα κινοῦντα καὶ τὸ τίνος ἕνεκα λέγειν καὶ τίς ἡ φύσις ἑκάστου καὶ ἡ πρὸς ἄλληλα θέσις καὶ ἡ τοῦ σύμπαντος οὐσία, καὶ ὑποβαίνοντι δὴ πρὸς τὰ ἄλλα καθ' ἕκαστον τῶν εἰδῶν ἢ μερῶν ἄχρι ζῴων καὶ φυτῶν. Εἰ οὖν ἀστρολογία συνεργεῖ μέν, οὐκ ἐν τοῖς πρώτοις δέ, τῆς φύσεως ἕτερα τὰ κυριώτατ' ἂν εἴη καὶ πρότερα· καὶ γὰρ δὴ καὶ ὁ τρόπος, ὡς οἴονταί τινες, οὐ φυσικὸς ἢ οὐ πᾶς. Καίτοι τό γε κινεῖσθαι καὶ ἁπλῶς τῆς

9b 17 alt. ἡ om. CL || 19 ἐν τίνι P Isḥâq : ἔν τινι JCL ἔν τι A || 20 pr. περὶ τὰς Use.[2] : περί τε **α** περὶ τὴν Use.[1] et ut uid. Isḥâq || 21 οἱ P JCL A[2]B[2]O Isḥâq Tiph : εἰ A || 22 καὶ om. A || 24 post πέφυκεν lacunam ind. Use.[1, 2] || ὅσοι **ω** : τοῖς οὖν prop. Use.[2] || δὲ add. Zeller || 27 post ἄλλα add. τοῦ [ἀπὸ τοῦ C] C[1] || ἀστρολογία δείκνυσιν [post ἀστρ. add. δὲ J] **α** : -ικὰ -νῦσι coni. Use.[1, 2] || 27-10a 1 κατάλοιπον P : καταλοιπὸν [-όν· J] J CL A[2] κατὰ λοιπὸν A.

10a 1 τά τε P et ut uid. Isḥâq : τὰ δὲ JCL ταῦτα δὲ τὰ A || 2 λέγειν P J A : -ει CL || 3 θέσις JCL A Isḥâq : -εις P || 4 τῶν om. J || 4-5 ἢ μερῶν CL et Spengel : ἡμερῶν P J ἡμέρων A 'allatî qalnâ *(quae diximus)* Isḥâq || 5 post φυτῶν add. καὶ ἀψύχων Steinmetz || εἰ P A Isḥâq : ἡ JCL || ἀστρολογία P JCL Isḥâq : -λόγος A || 6 post δὲ interpunx. nos, post φύσεως edd. || 7 post ἕτερα add. γὰρ L || κυριώτατ' P : -τατα JCL A || 8 φυσικὸς P JC[1]L A Isḥâq : -κῶς C.

manière générale[60], et surtout au ciel[61]. C'est pourquoi si l'activité relève de l'être de chaque chose et que chaque chose particulière, quand elle est en activité, se meut aussi, comme chez les animaux et les plantes[62] (sinon, ils sont homonymes[63]), il est évident que le ciel aussi, dans sa rotation, sera conforme à son être, mais que privé d'elle et en repos, il serait homonyme : car la rotation du tout est comme une sorte de vie[64]. **28.** Est-ce donc, s'il ne faut pas même dans le cas des animaux faire porter la recherche sur la vie, ou alors de telle façon[65], qu'il ne faut pas non plus, dans le cas du ciel et des corps célestes, [faire porter la recherche] sur la translation, ou alors d'une manière [bien] déterminée? La présente difficulté se rattache aussi en quelque façon au mouvement [provoqué] par l'immobile[66].

{IV. Téléologie}

Quant à [l'affirmation] que tout est en vue de quelque chose et que rien n'est en vain[1], la délimitation[2] n'est de toute façon pas facile[3], comme on le dit souvent (d'où faut-il partir et à quelles choses s'arrêter?)[4], et particulièrement pour ce qui est de certaines choses, du fait qu'elles ne semblent pas être ainsi, mais [se produire] les unes à la façon d'une conjonction, et les autres à cause de quelque nécessité[5], comme dans le cas des corps célestes et de nombreux phénomènes terrestres[6]. **29.** En vue de quoi en effet les irruptions et les reflux de la mer[7] [se produisent-ils], ou de quoi les progressions [de la terre] ou les [périodes de] sécheresse et d'humidité[8], et de manière générale, les transforma-

60-64. Voir *Notes complémentaires*, p. 74.

65. A savoir, en acceptant la vie comme un donné, sans en rechercher la cause, mais en en analysant le fonctionnement. De même dans le cas du ciel.

66. Formule elliptique, pour : «se rattache en quelque façon aux problèmes que pose le mouvement...». Le renvoi est à 6a5-14.

1-8. Voir *Notes complémentaires*, p. 74-76.

φύσεως οἰκεῖον καὶ μάλιστα τοῦ οὐρανοῦ. Διὸ καὶ εἰ ἐνέργεια τῆς οὐσίας ἑκάστου καὶ τὸ καθ' ἕκαστον ὅταν ἐνεργῇ καὶ κινεῖται, καθάπερ ἐν τοῖς ζῴοις καὶ φυτοῖς (εἰ δὲ μή, ὁμώνυμα), δῆλον ὅτι κἂν ὁ οὐρανὸς ἐν τῇ περιφορᾷ κατὰ τὴν οὐσίαν εἴη, χωριζόμενος δὲ καὶ ἠρεμῶν ὁμώνυμος· οἷον γὰρ ζωή τις ἡ περιφορὰ τοῦ παντός. 28. **Ἀρ' οὖν εἴ γε μηδ' ἐν τοῖς ζῴοις τὴν ζωὴν ἢ ὡδὶ ζητητέον, οὐδ' ἐν τῷ οὐρανῷ καὶ τοῖς οὐρανίοις τὴν φορὰν ἢ τρόπον τινὰ ἀφωρισμένον; Συνάπτει δέ πως ἡ νῦν ἀπορία καὶ πρὸς τὴν ὑπὸ τοῦ ἀκινήτου κίνησιν.**

IV **Ὑπὲρ δὲ τοῦ πάνθ' ἕνεκά του καὶ μηδὲν μάτην, ἄλλως <θ'> ὁ ἀφορισμὸς οὐ ῥᾴδιος, καθάπερ πλεονάκις λέγεται (πόθεν δ' ἄρξασθαι χρὴ καὶ εἰς ποῖα τελευτᾶν;), καὶ δὴ ἔνια τῷ μὴ δοκεῖν ἔχειν οὕτως ἀλλὰ τὰ μὲν συμπτωματικῶς τὰ δ' ἀνάγκῃ τινί, καθάπερ ἔν τε τοῖς οὐρανίοις καὶ ἐν τοῖς περὶ τὴν γῆν πλείοσιν.** 29. **Τίνος γὰρ ἕνεκα αἱ ἔφοδοι καὶ ἀνάρροιαι θαλάττης, ἢ τίνος αἱ προχωρήσεις ἢ ἀναξηράνσεις καὶ ὑγρότητες, καὶ ὅλως**

10a 10-12 τοῦ — ἕκαστον om. Isḥâq || 10-11 καὶ εἰ Use.[2] : καὶ ἡ **ω** εἰ ἡ coni. Wim. || 12 κινεῖται CL B : -ῆται P J A || 14 κἂν PJCA Isḥâq : οὐκ ἂν L || 17 γε Sylburg : τε **ω** || μηδ' ἐν P L A : μηδὲν JC Isḥâq || ἢ ὡδὶ edd. : ἡ ωδὶ *(sic)* P η ωδει JC ἢ ὢ δεῖ A ἢ ὧδε A[2] Tiph om. L || ζητητέον JCL A : ζητέον P || 22-23 μάτην del. Zeller || 23 ἄλλως JL : αλλως P ἀλλ' ὡς C A Bart || θ' add. Use.[1,2] || ῥᾴδιος P JC[1]L A : -ιον C || 24 δ' P JCL : δὲ A τ' Zeller || χρὴ P JCL : χρὴν A || 25 ἔνια τῷ P CL A : ἔνια τῶν J ἔνια post τῷ transp. Use.[1] ἐνίων τῷ prop. Use.[2] || 28-10b 1 ἕνεκα post ἔφοδοι transp. A.

10b 1-2 ἢ — προχωρήσεις secl. Ross || 2 post προχωρήσεις add. καὶ ἀναχωρήσεις Use.[2] || καὶ ὑγρότητες [post καὶ add. αἱ L[1]] **α** : τῆς ὑγρότητος coni. Wim. || post ὅλως add. αἱ L.

tions dont le terme diffère selon le moment, qu'il s'agisse de corruptions ou de genèses, à la manière dont à l'intérieur de la terre elle-même, les altérations et les transformations se produisent[9], quand ont lieu des déplacements dont le terme diffère selon le moment[10], aussi bien que d'autres phénomènes très semblables à ceux-ci, et qui ne sont pas peu nombreux? En outre, chez les animaux eux-mêmes[11], certains [phénomènes] sont comme vains[12], par exemple les mamelles pour les mâles[13] et l'émission pour les femelles, s'il est vrai qu'elle ne contribue à rien[14], et la croissance d'une barbe chez certaines [espèces][15] ou, de manière générale, de poils en certains endroits[16]; en outre, la grandeur des cornes comme [celles] des cerfs qui, pour les causes que voici, vont jusqu'à endurer le supplice : parce qu'elles démangent, sont suspendues sur le côté, et occultent les yeux[17]; et la manière dont certains [phénomènes] se produisent par violence ou contre nature, comme celle dont le héron copule[18], et l'éphémère vit[19]; et l'on pourrait prendre d'autres phénomènes de cette sorte, et qui ne sont pas peu nombreux. **30.** Le plus important et le plus familier concerne les [modes] de croissance et de génération des [différents] animaux[20]. Car ces phénomènes ne sont en vue de rien, mais ils adviennent en conjonction et à cause d'autres nécessités[21]. Car il faudrait, si c'était en vue de quelque chose, qu'ils aient toujours lieu de manière identique et pareillement[22]. En outre, chez les plantes et plus encore chez les êtres inanimés, qui possèdent, à ce qu'il semble, une nature déterminée[23] tant par leurs figures que par leurs formes et leurs propriétés[24], on pourrait rechercher en vue de quoi ces [déterminations] existent[25]. Car la difficulté est

9-15. Voir *Notes complémentaires*, p. 77-78.

16. En *PA*, II, 14, 658a18-b10, Aristote fournit une explication téléologique de l'existence des poils en général, à savoir qu'ils assurent une protection, et explique de manière relativement détaillée pourquoi différents animaux portent ou non des poils sur les différentes parties de leur corps.

17-25. Voir *Notes complémentaires*, p. 78-80.

πρὸς ἄλλοτ' ἄλλο μεταβολαὶ καὶ φθοραὶ καὶ γενέσεις, ᾗ αἱ μὲν ἐν αὐτῇ τῇ γῇ ἀλλοιώσεις καὶ μεταβολαὶ γίνονται πρὸς ἄλλοτ' ἄλλο μεθισταμένων καὶ ἕτερα δ' οὐκ ὀλίγα παρόμοια τούτοις; Ἔτι δ' ἐν αὐτοῖς τοῖς ζῴοις τὰ μὲν ὥσπερ μάταια, καθάπερ τοῖς ἄρρεσιν οἱ μαστοὶ καὶ τοῖς θήλεσιν ἡ πρόεσις, εἴπερ μὴ συμβάλλεται, καὶ πώγωνος δ' ἐνίοις ἢ ὅλως τριχῶν ἔκφυσις ἔν τισιν τόποις· ἔτι δὲ κεράτων μεγέθη καθάπερ τῶν ἐλάφων τοῖσδε καὶ λελωβημένων κνήσει τε καὶ παραιωρήσει καὶ ἐπιπροσθήσει τῶν ὀμμάτων· καὶ ὡς ἔνια δὴ βίᾳ ἢ παρὰ φύσιν, ὥσπερ ὁ ἐρῳδιὸς ὀχεύει καὶ τὸ ἡμερόβιον ζῇ· καὶ ἕτερα οὐκ ὀλίγα λάβοι τις ἂν τοιαῦτα. 30. **Καὶ τὸ μέγιστον δὴ καὶ μάλιστα δοκοῦν περὶ τὰς τροφὰς καὶ γενέσεις τῶν ζῴων· οὐθενὸς γὰρ ταῦθ' ἕνεκα, ἀλλὰ συμπτώματα καὶ δι' ἑτέρας ἀνάγκας. Ἔδει γάρ, εἴπερ του χάριν, ἀεὶ κατὰ ταὐτὰ καὶ ὡσαυτῶς. Ἔτι δ' ἐν τοῖς φυτοῖς καὶ μᾶλλον τοῖς ἀψύχοις ὡρισμένην τιν' ἔχουσι φύσιν, ὥσπερ δοκοῦσιν, καὶ μορφαῖς καὶ εἴδεσιν καὶ δυνάμεσιν, τίνος ἕνεκα ταῦτα ζητήσειεν ἄν τις. Αὐτὸ γὰρ τοῦτο ἄπορον τὸ**

10b 3 πρὸς JCL A Isḥâq : προ P || 4 ᾗ Bignone : ἢ **ω** || 4-6 ᾗ — μεθισταμένων secl. Use.[2] || 4 τῇ P J[1]CL A : om. J || 6 δ' om. A Bart || 7 τοῖς om. P || 8 μαστοὶ P JCL B : -σθαὶ A || 8-9 καὶ — συμβάλλεται om. Isḥâq || 10 ἐνίοις P JC A Isḥâq : ἔνιοι L || 12 τοῖσδε Use.[1, 2] : τοισδε P τοῖς δὲ JCL A τοῖς <οὐκ ὠφελουμένοις, τοῖς> δὲ Ross || 12-13 λελωβημένων P JCL : -μένοις A Isḥâq || 13 κνήσει Use.[1, 2] : κιν- **ω** || 14-15 καὶ — ζῇ om. Isḥâq || 14 δὴ P CL A : δεῖ J || 17 μέγιστον P CL A Isḥâq : μάλιστα J || 18 οὐθενὸς P JL : οὐδ- C A || 20 του Use.[1, 2] [min 'ağli šay'in *(propter aliquid)* Isḥâq *alicuius* Tiph Steph] : τούτων **a** || ταὐτὰ Brandis ['alâ miṯâlin wâḥidin *(eodem exemplo)* Isḥâq *eadem* Tiph *idem* Steph] : ταυτα P ταῦτα JCL A || 22 τιν' P JL A : τινες C || ἔχουσι CL A : -σαι P J || 23 εἴδεσιν P JCL Isḥâq : εἴδει A || post τίνος add. γ' A || 24 ταῦτα post ζητήσειεν ἄν τις transp. L.

précisément que ces [déterminations] n'aient pas elles aussi une explication dans d'autres réalités antérieures et plus nobles qui ne les produisent pas [directement][26] ; ce qui justement[27] semble conférer une certaine plausibilité à l'argument qui veut que ces phénomènes aient lieu mécaniquement et qu'ils reçoivent certaines formes ou différences mutuelles à cause de la rotation de l'univers. **31.** Sinon[28], il faut admettre certaines limites aux [principes] du « en vue de quelque chose » ainsi qu'à celui du « vers le meilleur »[29], et ne pas les poser absolument pour toutes choses[30]. Car les cas suivants suscitent également[31] une certaine perplexité[32], aussi bien s'agissant d'énoncés absolus, que d'énoncés particuliers : absolus, [quand on dit] que la nature désire[33] le meilleur en toutes choses et que, dans les cas où cela est possible, elle fait participer au [mode du] toujours et à l'ordre[34] ; et dans le cas des animaux également de la même manière[35] ; car là où le meilleur est possible, il ne fait nulle part défaut[36], par exemple le fait que la trachée-artère soit située au devant de l'œsophage (car c'est plus honorable)[37], et que le meilleur mélange ait lieu dans la cavité centrale du cœur, parce que le milieu est le plus honorable[38] ; et pareillement pour tout ce qui est en vue d'un arrangement ordonné[39]. **32.** Car même si le désir est ainsi[40], voici qui du moins manifeste clairement que[41] beaucoup de choses n'obéissent pas au bien ni ne l'accueillent, ou plutôt leur grande majorité :

26-39. Voir *Notes complémentaires*, p. 80-83.

40. A savoir : porté vers le meilleur, cf. 11a5-6.

41. Faisant d'ἐκεῖνο le complément d'ἐμφαίνει, Ross tire le sujet *ad sensum* du contexte (« the facts make this at least evident, that... »). Mais rien n'empêche de prendre διότι comme complément d'ἐμφαίνει. ἐκεῖνο, annonçant la proposition introduite par γάρ, devient alors sujet. L'argument est sensiblement identique, que l'on donne à διότι un sens causal (« pourquoi »), ou qu'on y voie l'équivalent de ὅτι (« que », voir Bonitz, *Index arist.*, 200b39) : le fait que les êtres animés existent en si petit nombre montre « que », ou « pourquoi (il est juste de dire que) » tout ne va pas pour le mieux.

μὴ ἔχειν λόγον καὶ ταῦτ' ἐν ἑτέροις μὴ ποιοῦσιν προτέροις καὶ τιμιωτέροις· ᾗ καὶ ἔοικεν ὁ λόγος ἔχειν τι πιστόν, ὡς ἄρα τῷ αὐτομάτῳ ταῦτα καὶ τῇ τοῦ ὅλου περιφορᾷ λαμβάνει τινὰς ἰδέας ἢ πρὸς ἄλληλα διαφοράς. 31. **Εἰ δὲ μή, τοῦ θ' ἕνεκά του καὶ εἰς τὸ ἄριστον ληπτέον τινὰς ὅρους καὶ οὐκ ἐπὶ πάντων ἁπλῶς θετέον· ἐπεὶ καὶ τὰ τοιάδε ἔχει τινὰ διστασμὸν καὶ ἁπλῶς λεγόμενα καὶ καθ' ἕκαστον· ἁπλῶς μὲν ὅτι τὴν φύσιν ἐν ἅπασιν ὀρέγεσθαι τοῦ ἀρίστου καὶ ἐφ' ὧν ἐνδέχεται μεταδιδόναι τοῦ ἀεὶ καὶ τοῦ τεταγμένου· ὡς δ' αὔτως καὶ ἐπὶ τῶν ζῴων ὁμοίως· ὅπου γὰρ οἷόν τε τὸ βέλτιον, ἐνταῦθα οὐδαμοῦ παραλείπει, οἷον τὸ ἔμπροσθεν τὴν φάρυγγα τοῦ οἰσοφάγου (τιμιώτερον γάρ), καὶ ἐν τῇ μέσῃ κοιλίᾳ τῆς καρδίας τὴν κρᾶσιν ἀρίστην, ὅτι τὸ μέσον τιμιώτατον· ὡσαύτως δὲ καὶ ὅσα κόσμου χάριν·** 32. **εἰ γὰρ καὶ ἡ ὄρεξις οὕτως, ἀλλ' ἐκεῖνό γ' ἐμφαίνει διότι πολὺ τὸ οὐχ ὑπακοῦον οὐδὲ δεχόμενον τὸ εὖ, μᾶλλον**

10b 25 post λόγον interpunxit Ross || ποιοῦσιν **ω** : πεφυκότα οὖσι uel dubit. ποιούσης Use.[1] προσοῦσαν coni. Use.[2] || 26 καὶ τιμιωτέροις om. CL || ᾗ Oporinus [*quatenus* Steph] : ᾗ A[ld] ἡ P ἠ J ἢ CL A Isḥâq || 27 ἄρα P JC A : ἔστι L || 28 ἰδέας **ω** : ἰδίας J[2] || ἢ om. J.

11a 1 διαφοράς P J A Isḥâq : -ά C -άν L || μή, τοῦ θ' Use.[1, 2] : μὴ τοῦθ' **ω** || post τοῦ θ' des. J[ac] || του om. J[2]CL || 2 καὶ om. A || 3 τὰ P J[2]L A Isḥâq : κατὰ C || 4 διστασμὸν P C[1]L : δισταγμὸν C ut uid. et A δυσταγμὸν J[2] || λεγόμενα P J[2]L O Isḥâq : λέγομεν ἃ C A || alt. καὶ om. J[2] || 4-5 ἕκαστον P J[2]CL : ἑκάστου A || 5 post ἁπλῶς iter. θετέον — ἔχει e lin. 3 deleuit A[1] || post φύσιν add. εἰκὸς Use.[2] || 5-6 post ἅπασιν add. ἀνάγκη Use.[1] || 8 αὔτως A Isḥâq : αὐτος P αὐτὰ J[2]CL || ὅπου P J[2]CL : -οι A || 9 παραλείπει **a** : -ειν prop. Ross || 10 φάρυγγα P J[2] A : -γγαν CL[1] -γκαν L || οἰσοφάγου J[2]CL A : οἰστο- P || 11-12 καὶ — τιμιώτατον om. Isḥâq || 13 post χάριν lacunam ind. Wim. || γὰρ **ω** : δὲ coni. Tricot || 14 ἡ om. L || γ' P : γε J[2]CL A || ἐμφαίνει διότι **ω** : ἐμφαίνεται ὅτι prop. Ross || πολὺ P J[2]C[1]L A : πολλὰ C.

car l'animé est en petit nombre, tandis que l'inanimé est illimité ; et brève est l'existence des êtres animés eux-mêmes, même si elle est meilleure[42]. Mais[43] [l'opinion] qu'en général[44] le bien est quelque chose de rare et [présent] dans un petit nombre [de choses], tandis que le mal abonde en grande quantité[45] et n'est pas seulement dans l'indétermination et comme [dans] la forme de la matière[46], appartient à un homme pour ainsi dire complètement ignorant des choses de la nature[47] ; car [c'est ainsi que pensent][48] également ceux qui parlent de l'ensemble de ce qui est, comme Speusippe fait quelque chose de rare de l'honorable, qui se situe dans la région du milieu[49], tandis que le reste est aux extrémités et de chaque côté[50]. Ce qui est se trouve donc être bon[51]. **33.** Quant à Platon et aux Pythagoriciens[52], [ils disent] que grande est la distance, s'il est vrai que tout a la volonté d'imiter[53] ; et pourtant ils admettent une sorte d'opposition entre la dyade illimitée et l'un[54],

42. Le texte transmis ne se comprend pas, à moins de donner à καί une valeur très appuyée, pour exprimer le paradoxe («et en même temps»). Mais cela est difficile, et il vaut mieux corriger. La solution de Ross n'est pas la plus économique paléographiquement, et passe certainement à côté du sens en sacrifiant la valeur temporelle de ἀκαριαῖος (ἀκαριαίου καὶ βέλτιον τὸ εἶναι = «there is only a minute part whose existence is actually better than its non-existence would be»). Le contraste attendu se situe entre le meilleur (βέλτιον) et la brièveté (ἀκαριαῖον). On pourrait penser à écrire καὶ βέλτιον <ὄν>, mais le sens concessif de καὶ + participe ne semble pas attesté dans la prose classique. Dans son apparat, Ross suggère d'écrire κεἰ βέλτιον. Le sens est juste, mais cette crase ne se trouve pas ailleurs chez Aristote et Théophraste. On parvient au même résultat avec la correction minime de καὶ en κἄν portée par une main anonyme en marge de l'exemplaire de l'édition de Gemusaeus conservée à la Bibliothèque Riccardiana à Florence.

43. Ross *ad* 11a19-21 a reconnu la nécessité de ponctuer fortement après τὸ εἶναι. Ayant insisté sur la place qu'occupe, dans le monde, ce qui résiste au principe du meilleur, Théophraste se démarque d'une thèse qui, bien qu'à première vue apparentée à sa propre position, s'en distingue puisque, procédant à une généralisation indue, elle admet que le mal existe positivement.

44-54. Voir *Notes complémentaires*, p. 84-86.

δὲ πολλῷ πλεῖον· ὀλίγον γάρ τι τὸ ἔμψυχον, ἄπειρον δὲ τὸ ἄψυχον· καὶ αὐτῶν τῶν ἐμψύχων ἀκαριαῖον, κἂν βέλτιον, τὸ εἶναι. Τὸ δ' ὅλον σπάνιόν τι καὶ ἐν ὀλίγοις τὸ ἀγαθόν, πολὺ δὲ πλήθει τὸ κακόν, οὐκ ἐν ἀοριστίᾳ δὲ μόνον καὶ οἷον ὕλης εἴδει, καθάπερ τὰ τῆς φύσεως ἀμαθεστάτου ἐστί· καὶ γὰρ οἱ περὶ τῆς ὅλης οὐσίας λέγοντες, ὥσπερ Σπεύσιππος σπάνιόν τι τὸ τίμιον ποιεῖ τὸ περὶ τὴν τοῦ μέσου χώραν, τὰ δ' ἄκρα καὶ ἑκατέρωθεν. Τὰ μὲν οὖν ὄντα καλῶς ἔτυχεν ὄντα. | 33. **Πλάτων δὲ καὶ οἱ Πυθαγόρειοι μακρὰν τὴν ἀπόστασιν, ἐπεὶ μιμεῖσθαι γ' ἐθέλειν ἅπαντα·** 11b **καίτοι καθάπερ ἀντίθεσίν τινα ποιοῦσιν τῆς ἀο-**

11a 16 πολλῷ om. J^{2} || 17 ἐμψύχων P CL A Isḥâq : ἀψ- J^{2} || 18 ἀκαριαῖον, κἂν βέλτιον, τὸ homo Italicus quidam : ἀκαρ- καὶ βέλ- τὸ **ω** *momentaneum et infirmum* Tiph ἀκαρ- τὸ βέλ- καὶ τὸ Zeller ἀκαρ- καὶ βέλ- τῷ coni. Use.$^{1,\,2}$ ἀκαριαίου καὶ βέλ- τὸ coni. Ross ἀκαρ-, κεἰ βέλ-, τὸ prop. Ross || 19 τι P Bart : τε J^{2}CL A || 19-20 πλήθει nos [kaṯîru al-ʿadadi *(abundans numero)* Isḥâq] : πλῆθος ἡ P πλῆθος ᾗ J^{2}CL A πλῆθος εἶ D πλῆθος εἶναι A^{ld} *multitudo est* Bart πλῆθος coni. Wim. (et iam L^{1}) πλῆθος εἰ coni. Use.^{2} || 20 τὸ κακόν **ω** : τοῦ κακοῦ coni. Use.^{2} || οὐκ **a** : del. Use.^{2} δοκεῖ prop. dubit. Use.^{1} || ἐν Zeller : εἰ P CL A ἡ J^{2} || ἀοριστίᾳ Zeller : -τία **ω** || 20-21 καὶ — εἴδει om. Isḥâq || 21 εἴδει J^{2}CL : εἴδη P A *speciebus* Tiph || καθάπερ τὰ **ω** : καθάπτεσθαι Use.^{1} καθαιρεῖν τὰ coni. Use.^{2} || 21 post φύσεως add. ὡς L || 22 ἐστί· καὶ γὰρ Use.^{1} et ut uid. Isḥâq : ει· καὶ γὰρ P A^{2} Tiph εἰ καὶ γὰρ A καὶ γὰρ J^{2} εἰ γὰρ καὶ C Bart καὶ L εἰκῇ γὰρ coni. Sylburg || 23 σπεύσιππος P A : -σιπος CL πεύσιπος J^{2} || 24 δ' **ω** : τ' Zeller || ἄκρα **ω** : ἀθρόα Use.^{1} || 25 καὶ del. Zeller || post καὶ add. τὰ dubit. Use.^{1} || ἑκατέρωθεν P CL [ʿan ganbî al-wasti *(utrimque a centro)* Isḥâq] : ἑκατέρω A || post ἑκατέρωθεν add. μὴ τοιαῦτα J^{2}.

11b 1 ἐπεὶ μιμεῖσθαι nos (et iam Allan) : ἐπιμιμ- **a** bimâ ra'ûhu min al-'asyâ'i kulluhâ tataqabbalahu *(propter illud, quod censent omnia imitari)* Isḥâq ἀποστάντα μιμ- Use.^{1} ἐπι<νοοῦντες τῶν τῆδε ἀποφαίνονται τὸ ἓν> μιμ- prop. Use.^{2} ἐπι<νοήσαντες τῶν ἀρχῶν οἴονται τὸ ἓν> μιμ- Diels (DK) || γ' ἐθέλειν Use.^{2} : γ' ἐθελ- P γε θέλ- J^{2}CL A δ' ἐθέλ- coni. Ross [*autem volunt* Bart] om. Tiph τὸ θεῖον Use.^{1}.

[dyade] en laquelle[55] résident et l'illimité et le désordre et pour ainsi dire toute privation de forme en soi[56]; et [ils disent] que de manière générale[57], la nature du tout n'est pas possible sans celle-ci, mais sa part est pour ainsi dire égale, ou même excède l'autre[58]; d'où aussi que les principes sont contraires[59]. C'est aussi pourquoi même le dieu, pour ceux qui rattachent la cause au dieu[60], ne peut tout amener au meilleur, mais tout au plus dans la mesure où cela est possible; et peut-être ne choisirait-il même pas de le faire, s'il est vrai que l'ensemble de ce qui est se trouvera alors détruit, puisqu'il est effectivement constitué de contraires et réside dans des contraires[61]. **34.** Et même[62] dans les premiers [êtres naturels], on voit manifestement beaucoup de choses se produire aussi par chance[63], comme pour les phénomènes relatifs aux transformations de la terre que nous avons mentionnés[64]; car ce n'est pas ce qui est meilleur, ni ce qui est en vue de quelque chose, mais tout au plus[65] cela accompagne-t-il[66] par une forme de nécessité. Et beaucoup de choses de ce genre se produisent aussi dans l'air ainsi que dans d'autres [lieux]. Quant à l'ordre, ce qui en a le plus semblerait être, parmi les sensibles, les corps célestes, et parmi le reste, les objets mathématiques, à moins qu'il n'existe des objets encore antérieurs à ceux-ci[67]. Car même si l'ordre n'y est pas total[68], du moins est-il plus grand dans ce domaine, à moins qu'on ne conçoive les formes telles que Démocrite les suppose des atomes[69].

{V. Conclusion}

Mais il faut examiner ces points[1]. Et comme il a été dit au début[2], il faut tenter de tracer une limite, aussi

55-57. Voir *Notes complémentaires*, p. 87.
58. Cf. plus haut, 8a25-27.
59. La phrase tire explicitement la conséquence du fait qu'il n'y aurait aucun monde sans «absence de forme» (cf. 11b4-5).
60-69. Voir *Notes complémentaires*, p. 87-88.
1-2. Voir *Notes complémentaires*, p. 89.

ρίστου δυάδος καὶ τοῦ ἑνός, ἐν ᾗ καὶ τὸ ἄπειρον καὶ τὸ ἄτακτον καὶ πᾶσα ὡς εἰπεῖν ἀμορφία καθ' αὑτήν· ὅλως δ' οὐχ οἷόν τε ἄνευ ταύτης τὴν τοῦ ὅλου φύσιν, ἀλλ' οἷον ἰσομοιρεῖν ἢ καὶ ὑπερέχειν τῆς ἑτέρας· ᾗ καὶ τὰς ἀρχὰς ἐναντίας. Διὸ καὶ οὐδὲ τὸν θεόν, ὅσοι τῷ θεῷ τὴν αἰτίαν ἀνάπτουσιν, δύνασθαι πάντ' εἰς τὸ ἄριστον ἄγειν, ἀλλ' εἴπερ, ἐφ' ὅσον ἐνδέχεται· τάχα δ' οὐδ' ἂν προέλοιτ', εἴπερ ἀναιρεῖσθαι συμβήσεται τὴν ὅλην οὐσίαν ἐξ ἐναντίων γε καὶ ἐν ἐναντίοις οὖσαν. 34. **Φαίνεται δὲ καὶ ἐν τοῖς πρώτοις ἐπιθεωρούμενα πολλὰ καὶ ὡς ἔτυχεν, οἷον τὰ περὶ τὰς τῆς γῆς λεχθέντα μεταβολάς· οὔτε γὰρ τὸ βέλτιον οὔτε τὸ τινὸς χάριν, ἀλλ' εἴπερ, ἀνάγκῃ τινὶ κατακολουθεῖν· πολλὰ δὲ καὶ ἐν τῷ ἀέρι τοιαῦτα καὶ ἐν ἄλλοις. Μάλιστα δ' ἂν δόξειεν ἔχειν τήν γε τάξιν τῶν μὲν αἰσθητῶν τὰ οὐράνια, τῶν δ' ἄλλων, εἰ μὴ ἄρα καὶ πρότερα τούτων, τὰ μαθηματικά· εἰ γὰρ καὶ μὴ πᾶν ἀλλ' ἐν τούτοις πλέον τὸ τεταγμένον, πλὴν εἴ τις τοιαύτας λαμβάνοι τὰς μορφὰς οἵας Δημόκριτος ὑποτίθεται τῶν ἀτόμων.**

V **Ἀλλὰ δὴ τούτων μὲν πέρι σκεπτέον· ὃ δ' ἐξ ἀρχῆς ἐλέχθη, πειρατέον τινὰ λαμβάνειν ὅρον, καὶ**

11b 5 ὅλως **ω** : ὡς coni. Use.^{2} || δ' om. P || τε A : τ' P J^2CL || ἄνευ P^1 J^2CL A Isḥâq : ἂν ἐν P || 7 ᾗ Ross : ἡ P ᾖ J^2CL A Isḥâq || 9 ἄριστον P J^2CL Isḥâq : ἀόρ- A || 11 οὐσίαν P J^2CL A^2 Isḥâq Tiph : ἁγίαν A || 12 γε **a** : τε V Use.^{1} || ἐν L^1B^2 [fî *(in)* Isḥâq, *in* Bart Tiph Steph] coni. Sylburg : om. **a** || 14 τὰ P J^2CL V^aB : τὸ A || τὰς V^{a2}O : τε P CL τε τὴν J^2 om. A || 14-15 μεταβολάς P A Bart Isḥâq : -λὴν J^2CL || 15 τὸ βέλτιον οὔτε τὸ **ω** : τῷ βελτίονι οὔτε τῷ prop. Use.^{2} τῷ βέλτιον οὔτε τῷ Jae.^{2} || τινὸς P J^2C A Isḥâq : τίνος L || 18 γε Ross : τε P J^2CL om. A || post τάξιν add. καὶ τὸ ὡρισμένον dubit. Use.^{2} || 20 μαθηματικά P J^2C A : μαθητικά L || 22 λαμβάνοι P A : -ει J^2CL || 24 πέρι σκεπτέον P L A : περισκ- J^2C || 25 λαμβάνειν P CL A : λαβεῖν J^2.

bien dans la nature que dans l'ensemble de ce qui est, à ce qui est en vue de quelque chose et à l'impulsion vers ce qui est meilleur. Car c'est là le point de départ pour l'étude du tout, [à savoir] en quoi sont les êtres et quel est leur rapport mutuel[3].

[Tiré] de la *Métaphysique* de Théophraste

Andronicos et Hermippe ne connaissent pas ce livre, car ils n'en ont fait aucune mention dans le catalogue des œuvres de Théophraste. Mais Nicolas, dans son étude de la *Métaphysique* d'Aristote, le mentionne, en disant qu'il est de Théophraste. Il contient un petit nombre d'apories préliminaires, pour ainsi dire, à l'ensemble du traité[4].

3. Voir *Notes complémentaires*, p. 89.

4. Sur la scholie, qui n'est transmise que dans une partie des manuscrits, et sa relation avec la question de savoir si l'opuscule est complet ou non, voir Notice, *supra*, p. XI-XVIII.

**ἐν τῇ φύσει καὶ ἐν τῇ τοῦ σύμπαντος οὐσίᾳ, καὶ
τοῦ ἕνεκά του καὶ τῆς εἰς τὸ βέλτιον ὁρμῆς. Αὕτη
γὰρ ἀρχὴ τῆς τοῦ σύμπαντος θεωρίας, ἐν τίσιν** 12a
τὰ ὄντα καὶ πῶς ἔχει πρὸς ἄλληλα.

Θεοφράστου τῶν Μετὰ τὰ φυσικά.

**Τοῦτο τὸ βιβλίον Ἀνδρόνικος μὲν καὶ Ἕρμιππος
ἀγνοοῦσιν, οὐδὲ γὰρ μνείαν αὐτοῦ ὅλως πεποίην-
ται ἐν τῇ ἀναγραφῇ τῶν Θεοφράστου βιβλίων·** 12b
**Νικόλαος δὲ ἐν τῇ θεωρίᾳ τῶν Ἀριστοτέλους Μετὰ
τὰ φυσικὰ μνημονεύει αὐτοῦ, λέγων εἶναι Θεοφρά-
στου. Εἰσὶ δ' ἐν αὐτῷ οἷον προδιαπορίαι τινὲς ὀλί-
γαι τῆς ὅλης πραγματείας.**

11b 26 σύμπαντος P J²L A : παντὸς C.

12a 3 Θεοφράστου — φυσικά PA : om. J²CL Isḥâq || post φυσικά. add. α^ A || 4-12b 5 τοῦτο — πραγματείας PA : om. J²CL Isḥâq || 4 τὸ A : om. P.

12b 4 δ' P : δὲ A || οἷον P : om. A || προδιαπορίαι P : -ρήσεις A.

NOTES COMPLÉMENTAIRES

Page 2.

2. Les deux questions (πῶς et ποίοις), en ce début de traité, semblent être à peu près équivalentes. On peut cependant y voir l'annonce des développements qui suivent immédiatement. On rapportera alors πῶς à la méthode (cf. 9a10-2), définie en 4a9-17, et ποίοις à la nature des principes (τίς ἡ φύσις αὐτῶν καὶ ἐν ποίοις, 4a17-8).

3. Chez Aristote, θεωρία se construit régulièrement avec περί. De manière générale, Théophraste emploie ὑπέρ pour περί, dans l'opuscule (6a13, 10a22), comme dans d'autres œuvres (cf. *De sudore*, 4 ; Fr. 53, 40 W. = 271, 7 F.).

4. πολυχούς, employé une fois dans le corpus hippocratique au sens propre de « qui se répand abondamment » (*Du régime*, 56, 6), se rencontre chez Aristote avec un sens métaphorique (« divers »), surtout dans les écrits biologiques (*HA*, IX, 43, 629a35-6 ; *PA*, II, 10, 656a5). Théophraste l'emploie fréquemment dans les écrits botaniques (voir *e.g. HP*, I, 2, 3 ; VIII, 3, 4 ; *CP*, II, 12, 1 ; IV, 8, 1 ; IV, 11, 3 ; IV, 15, 2). Le terme s'applique ici à l'ensemble du monde naturel, caractérisé par la variété, le changement, et plus généralement le mouvement (voir 4b20). Il n'a pas de connotation négative. Ceci pourrait expliquer la préférence que Théophraste semble lui accorder ici sur ἄτακτος, plus marqué par l'emploi qu'en font les Platoniciens (cf. ὥς γε δή τινές φασιν) : l'autre occurrence du mot dans l'opuscule se trouve dans un résumé de la doctrine académique des principes (11b4). Pour l'idée opposée, que la nature est « en ordre », cf. Aristote, *Phys.*, VIII, 1, 252a11-2. ; voir cependant *Météor.*, I, 1, 338b20.

5. μεταβολὰς παντοίας reprend le composé πολυχούς ; la « variété des changements » pourrait renvoyer terminologiquement aux quatre formes de μεταβολή distinguées par Aristote (voir par ex. *Mét.*, XII, 2, 1069b9-14).

La théorie est décrite en des termes qui conviennent à son objet, mais ce n'est pas là l'effet d'une simple confusion (cf. Ross *ad loc.*). Platon et Aristote tiennent pour éternelles des propositions théoriques portant sur des objets éternels, tandis que les propositions portant sur des objets changeants seraient elles-mêmes variables quant à leur vérité (voir Platon, *Timée*, 28a1-4 ; 37b3-c5 ; 51d3-52a7 ; Aristote, *Mét.*, VII, 15, 1039b27-40a7). La raison semble en être que les propositions ne sont pas temporellement indexées. Pour une analyse de ce phénomène, cf. Hintikka, p. 72-3.

6. ἀεὶ κατὰ ταὐτά, chez Platon, signifie «de manière toujours identique» (voir *e.g.* *Phédon*, 78c6, d2, etc., *Rép.*, VI, 500c3 ; *Timée*, 28a2). Chez Aristote, la tournure, rare, se réfère à la cinétique céleste (*EN*, III, 5, 1112a23-26 ; cf. *Mét.*, XI, 6,1063a13-15). Si l'on prend la formule en ce sens («[se présente] de manière toujours identique»), comme nous l'avons fait dans la traduction, le membre de phrase fournit un nouvel exemple du principe de correspondance (cf. *supra*, n. 5). Si, par contre, décomposant l'expression, on donne à κατὰ ταὐτά le sens «[s'applique] toujours au même», Théophraste justifie le principe lui-même, ce qui est moins vraisemblable.

7. La troisième personne du pluriel τιθέασιν vise sans doute un groupe de penseurs plus large que les Académiciens désignés par τινές dans l'incise de 4a4. L'immobilité et l'immutabilité des principes définit en effet aussi bien la position d'Aristote que celle de l'Académie, comme le montre la suite de l'exposé, avec, après le rappel et la critique des thèses académiques sur la nature du principe (4a17-b5), la reconstruction et critique de la thèse aristotélicienne relative au moteur immobile (à partir de 4b6). Sur la question de l'immobilité, voir cependant 7b9-15, et *infra*, p. 55, n. 30. Pour la hiérarchie des sciences, voir Aristote, *Mét.*, VI, 1, 1026a18-23 et le début du traité *De l'âme*. αὐτὴν τιθέασιν ἐν... ne signifie naturellement pas que l'étude soit elle-même intelligible, mais qu'elle porte sur les intelligibles (cf. *supra*, p. 25-26, n. 5).

1. Il n'existe que deux possibilités de penser la relation entre les sensibles et les intelligibles, l'hypothèse d'une totale absence de rapport étant d'emblée, quoique implicitement, exclue : soit une collaboration au sens fort de ce terme, impliquant que les deux domaines constituent une quasi-communauté (οἷον κοινωνία ; pour la métaphore politique appliquée à l'une des parties du monde, cf. 8a4-6 et la fin du livre Λ de la *Métaphysique* d'Aristote, 1076a3-4), soit une simple juxtaposition qui n'en reste pas moins une certaine forme de «collaboration», dans la mesure où elle contribue à former la totalité de ce qui est (κεχωρισμένα συνεργοῦντα δέ πως). La phrase suivante qualifie polémiquement la seconde hypothèse d'«épisodique» (cf. *infra*, p. 27, n. 2). Le concept de συναφή, qu'Aristote n'utilise jamais en un sens onto-

cosmologique, joue dans le traité un rôle central (voir Notice, *supra*, p. XXII et XXV).

2. Le terme d'«épisodique» s'applique proprement à une mauvaise tragédie, dont les épisodes s'enchaînent sans probabilité ou sans nécessité (Aristote, *Poét.*, 9, 1451b34-5). Aristote l'emploie pour dénoncer, chez Speusippe, la discontinuité des niveaux ontologiques (*Mét.*, XIV, 3, 1090b19-20). Le livre Λ de la *Métaphysique*, sans nommer Speusippe, se clôt sur la condamnation de cet «épisodisme» (XII, 10, 1075b37-76a4). Théophraste la reprend à son compte (cf. Laks[2], p. 237-8).

Page 3.

3. Pour l'élision de τὸ μέν, cf. l'*Epinomis* pseudo-platonicienne, 983d5-6, avec la note de Tarán[1] *ad loc.*

4. La condition qu'énonce Théophraste en 4a14-17 est minimale : une relation de dépendance du reste des choses par rapport aux principes suffit à garantir l'existence d'une συναφή. Les deux premiers couples exemplifient le type de «continuité» qui doit aussi être attribué au troisième.

Le texte du dernier membre de phrase est difficile. On doit supposer, pour en rendre compte, que le génitif τῶν φθαρτῶν dépend *ad sensum* d'un terme tel que πρότερα (repris de 4a15). Le couple éternel/corruptible rappelle alors l'exemple standard de la relation d'antériorité/postériorité (voir Aristote, *Mét.*, IX, 8, 1050b6-7), que Théophraste pose entre les principes et ce qui en dépend. Pour le couple ἀρχάς/ὑπὸ τὰς ἀρχάς, voir *An. Pr.*, II, 16, 64b35-6.

5. S'agit-il de Speusippe, de Xénocrate, ou des deux ? Les trois possibilités sont envisagées par Ross. La localisation des intelligibles parmi les objets mathématiques peut en effet signifier ou bien qu'il n'y a pas d'Idées, et il s'agit de Speusippe (cf. Aristote, *Mét.*, XIII, 6, 1080b27-8, et 8, 1083a21-24 = Fr. 75 et 76 Isnardi Parente, 33 et 34 Tarán) ; ou bien que les Idées — qui existent — sont des objets mathématiques, et Xénocrate, pour qui les Formes sont des nombres (voir Aristote, *Mét.*, XIII, 9, 1086a5-11 = Fr.110 Isnardi Parente), pourrait aussi être visé. Le fait que le groupe τὰ μαθηματικὰ μόνον se rapporte de manière quasi formulaire, dans la *Métaphysique* d'Aristote, à Speusippe (XII, 1, 1069a36 ; XIII, 1, 1076a21-2, avec la note de Ross *ad loc.* ; XIII, 9, 1086a2-3), sans être naturellement décisif, va plutôt dans le sens de la première hypothèse. Krämer[4] (p. 208, n. 14) remarque en outre que la notice sur Xénocrate, en 6b8-9, établit une distinction entre les intelligibles et les objets mathématiques, ce qui exclurait qu'une théorie les identifiant, comme celle de 4a18-9, puisse lui

être rapportée. L'argument, toutefois, n'est pas très solide : les sensibles et les intelligibles couvrant l'ensemble de ce qui est, il y a de fortes chances pour que les μαθηματικά de 6b9 représentent une subdivision de la seconde catégorie (la remarque est au reste faite par Krämer lui-même dans une étude antérieure, voir Krämer[a], p. 34 ; cf. *infra*, p. 45-46, n. 83). Il est donc possible que Théophraste ne vise pas moins Xénocrate que Speusippe ; cela est même vraisemblable, si l'on songe qu'il attaque généralement la position de philosophes « mathématisants » (cf. aussi *infra*, p. 33, n. 31). En tout cas, le raisonnement *a fortiori* de 4b4 (« pas même le nombre lui-même », cf. *infra*, p. 29-30, n. 12) montre que, sous le terme de μαθηματικά, Théophraste en 4a18 englobe aussi bien les grandeurs (cf. σχήματα καὶ μορφάς, 4a22) et les volumes que les nombres.

6. L'adverbe ὅλως pourrait, en parallèle avec ἄγαν, renforcer seulement la négation, comme c'est souvent le cas (« pas du tout »). Mais mieux vaut sans doute admettre une progression logique (« ni dans ce cas particulier, ni en général ... »).

Bien que le sujet grammatical de φαίνεται soit τὰ νοητά, le sujet logique en est τὰ μαθηματικά (les intelligibles *qua* objets mathématiques). Ce sont ces mêmes objets mathématiques qui restent sujet de δοκεῖ, dans la phrase qui suit. L'expression ἀξιόχρεα φαίνεται παντός n'est pas claire, moins en raison de la construction avec le génitif, que la plupart des conjectures éliminent (cf. apparat critique), qu'en raison de l'incertitude pesant sur le référent de παντός. On pourrait songer à « l'univers ». Cela supposerait toutefois la présence de l'article (qui, de fait, est ajouté dans une partie de la tradition manuscrite, sans doute par conjecture, comme cela semble être aussi le cas dans Isḥâq). Ross interprète : « not equal ... to their whole task », mais πᾶν est trop général pour être ainsi spécifié. Mieux vaut entendre, en prenant πᾶν dans un sens distributif, « à la hauteur de toute chose » ou « de tout type de choses ». Comme la suite le montre, les objets mathématiques ne peuvent par exemple pas rendre compte des organismes vivants (4b2-3). Cf. Aristote, *Mét.*, XIV, 2, 1090a11 (parlant du nombre de Speusippe) : τί τοῖς ἄλλοις χρήσιμος ;

7. Les deux parties de la proposition introduite par γάρ (4a21-b2 ; 4b2-4) peuvent être rapportées à la seconde objection, à savoir le fait que des principes d'ordre mathématique ne suffisent pas à rendre compte de tous les domaines de la réalité (cf. note précédente) : cela va sans dire si les objets mathématiques ne sont que des constructions artificielles (οἷον μεμηχανημένα), et reste vrai même s'ils jouissent d'une certaine réalité objective. Il n'en reste pas moins possible que l'hypothèse qui accorde aux objets mathématiques une « nature » propre corresponde à la première objec-

tion : l'obscurité de la relation unissant les principes, s'ils sont de nature mathématique, aux sensibles (οὔτ' ἄγαν εὔσημος...) est manifestée par leur incapacité à expliquer la vie. Cette référence secondaire est soulignée par le fait que συνάπτειν, 4b2, reprend συναφή, 4a20.

8. Les deux premiers termes, plus étroitement liés par τε καί, sont souvent associés chez Aristote (voir par exemple *Cat.*, 8, 10a11-2; *Phys.*, VII, 3, 245b6) et ne posent aucun problème. On peut en revanche s'interroger sur le sens de λόγος. Il pourrait s'agir des définitions, que nous inventons, ou des proportions, que nous établissons. Dans le présent contexte, ce sens technique (cf. Théophraste, Fr. 89 W. = 716 F.) est sans doute le plus probable. Dans ce cas, les trois termes sont homogènes, correspondant pour les deux premiers à la géométrie, pour les derniers à l'arithmétique. La suggestion de Théophraste relative au statut ontologique des objets mathématiques rappelle l'analyse d'Aristote au début de *Mét.* XIII (voir 1, 1076a23-4 et 35), mais est aussi plus précise.

9. La leçon remontant à l'archétype est ἔχει. L'infinitif ἔχειν, normalement attendu après δοκεῖ (comme εἶναι, 4a22), se trouve dans un seul manuscrit ; il s'agit d'une conjecture humaniste, qui a aussi été proposée par Wimmer, et est adoptée par Ross. Mais la parataxe semble caractéristique de la manière de Théophraste dans l'opuscule. Pour des alternances comparables entre l'infinitif de discours indirect et la forme conjuguée, voir *e.g.* 7a3 et 11a9; voir également *supra*, p. 10, n. 7 et *infra*, p. 47-48, n. 90; p. 52-53, n. 20; p. 82, n. 36.

11. Il ne semble pas que l'adverbe comparatif καθάπερ puisse jamais introduire un exemple, comme οἷον («à savoir»). Théophraste semble l'avoir volontiers employé en guise d'atténuation (voir 11b2; sur καθάπερ dans l'Académie, cf. Huby, p. 73-4). C'est bien ainsi que l'entend Ross en 4b3 («as it were»; la caractérisation de cet emploi comme «explicatif», dans l'index des mots, n'est pas vraiment adéquate). Mais on fera porter καθάπερ sur ζωήν exclusivement (ce que notre traduction tente de préserver en ponctuant après «vie»; chez Ross, le terme est en facteur commun : «to produce in them, as it were, life and motion»). La vie est aux animaux ce que le mouvement est à la nature, et les objets mathématiques sont réputés incapables d'expliquer cette quasi-vie qu'est déjà le simple mouvement. *A fortiori* sont-ils incapables de rendre compte de la vie proprement dite. Cette interprétation est confirmée par 10a15-6 et par un passage parallèle de la *Physique* d'Aristote, VIII, 1, 250b14-5.

12. αὐτὸς ὁ ἀριθμός = «le nombre lui-même», au sens de «même le nombre», et non «le nombre en soi». Si le nombre même n'est pas assez puissant, cela vaut *a fortiori* pour les autres objets

mathématiques (les grandeurs). La remarque ne s'applique sans doute pas moins aux nombres idéaux de Xénocrate qu'aux nombres mathématiques de Speusippe (cf. *supra*, p. 27-28, n. 5), ou encore aux Pythagoriciens (cf. Tricot et Reale). Pour πρῶτον καὶ κυριώτατον, cf. 10a7 ; chez Aristote, voir Bonitz, *Index arist.*, 416a28-31.

13. Il est impossible de toujours traduire οὐσία par le même terme. Nous avons, selon le cas, employé «être» ou «substance». Il faut entendre : un être antérieur et plus fort que les objets mathématiques. Il s'agit de la seconde branche de l'alternative débutant en 4a18. Cette nouvelle hypothèse ne renvoie pas nécessairement à la doctrine platonicienne des Formes (cf. Ross et Tricot). La formulation convient aussi bien, comme la suite immédiate le montre, au livre Λ de la *Métaphysique*. Pour le couple πρότερος/κρείττων, *vel sim.*, cf. 5a1-2 ; 5a9-10 ; 5b8.

14. Avant la question de la nature du principe (4b11), est posée celle de son unité ou de sa pluralité. Mais parce qu'une *certaine* unité est d'emblée présupposée, la question prend la forme d'une alternative entre différents *types* d'unité : le principe sera soit numériquement un, soit numériquement pluriel mais un par l'espèce ou par le genre. Pour les différentes formes d'unité et d'identité, voir Aristote, *Top.*, I, 7, 103a7-19 ; VII, 1, 152b30-33 ; *Mét.*, V, 6, 1016b31-35, et 9, 1018a12-13 ; X, 3, 1054a32-35. Pour l'application de la question de l'unité ou de la pluralité à ces principes que sont les moteurs, voir Aristote, *Phys.*, VII, 1, 242a32-b7 ; *Mét.*, XII, 8, 1073a14, et, dans l'opuscule de Théophraste, 5a15-23.

15. Le pluriel ἐχούσας a pu faire problème, puisqu'il semble ne pas prendre en considération le cas de l'unité. Mais il est inutile de corriger en un singulier (Tricot, Reale, cf. aussi Burnikel, p. 121), suivant la leçon de L et de la famille A. L'hypothèse d'une unité générique (ou spécifique) implique la pluralité numérique. Théophraste part de l'hypothèse de la pluralité numérique des principes, pour resserrer progressivement la marge qui lui est laissée (cf. *infra*, n. 16).

16. Les éditeurs ne ponctuent généralement pas après πρώτοις ; mais la répartition des deux ἐν induit à regrouper les adjectifs ὀλίγοις, περιττοῖς, et πρώτοις, en dépit de la césure déterminée par εἰ μὴ ἄρα (nous devons à J. Barnes de savoir que telle est aussi la ponctuation portée par D. J. Allan dans son exemplaire de l'édition de Ross). La progression est alors la suivante. La première détermination est purement numérique : même si les principes sont une pluralité, il est raisonnable de penser qu'ils seront peu nombreux (ἐν ὀλίγοις ; pour la formule, voir 11a19). Suivent deux termes axiologiquement connotés, περιττοῖς, renforcé par πρώτοις : «rares» et «premiers». On attend dès lors que le dernier terme de la

progression, au singulier (ἐν τῷ πρώτῳ), se rapporte à l'unité par excellence qu'est l'unité numérique — et cela en dépit de ἐν, le principe étant pour ainsi dire le représentant d'une classe d'objets qui ne comporte qu'un seul membre.

Page 4.

17. La «comparaison» sert ici de genre, dont l'analogie est une espèce, cf. 8a19-20 et (pour la métaphore) 5b1-2. La manière dont la phrase est amenée suppose que l'homme n'a pas directement accès au principe ; d'où le recours à l'analogie (Théophraste revient sur ce point en 9a7-9). Ce pessimisme épistémologique n'est pas étranger à Aristote (*PA*, I, 5, 644b24-35 ; cf. aussi *Ciel*, II, 3, 286a4-7). Le concept d'analogie joue un grand rôle dans la méthodologie des traités botaniques de Théophraste, voir par exemple *HP*, I, 1, 4 ; I, 1, 11 ; *CP*, I, 16, 4-5.

18. La comparaison est la suivante. Il faut concevoir le principe au moyen d'une certaine puissance et supériorité (deux termes dont la connotation est politique, cf. κοινωνία, 4a10), exactement comme il faut concevoir le dieu ; car le principe et le dieu ont ceci en commun qu'ils sont tous deux «divins», à savoir tels que l'ensemble des choses leur doit à la fois d'être et de subsister. La relative δι' ἧς ἅπαντα καὶ ἔστιν καὶ διαμένει a l'allure d'une formule figée, renvoyant peut-être à un proverbe (cf. le développement sur la divinité chez Aristote, *Mét.*, I, 2, 983a2-10, et en particulier a8-9).

19. La remarque ne porte pas sur le procédé analogique en général, que Théophraste jugerait, en raison même de sa facilité, plus obscur que tout autre mode d'appréhension directe. Théophraste justifie au contraire le choix d'une analogie particulière (cf. *supra*, n. 18) : même si l'analogie du pouvoir est simple, peut-être trop, il est difficile d'en trouver une autre dont la valeur explicative soit supérieure. Le balancement μὲν... δὲ... s'établit ainsi entre deux aspects qui ne sont pas opposés entre eux, comme on pourrait l'attendre, en raison de l'opposition formelle entre ῥᾴδιον et χαλεπόν, mais corrélatifs. La traduction par «et», au lieu de «mais», faciliterait la compréhension, mais masquerait le problème.

20. Le génitif absolu amorce le retour à la question de la nature du principe proprement dite (cf. 4a17-8). On pourrait penser que «tel» renvoie au dernier point abordé. A la difficulté d'appréhender directement le principe (χαλεπὸν δέ, cf. *supra*, n. 19) s'opposerait alors l'évidence (δῆλον ὡς, 4b21) du raisonnement indirect qui passe par l'analyse du mouvement. Dans ce cas, le génitif absolu prendrait une valeur concessive («bien que le principe soit tel»).

Mais sans doute la transition est-elle plus lâche, renvoyant à l'ensemble des acquis intermédiaires (le principe n'est pas de type mathématique, 4a18-b5 ; il relève de l'unité plutôt que de la pluralité, 4b6-11 ; son appréhension suppose le recours à l'analogie, 4b11-18).

21. L'analyse du principe a la forme d'un syllogisme introduit par ἐπείπερ («puisque», qu'il est inutile de corriger avec Jaeger[2], p. 293, en εἴπερ, «s'il est vrai que»), dont la majeure réaffirme l'exigence de la συναφή formulée en 4a13-4 (cf. συνάπτει), et la mineure est constituée par un rappel sommaire (cf. ὡς ἁπλῶς εἰπεῖν) des multiples formes de changement (cf. 4a5). Pour l'idée que la nature est en mouvement, cf. Théophraste, Fr. 18 W. = 143 F. (πάντα γὰρ ἐν κινήσει τὰ τῆς φύσεως). Les passages d'Aristote qui font de la nature le *principe* du mouvement (et du repos) sont réunis par Bonitz, *Index. arist.*, 835b61-836a11.

25. La qualification ἡ συνεχὴς καὶ ἄπαυστος distingue entre tous les autres le mouvement circulaire de ce que Théophraste appelle plus loin le «premier ciel» (6a6-7) : si tout mouvement circulaire est continu (cf. Aristote, *Mét.*, XII, 6, 1071b9-11 ; *GC*, II, 10, 337a1), il n'est pas nécessairement ininterrompu (*Ciel*, I, 9, 279b1-3; cf. *Mét.*, XII, 7, 1072a21-2). Inutile d'ajouter avec Usener κίνησις, que l'on sous-entend aisément (cf. les autres occurrences, 5b7 et 23).

26. Parce qu'il ne comprenait pas exactement la nature du lien existant entre cette phrase et la précédente, Camotius avait corrigé κατ' ἐκεῖνο en κἀκεῖνο, le démonstratif ne faisant dès lors qu'annoncer l'infinitive substantivée. Mais le texte transmis est intelligible, que l'on rapporte ἐκεῖνο à τὸ ὀρεκτόν, ou bien à l'argument qui vient d'être formulé à son propos. Ross adopte la première solution. Nous nous rangeons à la seconde. Non seulement elle explique mieux l'emploi de la préposition, mais ἐκεῖνο est utilisé ailleurs dans l'opuscule (cf. 9b13) pour se référer à une doctrine bien connue (cf. aussi *infra*, p. 51, n. 15).

27. Comme Ross le remarque, Théophraste utilise fréquemment ἤ pour πλήν (cf. 10a17, 19 ; pour 7b8, voir *infra*, p. 54, n. 27).

28. Ici s'achève le rappel des grandes lignes de l'argumentation d'Aristote dans *Métaphysique* Λ (voir XII, 7, 1072a23-26 et *supra*, Notice, p. xxi-xxii). Pour la nécessité de poser un premier moteur immobile, cf. aussi *Phys.*, VIII, 6, 259b20-28. Le modèle qui fait difficulté (cf. λύοιτ' ἄν) est celui de l'âme automotrice (cf. Platon, *Phèdre*, 245c1-246a2 ; *Lois*, X, 893b8-96b3) auquel Aristote fait référence dans *Mét.*, XII, 6, 1071b37-72a2.

29. Théophraste souligne par οἷον le caractère métaphorique de ἄρτιος («bien adapté», d'où «correct» pour un argument). Le choix

du mot pourrait s'expliquer à la lumière d'Aristote, *Mét.*, XIII, 9, 1086a17. La critique des Académiciens s'y conclut sur une citation d'Épicharme : « Il est difficile de parler juste sur la base de [propositions] qui ne le sont pas, selon Épicharme ; car on a simultanément parlé de manière adaptée (ἀρτίως... λέλεκται), et cela se révèle bien vite ne pas être juste » (23 B 14DK). Théophraste semble ironiquement retourner la citation contre Aristote, dont les prémisses vont se révéler aussi contestables que celles des Académiciens qu'il critique.

30. Après une phrase introductive, le début du § 6 (5a6-10) reprend le développement allant du § 2 au § 5 (4a9-5a5) selon une structure chiastique (ABB'A'), tout en modifiant l'ordre des arguments à l'intérieur des deux grandes sections et en variant la terminologie :

B' (5a6-8) = B (4b6-5a5)

1' (= 1, 4b6-11). L'unité du principe (μία πάντων) ; l'hypothèse subsidiaire d'une pluralité non individuelle est omise au profit de l'aspect principal.

2' (= 3, 4b18-5a5). La nature de son activité (ἐνέργεια), en l'occurrence à titre de cause du mouvement.

3' (= 2, 4b11-18). Ce qu'il est (οὐσία), correspondant à la question τίς αὕτη et à l'usage de l'analogie (l'occurrence de ἀποδιδόναι en 5a8 renvoie à 4b17).

A' (5a8-10) = A (4a18-b5).

Les termes de « divisible » et de « quantitatif » renvoient à la doctrine des principes mathématiques. Le résumé enrichit cependant la critique d'un argument supplémentaire (voir *infra*, n. 32, p. 34).

31. ἀφαιρετέον prend la place de l'infinitif attendu (ἀφαιρεῖν), par analogie avec ἀποδοτέον, après μᾶλλον ... ἤ. On peut sans doute se dispenser de corriger. L'abstraction (littéralement l'élimination, ἀφαίρεσις), consiste ici à rendre les *quanta* indivisibles, afin de les faire accéder au statut de principes. Théophraste remarque qu'il ne suffit pas de dire que les objets mathématiques ne sont pas divisibles et quantifiables pour les dépouiller de propriétés qui leur appartiennent essentiellement. Ceci confirme que l'exposition, en 4a18-9, ne vise pas exclusivement la doctrine de Speusippe (cf. *supra*, p. 27-28, n. 5). Cf. Aristote, *Mét.*, XIII, 6, 1080b26-30 : οἱ μὲν τὰ μαθηματικὰ καὶ μαθηματικῶς λέγουσιν ὅσοι μὴ ποιοῦσι τὰς ἰδέας ἀριθμοὺς μηδὲ εἶναί φασιν ἰδέας (= Speusippe), οἱ δὲ τὰ μαθηματικά, οὐ μαθηματικῶς δέ· οὐ γὰρ τέμνεσθαι οὔτε μέγεθος πᾶν εἰς μεγέθη, οὔθ' ὁποιασοῦν μονάδας δυάδα εἶναι (= Xénocrate).

Page 5.

32. Le terme ἀπόφασις ne signifie pas seulement «négation», mais plus généralement «assertion» (qu'elle soit positive ou négative). On pourrait penser qu'il s'agit ici d'une affirmation, car Aristote, et Théophraste qui le suit sur ce point, soutiennent bien, contre les tenants des objets mathématiques, la divinité du principe : l'argumentation des philosophes mathématisants est moins «sublime» (le dieu est plus auguste que les nombres), et moins respectueuse de la vérité (de la nature du dieu comme de celle des mathématiques). Mais comme cette affirmation est en fait la négation d'une négation (à savoir : que les objets mathématiques ne sont pas divisibles), il est plus naturel de retenir pour ἀπόφασις le sens de «négation» (avec Ross). ἀπόφασις reprend ainsi μὴ... λέγων (5a8-9).

33. Théophraste, dans le cours de la critique, tend à substituer le terme d'ἔφεσις à celui d'ὄρεξις, qu'il retient, suivant la terminologie d'Aristote, dans sa reconstruction (cf. ἡ τοῦ ὀρεκτοῦ φύσις, 5a2-3; cf. cependant 6a9 et 12). Peut-être cette substitution s'explique-t-elle par le fait que, pour Théophraste, le terme d'ὄρεξις est spécifiquement lié à l'exercice des fonctions corporelles (cf. *infra*, p. 37, n. 45), ce qui ne convient pas à l'ὄρεξις aristotélicienne pour le premier moteur (en *Mét.*, XII, 7, 1072a26-7, τὸ ὀρεκτόν est étroitement associé à τὸ νοητόν). En ce sens, ἔφεσις aurait l'avantage de la neutralité (cf. van Raalte, p. 209, n. 8). Voir cependant l'emploi de ἐφετόν dans Aristote, *Phys.*, I, 9, 192a17.

34. Nous avons admis que τίνων est un génitif objectif : après la question de la *nature* du désir, celle de son *objet*. Le pluriel tiendrait compte de l'hypothèse, évoquée antérieurement, de la pluralité numérique du premier moteur (cf. 4b7-8, 11), Théophraste s'installant d'emblée dans la seconde branche, la plus vraisemblable, de l'alternative développée en 5a17-19. Mais il n'est pas absolument exclu d'y voir un génitif subjectif : après la question de la *nature* du désir, celle des êtres qui l'éprouvent (cf. 5b10-1). La causale introduite par ἐπειδή préciserait alors, dans sa première partie, que la pluralité dont il s'agit est celle des sphères.

36. αἱ φοραὶ τρόπον τινὰ ὑπεναντίαι désigne l'ensemble des rotations circulaires dont la composition produit les mouvements visibles. Théophraste semble bien ici se référer à *Mét.*, XII, 8 (cf. Jaeger[1], p. 374, ainsi que *supra*, Notice, p. XX). Bien que le terme ὑπεναντίος ait souvent, dans les traités zoologiques et botaniques d'Aristote et de Théophraste, le sens général d'«opposé», il pourrait être ici utilisé par référence à l'usage qui en est fait en logique : de même que deux propositions sont dites «subcontraires» quand elles peuvent toutes deux être vraies, mais non

fausses, simultanément, de même les rotations «subcontraires» sont des rotations de sens opposé, mais compatibles entre elles (peut-être n'existe-il pas de mouvements circulaires contraires à proprement parler, voir Aristote, *Ciel*, II, 3, 286a3-4). τρόπον τινά peut souligner qu'il s'agit d'une analogie ; ou encore que, d'une certaine manière, il y a bien contrariété.

37. L'expression τὸ ἀνήνυτον καὶ οὗ χάριν est elliptique, mais n'appelle pas de correction. Les deux termes, soudés par l'article, se rapportent à deux difficultés complémentaires. Normalement, le désir cesse quand il est satisfait. Or le processus n'est jamais achevé (ἀνήνυτον) dans le cas des sphères désirantes. Le problème est lié à celui de la nature de la fin poursuivie (οὗ χάριν). L'aporie sera précisée en 5a23-28. Les lignes intermédiaires explicitent 5a15-6 et concernent la question de la pluralité des sphères. Les critiques de Théophraste peuvent être comparées à celles que formule Plotin, V, I [10], 9, 15-27.

38. Pour cet emploi de ὥστε dans l'apodose, cf. Ross, *ad loc.*

39. Les traductions existantes font dépendre εἰς ὄρεξιν de ἰόντων, et rapportent ἀρίστην à ὄρεξιν : «l'harmonie dans leur marche [*sc.* des corps] vers le Désir le meilleur», Tricot (Ross met, sans autre explication, le membre de phrase entre guillemets, comme si τό introduisait une citation). Mais le désir n'est pas l'objet du désir, et il est difficile de prêter un désir au moteur immobile lui-même (ce qu'implique peut-être la majuscule, chez Tricot). Nous avons rattaché εἰς, avec la valeur de «relativement à ...», à τὸ σύμφωνον. Ce qui est en question, c'est l'harmonie des désirs eux-mêmes. On fait alors de τὴν ἀρίστην un complément d'objet interne elliptique, après un verbe de mouvement : ἰόντων τὴν ἀρίστην *sc.* φοράν (c'est déjà la construction de τὴν αὐτήν en 5a18 ; cf. KG, I, p. 313). Dans cette hypothèse, la «meilleure trajectoire» est celle qui détermine, pour chacun des astres, un mouvement tel qu'il s'intègre à l'ordonnance de l'ensemble des mouvements célestes. On trouve une autre référence à l'harmonie du ciel en 8a4-6.

40. Les éditeurs ont pensé que la phrase οὐ γὰρ ὅ γε τῶν ἀστρολόγων était incomplète, et suggéré différents ajouts (notamment ἀρκεῖ, Usener[1] : l'argument des astronomes ne *suffit* pas). Mais il peut s'agir d'un génitif d'appartenance. Les astronomes, qui seuls sont compétents, s'occupent du nombre des sphères (cf. Aristote, *Mét.*, XII, 8, 1073b3-5, 10-16). Mais la *raison* de ce nombre (ou peut-être même de l'existence d'une pluralité en général ?) ne relève plus d'eux. Elle doit être donnée par les philosophes. τῆς αἰτίας est fortement mis en relief.

41. La phrase est difficile. Il semble que le sujet du génitif absolu, sous-entendu (cf. 8b15-6 ; 10b5-6), soit aussi celui du verbe

principal (cf. *HP*, VII, 6, 2, cité par Hindenlang, p. 78; mais, dans notre passage, il pourrait s'agir de renforcer l'opposition : KG, II, p. 110, *sub* a). A moins d'admettre que les astronomes, animés d'un désir naturel, poursuivent le mouvement au lieu du repos, on est en effet amené à faire de ἐχόντων un neutre reprenant τὰ κυκλικά (5a16) par-delà le féminin τῶν σφαιρῶν (a22). διώκουσιν est au pluriel, en dépit du sujet neutre, pour souligner que l'on se place dans l'hypothèse de la pluralité (il en va de même en 8a1). L'objection porte simultanément sur la nature du désir et sur son objet : si le désir des sphères est «naturel» (et Théophraste récuse tacitement l'idée d'un désir qui ne le serait pas), il faut en accepter les conséquences. Or les êtres animés d'un désir naturel (les vivants) poursuivent le repos. Ce devrait être aussi le cas des sphères. En *Phys.*, VIII, 9, 265b1-2, Aristote remarque que le mouvement circulaire «est d'une certaine façon en repos» (cf. 265b7-8).

42. La phrase et l'argument sont elliptiques. Grammaticalement, le problème est de savoir ce que représente «cela» (ἐκεῖνο), et de définir le sujet de φασιν. Pour le fond, la question est de déterminer la raison pour laquelle Théophraste introduit ici une référence à des doctrines académiques (auxquelles renvoient l'Un, les nombres et l'imitation). S'il s'agit d'une simple parenthèse polémique (ainsi Ross, Tricot, Reale, p. 44), elle interrompt la série des arguments dirigés contre la doctrine aristotélicienne du premier moteur. C'est pourquoi Skemp a suggéré (p. 220) qu'il pouvait s'agir d'aristotéliciens, mais pythagorisants. En l'absence de tout témoignage, la supposition est arbitraire. Ne pourrait-on imaginer que Théophraste critique indirectement Aristote, en lui reprochant de ne pas fonder le désir, comme les platoniciens ont au moins le mérite de le faire, sur une théorie de l'imitation (ἅμα τῇ μιμήσει)? Le rapprochement entre Aristote et les Académiciens, dont on a d'autres traces dans le traité (cf. *supra*, p. 32-33, n. 29 et *infra*, p. 42, n. 74), est d'autant plus subtil qu'Aristote a lui-même recours à la notion d'imitation dans certains textes cosmologiques (même s'il s'agit là d'expliquer la relation de la nature au ciel, plutôt que du ciel aux principes, cf. *GC*, II, 10, 337a3 et 7; *Météor.*, I, 9, 346b35-6; *Mét.*, IX, 8, 1050b28). Théophraste soulignerait l'existence d'un parallèle structurel entre une théorie du désir des sphères pour le premier moteur, et une théorie du désir des choses et des nombres pour l'Un. La difficulté de cette interprétation est qu'elle conduit à interpréter τί οὖν, «pourquoi donc», de manière extrêmement elliptique, comme revenant à dire «n'est-ce pas pour cette raison que ... ?». Mais elle s'accorde, semble-t-il, avec le passage postérieur qui, lui aussi d'interprétation fort malaisée, revient sur la relation du désir et de l'imitation

(8a1-2, cf. *infra*, p. 56, n. 36). Il reste difficile d'identifier les groupes (cf. ὅσοι τε ... καὶ ὅσοι) auxquels Théophraste pense ici. En *Mét.*, XIII, 8, 1083a27-35, Aristote, critiquant Speusippe qu'il oppose sur ce point à Platon, remarque que l'Un ne remplit pas chez lui la fonction de principe. Théophraste distinguerait-il ici Platon de Speusippe (cf. *infra*, n. 43)? En tout cas, on rapportera le démonstratif ἐκεῖνο à ce qui fait l'objet même du développement, à savoir l'ὄρεξις, plutôt qu'à l'idée de mouvement (= τὸ φυσικὴν ὄρεξιν ἔχοντα κινεῖσθαι, Usener[2], cf. aussi Skemp, p. 220, ou plus simplement τὴν κίνησιν, Ross, p. 44).

43. Il faut sous-entendre un infinitif *ad sensum*. Ce pourrait être διώκειν, à partir de διώκουσιν (cf. Skemp, p. 218, avec la n. 3), ou encore μιμεῖσθαι, tiré de μιμήσει (Ross, Reale ; les objections de Skemp ne paraissent pas décisives). On rapproche à juste titre le passage d'*EE*, I, 8, 1218a25-28, où Aristote critique Platon pour avoir dit que les nombres désirent (ἐφίενται) l'Un (cf. Skemp, p. 218 ; Brunschwig, p. 206, n. 26). La remarque, cependant, s'appliquerait ici à des platoniciens (Speusippe ? cf. *supra*, p. 36-37, n. 42) plutôt qu'à Platon. Le pronom αὐτοί doit en effet renvoyer au dernier groupe nommé, à savoir les partisans des nombres, alors que Platon est ici représenté par les partisans de l'Un.

44. En 4b12-3, Théophraste recommande le recours à l'analogie, parce que le principe ne peut être appréhendé directement. Le fait qu'il tende ici à récuser l'usage de la métaphore suggère que l'emploi en est à ses yeux illégitime dans le cas des sphères : si on leur prête le désir, il faut aussi leur reconnaître une âme (pour la critique, cf. le passage de l'*EE* d'Aristote cité dans la note précédente). On sait qu'Aristote a effectivement défendu la doctrine de l'animation du ciel dans le traité du *Ciel* (voir par exemple II, 2, 285a29-30).

La correction μεταφορὰν (au lieu de διαφορὰν) est portée par la deuxième main dans les manuscrits A et J. Une erreur analogue dans les manuscrits de Denys d'Halicarnasse, *De Thucydide*, 24, est signalée par Usener dans l'apparat de son édition. La leçon de la version arabe *('iḫtilâṭi)*, littéralement «mélange» ou «confusion», est sans doute une altération d'*'iḫtilâfi*, qui est la traduction régulière de διαφορά (cf. Crubellier, p. 30, n. 23).

45. L'idée qu'il n'y a pas de désir sans âme n'est pas contredite par le Fr. 53 W. = 271 F. Si les ὀρέξεις et les phénomènes apparentés (ἐπιθυμίαι et ὀργαί) y sont caractérisés comme «mouvements corporels» (σωματικαὶ κινήσεις), c'est que ces mouvements ont leur origine dans le corps, non qu'ils peuvent s'effectuer indépendamment de l'âme.

46. Le nominatif ψυχή est transmis par tous les témoins principaux sauf un (qui porte l'accusatif). On pourrait à la rigueur se

passer de corriger en prenant ἅμα avec καί : «l'âme et le mouvement semblent exister ensemble». Mais le datif convient bien avec ὑπάρχει. En dépit de l'usage prépositionnel de ἅμα en 5a25-6 (ἅμα τῇ μιμήσει), il semble plus difficile d'en faire dépendre ici ψυχῇ, à cause de sa position.

Page 6.

47. ζωή est attribut d'un ψυχή que l'on tire de la phrase précédente (Ross) et qui fournit aussi bien le complément (ψυχήν) de τοῖς ἔχουσιν que l'antécédant de ἧς (ainsi Tricot et Reale, contre Ross, dont la traduction rapporte le relatif à ζωή). Théophraste reproche à Aristote de commettre une *petitio principii* : le mouvement n'aura pas le premier moteur pour origine, si les mouvements de l'âme, comme les sensations et *a fortiori* les désirs, sont antérieurs au mouvement dont le premier moteur est considéré comme étant la cause (cf. Grumach, p. 63-4 ; Ross, p. 46 ; Reale, p. 49-50, avec référence au traité *De l'âme*, III, 10, 433a21-26).

48. L'incise montre que le raisonnement précédent porte sur les astres, qui ne sont pas moins vivants, dans l'hypothèse, que les animaux au sens usuel du terme (ζῷα), puisqu'ils sont dotés véritablement (et non «par métaphore») d'âme et de vie (ζωή).

49. ἔμψυχοι, transmis par les manuscrits, ne peut signifier qu'«animés», et non «qui dépendent de l'âme», comme le sens l'exige. Dès lors, la correction de Ross ἐν ψυχῇ a sur les propositions d'Usener l'avantage de la simplicité. La critique que Grumach, p. 61, n. 2, adresse à ces conjectures, de ne pas offrir un terme proprement antithétique par rapport à ἐν τῷ πάσχειν, ne paraît pas décisive ; même s'il est vrai que, pour Théophraste, l'âme semble d'une certaine manière être active dans la sensation (voir 7b20-22, et *supra*, p. 12, n. 34), l'important est ici que les objets extérieurs ne pourraient l'affecter si elle n'était là.

50. Pour l'emploi de εἰ δ' οὖν, cf. Denniston, p. 465 : «particularly used when a speaker hypothetically grants a supposition which he denies, doubts or reprobates» («however this may be», Ross, ne rend pas la nuance).

51. Le premier argument (5a28-b7) suggère qu'il n'y a pas désir sans âme, et qu'Aristote aurait en toute rigueur dû conclure à l'animation des sphères. Théophraste ajoute à présent une seconde raison d'attribuer une âme aux sphères : s'il est vrai que le mouvement de l'âme, et *a fortiori* celui de la pensée, est meilleur que le mouvement spatial, refuser l'âme aux sphères revient à leur attribuer un mouvement de nature inférieure (cf. l'extrait du livre de la *Physique* de Théophraste, intitulé *Du ciel*, que cite Proclus, *In Tim.*, 35a, II, p. 122, 13-16 Diehl = 159, 29-32 F. : ἔμψυχον γὰρ

καὶ αὐτὸς εἶναι δίδωσι τὸν οὐρανὸν καὶ διὰ τοῦτο θεῖον· εἰ γὰρ θεῖός ἐστι, φησί, καὶ τὴν ἀρίστην ἔχει διαγωγήν, ἔμψυχός ἐστιν· οὐδὲν γὰρ τίμιον ἄνευ ψυχῆς). Théophraste précise que la pensée (διάνοια) est à l'origine du désir (ἀφ' ἧς καὶ ἡ ὄρεξις), ce que le Fr. 53W. = 271 F. semble dénier. La divergence apparente peut être levée si l'on admet qu'il s'agit dans l'opuscule de mettre en évidence une contradiction interne à la position d'Aristote, puisque, chez ce dernier, le désirable est un intelligible (cf. *supra*, p. 34, n. 33).

52. *Sc.* pour le premier moteur.

53. L'argument suppose évidemment que tout ce qui désire le premier moteur se meut circulairement. Pour l'expression τὰ περὶ τὸ μέσον, cf. Aristote, *GC*, II, 9, 335a25.

54. Théophraste cite l'*Iliade*, VIII, 24, pour illustrer la *puissance* qui devrait en principe être celle du premier moteur aristotélicien, celle de pénétrer jusqu'au centre (= la terre et la mer). Il comprend donc les datifs γαίῃ et θαλάσσῃ comme ils doivent l'être chez Homère (comitatifs). En tirant à lui le reste du panthéon *avec* la terre et la mer, qui sont chargés de représenter «les choses autour du centre», Zeus montre que sa puissance s'étend jusque là. On considère généralement que Théophraste critique implicitement l'usage qu'Aristote aurait fait, dans le *De mot. anim.*, 4, 699b35-700a6, des vers 20-22 du même chant, pour illustrer l'immobilité du premier moteur (voir par exemple van Raalte, p. 199-200). Mais l'opuscule est certainement antérieur au *De motu* (cf. *supra*, Notice, p. XIX-XXI).

55. Tous les manuscrits grecs portent ἀσύνθετον. Appliqué à la partie centrale, le terme signifierait qu'elle est «sans composition», c'est-à-dire «simple». Le sens ne convient évidemment pas. La correction ἀσύνετον, que Ross reprend d'Usener, ne satisfait pas non plus. Elle repose sur l'idée que les objets situés au centre devraient posséder la pensée pour pouvoir désirer (cf. 5b9-10). Mais dans le sens actif («sans compréhension», et non «incompréhensible»), ἀσύνετον désigne non l'absence de pensée, mais la stupidité de quelqu'un qui en est pourvu. Appliquée au centre, la métaphore serait quelque peu ridicule (τὸ οὐχ ὑπακοῦον, 11a15, s'applique plus facilement à des choses). L'autre conjecture d'Usener, proposée dans l'apparat de son édition (ἀσύνδετον), convient beaucoup mieux : si le centre est «sans lien» avec le reste, on comprend qu'il ne puisse être animé de désir envers lui. L'univers serait alors «disjoint», qui contredit le principe fondamental de la connexion (cf. *supra*, p. 26-27, n. 1 et 2). La question suivante, sur l'appartenance ou non de ces parties à l'univers, prolonge cette discussion (pour la notion d'un «lien» unissant le tout, cf. Platon, *Banquet*, 202e6-7).

La correction ἀσύνδετον trouve maintenant un appui dans la

version arabe. La périphrase *lâ muḥtamilun li-l-'irtibâṭi*, «qui ne supporte pas la liaison», rend incontestablement ἀσύνδετον. En effet, l'usage des traducteurs arabes (et en particulier d'Isḥâq dans sa version de la *Physique* d'Aristote) est de rendre συνδεῖν et ses dérivés au moyen de la racine *rbṭ* (comme c'est le cas ici), alors qu'ils emploient la racine *rkb* pour la notion de σύνθεσις.

56. La demande d'éclaircissement préalable approfondit l'hypothèse d'un univers dont les parties seraient «disjointes» (cf. *supra*, p. 39, n. 55). Elle revient à choisir entre le sens strict et le sens large d'οὐρανός : soit la région qui s'étend de la lune à la première sphère (ou plus étroitement encore, cette première sphère, cf. *infra*, p. 41-42, n. 66), soit la totalité de ce que la première sphère embrasse, donc les régions centrales aussi bien (pour les diverses acceptions du terme, voir Aristote, *Ciel*, I, 9, 278b9-21).

57. νῦν, 5b21, renvoie à la représentation aristotélicienne du monde, telle qu'elle se dégage de la question précédente, 5b10-13 («in this account», Ross). τοιαύτη ne reprend pas seulement l'idée de «noblesse» (τῶν ἐντιμοτάτων), mais se rapporte, plus largement, à la façon dont Aristote conçoit le mouvement circulaire dans son rapport avec les autres mouvements, en particulier pour ce qui est du désir du premier moteur immobile (qui lui est propre, voir 5b11-2). L'explicative introduite par γάρ (5b23-4) explicite alors le type de rapport (contingent) qui lie les autres mouvements au mouvement circulaire.

59. Les «lieux», sans autre précision, ne font pas nécessairement allusion, comme le pense Ross, aux «lieux naturels» d'Aristote. Théophraste distingue simplement les changements locaux des changements qualitatifs, plus particulièrement représentés ici par les transformations réciproques des éléments entre eux (littéralement «les uns vers les autres»).

Page 7.

60. Selon cette critique, les mouvements au centre ne sont liés qu'accidentellement (*i.e.* «mécaniquement», cf. 10b27-8) aux révolutions du ciel, puisque les mouvements naturels n'y sont pas circulaires. Ceci n'est pas entièrement vrai chez Aristote ; en *GC*, II, 10, 337a3-7, les changements réciproques entre éléments «imitent» le mouvement circulaire du ciel ; et dans *Météor.*, I, 3, 341a2, la rotation du tout explique celle de la masse supérieure de l'air.

61. Pour l'idée, cf. Aristote, *Mét.*, I, 4, 985a9-10.

62. L'argument est appliqué aux sphères ou à la révolution circulaire (sujet de ἐκωλύετο), après l'avoir été aux «parties centrales» (voir la correspondance ἀλλὰ λοιπὸν ὥσπερ ἄδεκτόν τι, 5b18 / εἰ μὴ ἄρ' ἐκωλύετο τῷ μὴ δύνασθαι δέχεσθαι, 5b28-6a1). Il

limite la portée de l'objection formulée en 5b7-10, en suggérant, sur la base d'une analogie entre les sphères et les parties centrales dans leur relation respective au premier moteur et aux sphères, que la raison pour laquelle les sphères ne peuvent recevoir plus que le mouvement circulaire tient à une incapacité qui leur est propre. Il n'y a en tout cas aucune raison de considérer les lignes 5b10-26 comme un ajout (Usener[1], p. 269) ; on ne peut pas même dire qu'elles aient un caractère parenthétique (comme Ross le suggère, p. 48, cf. cependant p. xix). Pour l'idée que le meilleur mouvement n'est pas le mouvement circulaire, cf. Aristote, *De l'âme*, I, 3, 407b10-12.

63. La suite de l'argument montre que « vouloir toutes les meilleures choses » signifie vouloir que tout soit également parfait (il est sans doute possible, pour obtenir ce sens, de faire de τὰ ἄριστα l'attribut de πάντα, bien qu'on attende plutôt l'article devant πάντα également, cf. KG, I, p. 592, n. 4 et 5). L'argument se réfère à une vue commune de la divinité agissante (cf. *e.g.* Aristote, *Top.*, IV, 5, 126a38-9). Ross voit là une « inconséquence » ; Théophraste méconnaîtrait une des caractéristiques essentielles du dieu aristotélicien de *Mét.*, XII, 9, qui, adonné à la pure intellection, n'est animé d'aucune volonté. La remarque de Théophraste ne prétend cependant pas restituer la pensée d'Aristote ; visant à confirmer l'hypothèse que la cause de la déficience du mouvement des sphères doit être cherchée dans ces dernières, et non dans « le meilleur », elle reflète bien plutôt le point de vue de Théophraste (cf. 11b10 et Fr. 34 W. = 242 F.), qui, en la matière, est plus proche de Platon (voir par exemple *Timée*, 30a2-3) et de la tradition grecque qu'Aristote. Au reste, Aristote se réfère lui-même occasionnellement, comme Ross le remarque, à des conceptions analogues. A la liste des passages qu'il cite *ad loc.*, on peut ajouter *Mét.*, I, 2, 982b32-983a5.

64. Théophraste ne veut pas dire que le principe selon lequel le meilleur provient du meilleur est trop obscur pour qu'on puisse se prononcer à son sujet, mais que la difficulté formulée n'en est pas véritablement une, parce qu'elle est fondée, comme la phrase suivante le montre, sur une prémisse contestable. Pour l'emploi ironique de ὑπερβατός, cf. 8b9. τοῦτο, 6a2, renvoie à l'ensemble de l'argument, 5b26-6a2.

65. Théophraste reprend plus loin cette critique (8a27-b1 et 11b7-10). Cf. aussi 8a3-6 et 11a5-7.

66. Les questions précédentes touchent non le « ciel lui-même », mais sa relation au premier moteur et au monde sublunaire. La formule « premier ciel » se rapporte ici à la sphère des fixes (cf. Aristote, *Ciel*, II, 6, 288a15 ; *Mét.*, XII, 7, 1072a23, etc.). Dans le *De igne*, 4, Théophraste parle de πρώτη σφαῖρα. Pour les différents

sens du mot οὐρανός, cf. *supra*, p. 40, n. 56. On rapprochera l'emploi elliptique de ἀναφέρειν de celui de ἄγειν, 7b22 (cf. *infra*, p. 56, n. 35).

67. L'association d'ἔφεσις et d'ὄρεξις crée un problème de traduction, parce qu'il est difficile de maintenir en français une distinction analogue entre deux termes très proches. Peut-être Théophraste veut-il ici rappeler la terminologie d'Aristote ; ou souligner l'aspect plus corporel des désirs de l'animal vivant (cf. *supra*, p. 34, n. 33).

68. Théophraste suggère d'abord que si le mouvement du ciel n'est pas essentiel, il pourrait être dû à un désir contingent ; puis que ce désir lui-même pourrait être essentiel, désamorçant ainsi lui-même l'objection qu'il a formulée. Sur ce trait de l'opuscule, cf. Notice, *supra*, p. xxv.

69. Le verbe ἀφαιρεῖν est d'abord employé pour une opération de la pensée, «faire abstraction de» (ἀφελόντα), puis pour la suppression effective (ἀφαιρεθεῖσα). L'idée est que le mouvement pourrait appartenir essentiellement au ciel (cf. note précédente). L'hypothèse, déjà formulée dans le premier membre de l'alternative (6a7-8), est reprise en 10a10-16.

71. Rappel de l'alternative entre unicité et pluralité des principes, laissée ouverte en 4b11.

72. La tradition manuscrite reflète une incertitude concernant ἄρ(α), dont la place peut par ailleurs sembler surprenante. Il ne semble néanmoins pas indispensable de corriger. Pour le rejet de la particule, cf. Denniston, p. 41, *sub* IV.

73. La mention d'autres principes (non aristotéliciens) souligne la portée générale de l'exigence formulée par Théophraste. D'où la part faite, dans ce chapitre, aux pythagoriciens et aux Académiciens (cf. *supra*, Notice, p. xx).

74. Théophraste énonce un principe général, plutôt qu'il ne critique une position particulière. Mieux vaut donc donner le même sujet à ἀποδιδόναι qu'à ἀξιώσειεν ἄν τις (alors que Ross traduit : «one might demand that they should go straight on»). L'ironie est qu'Aristote ne se conforme pas plus à cette exigence que les Académiciens. Ce serait là un nouvel exemple d'une critique indirecte d'Aristote, sous le couvert des platoniciens (cf. *supra*, p. 36-37, n. 42). Pour τὰ ἐφεξῆς, cf. l'emploi de ἑπόμενα, 9a14 (avec la précision «jusqu'au dernier des êtres inanimés», cf. *infra*, p. 68, n. 34), et de τὰ ἐχόμενα dans Aristote, *Mét.*, VII, 2, 1028b26 (dans un passage qui se rapporte à Xénocrate).

Page 8.

75. L'éloge d'Eurytos n'est pas ironique (comme le pense par exemple Burkert, p. 35 ; cf. aussi Ross, Reale), parce que Théophraste ne s'intéresse pas ici à la nature des principes, mais seulement à la relation que les principes, quels qu'ils soient, doivent avoir avec ce qui en dérive (cf. Laks[2], p. 251, n. 48). Ce point ressort encore mieux si l'on donne à τελέου son sens normal d'«adulte» : ce n'est pas un jeu d'enfant — ni celui d'un simple d'esprit (cf. φρονοῦντος) — que de disposer des cailloux sur le sable. Théophraste corrige manifestement une tradition relative à la naïveté d'Eurytos. La critique peut avoir été formulée par Archytas, à qui remonte sans doute l'information (cf. Hommel, p. 322-3), ou, ce qui est plus vraisembable, par un tiers extérieur à l'école (dans la tradition des anecdotes tournant en ridicule les philosophes comme Thalès, cf. Platon, *Théétète*, 174a4-6). Dans ce cas, Théophraste pourrait aussi reprendre d'Archytas la justification qu'il donne de la démarche d'Eurytos.

78. καί semble ne pas souligner καθάπερ («comme précisément»), mais introduire une première position (cf. ὡσαύτως δ' οἱ περὶ Σπεύσιππον, οὐδὲ τῶν ἄλλων οὐθείς, 6b5-6). L'identification du groupe anonyme, mais majoritaire à l'intérieur de l'Académie (cf. οἱ πολλοί, 6a23), fait problème. La principale question est de savoir quel est le rapport entre l'exposition de la doctrine de l'Un et de la dyade illimitée, qui ouvre le chapitre, et les autres notices, en particulier le résumé de la position explicitement attribuée à Platon (6b11-15). Trois options s'offrent. (1) Nous avons ici affaire à un exposé de la doctrine non écrite de Platon lui-même (dans ce cas, 6b11-15 constitue une remarque supplémentaire) ; cf. Robin, p. 316, n. 275 ; Gaiser[1], p. 493-4 et 529. (2) Il s'agit d'une position commune à pratiquement toute l'Académie, dont certains membres éminents sont ensuite distingués, mais pour des opinions qui ne remettent pas en cause ce fond commun ; cf. Heinze, p. 10 ; Krämer[4], p. 209, n. 16 ; Isnardi Parente, p. 61-2 et *ad* Speusippe, Fr. 87. (3) Il s'agit d'une position indépendante, sur le même plan que celle de Speusippe, de Xénocrate ou de Platon ; cf. Reale, p. 177-8, n. 11 et 12, Tarán[2], p. 381. La discussion n'a pas assez tenu compte du fait que nous avons affaire à une doxographie relative non aux principes, mais bien à la dérivation à partir des principes. Dans *cette* perspective, il est difficile de superposer la doctrine des anonymes à l'une de celles qui suivent, comme celle de Platon, ou d'y voir une doctrine commune. Inversement, la spécificité de la première position, qui la distingue de toutes les autres, n'est pas nécessairement dans le choix des principes, mais dans la façon dont ceux-ci sont rapportés à ce qui dépend d'eux.

Du coup, rien n'exclut que l'Un et la dualité indéfinie soient aussi les «principes» ultimes auxquels le résumé de Platon se réfère implicitement (6b14). Le couple est aussi attesté chez Xénocrate (Fr. 15 Heinze = 213 Isnardi Parente), bien que la dyade n'y soit pas dite «illimitée» (voir le commentaire d'Isnardi Parente *ad loc.*).

79. «Corps» doit ici s'entendre des solides de la stéréométrie, par opposition aux surfaces planes (cf. LSJ, *s.v.* σῶμα, III, 2). Les philosophes visés ici par Théophraste ne s'intéressent en détail qu'à la dérivation des objets mathématiques.

80. L'interprétation de cette série d'accusatifs elliptiques ne peut être séparée de celle du membre de phrase qui suit. Si l'on supplée un verbe de sens positif comme γεννῶσι, ce qui est grammaticalement le plus simple, on est gêné par la suite, qui, si l'on s'en tient au texte transmis, n'est conciliable avec la phrase ainsi obtenue qu'au prix d'un artifice (voir *infra*, p. 45, n. 81); et si l'on supplée un verbe de sens négatif (παραλείπουσιν, Usener[1], p. 270, n. 1), le membre de phrase peut, pour les mêmes raisons, sembler redondant. Le dilemme, et la difficulté grammaticale, expliquent que le groupe de mots ait parfois été athétisé, à la suite de Ritter, p. 146, n. 2 (cf. Usener, *loc. cit.*, et dans son édition; Robin, p. 316, n. 275; Jaeger[2], p. 293; Reale, p. 178, n. 14). Mais cette suppression est peu vraisemblable. Ross remarque à juste titre que le ciel est associé à l'âme dans le *Timée* de Platon (34b3-6; cf. Aristote, *Mét.*, XII, 6, 1072a2) — et donc le temps aussi (cf. *Timée*, 37d6 et 38b6). Or c'est au *Timée* que les doctrines académiques ici discutées se réfèrent très vraisemblablement. Nous admettons donc (avec Ross et Tarán[2], p. 380) l'ellipse de γεννῶσι (cf. aussi Isnardi Parente[1], p. 54-5 et n. 120), ou plus exactement de ἐφαπτόμενοι γεννῶσι («ils engendrent, mais en ne faisant que les effleurer...»). Il est vrai qu'il est difficile de reconstituer le groupe d'entités que sont chargés de représenter l'âme d'un côté (cf. «et certaines autres choses»), le temps et le ciel de l'autre (cf. «et de nombreuses autres choses»). Ou bien «le temps et le ciel» développe «certaines autres choses» (c'est ce que semble impliquer le schéma d'Isnardi Parente[1], p. 56); ou bien, en dépit de leur commune dépendance par rapport à l'Un et aux nombres, le groupe d'entités proprement «cosmologiques» (le temps, le ciel) possède une caractéristique distinctive (retiendrait-il plus de la dyade illimitée que le groupe d'entités «psychiques»?). On a en tout cas ici affaire à l'un de ces essais de classification qui doivent avoir été nombreux dans l'Académie. Le passage d'Aristote, *Mét.*, XIII, 8, 1084a32-36, que l'on rapproche (voir Robin, n. 275, p. 313-318, ainsi que Ross *ad loc.*), cite une théorie selon laquelle sont engendrés, à partir des nombres, le vide, la proportion, l'impair (une série d'entités appelées τὰ ἑπόμενα, cf. *supra*, p. 42,

n. 74), tandis que le mouvement et le repos d'une part, le bien et le mal d'autre part, sont directement référés aux principes.

81. Nous traduisons ici le texte transmis. On doit alors comprendre qu'après avoir «effleuré» les termes dont il vient d'être question, les platoniciens ne s'en occupent plus par la suite (οὐδεμίαν ἔτι ποιοῦνται μνείαν), renonçant aux explications détaillées («though Plato describes the generation of the heaven, he does not go on to explain from his first principles the observed facts about its movement or those of the various celestial spheres», Ross, p. 56 ; cf. Krämer[4], p. 209). Mais cette séquence n'est pas sans difficulté. Et l'on aurait pu s'attendre à voir au moins cité, à la suite de la liste des entités «effleurées», un exemple de l'une des «multiples choses» que la plupart ne font *absolument pas* dériver de leurs principes (cf. μέχρι τινὸς ἔλθοντες καταπαύονται, 6a23-4), comme l'«homme» dont il a été question en 6a21. Aussi pourrait-on supposer qu'οὐρανοῦ résulte d'une mauvaise résolution de l'abréviation d'ἀνθρώπου (comme c'est le cas en 5b20 pour une partie de la tradition manuscrite). La mention de l'homme, entre beaucoup d'autres exemples possibles (cf. 9a14-5), rappellerait la sagesse d'Eurytos (cf. *supra*, p. 43, n. 75), par contraste avec la philosophie appauvrie des «contemporains». οὐδεμίαν ἔτι devrait dès lors être pris non pas temporellement, mais logiquement (pour cet emploi de οὐ... ἔτι, voir les exemples littéraires étudiés par Wilson, p. 194-8, à quoi l'on ajoutera *e.g.* Aristote, *Pol.*, VII, 13, 1332a31). Dans cette interprétation, ce n'est pas que les philosophes en question aient jamais parlé «de l'homme et du reste» dans le cadre de la dérivation à partir des principes, mais plutôt qu'ils ne font plus mention de cela, par opposition à ce dont ils font effectivement mention (pour une discussion plus détaillée de ce passage difficile, voir Laks[2], p. 239-243).

82. Fr. 87 Isnardi Parente = 59 Tarán. L'usage grec rend possible que la formule οἱ περί renvoie au seul Speusippe.

83. Fr. 26 Heinze = 100 Isnardi Parente. On a voulu retrouver, dans cette notice, la tripartition ontologique de Xénocrate, connue par Sextus Empiricus (*Adv. Math.*, VII, 147-49 = fr. 5 H. = 83 Isnardi Parente), et que l'on peut également tirer d'Aristote, *Mét.* VII, 2, 1028b24-27. Selon Sextus, Xénocrate distinguait 1) la substance intelligible, à l'extérieur du ciel (οὐρανός); 2) la substance opinable et mixte, celle du ciel lui-même (tombant sous les sens, comme le monde infra-céleste, mais relevant aussi de l'intelligible, puisqu'elle est l'objet de la science astronomique); 3) la substance sensible, à l'intérieur du ciel. La correspondance s'établirait de la manière suivante (Ross, p. 56-7 ; accepté par Krämer[2], p. 34) :

ARISTOTE	THÉOPHRASTE	SEXTUS
1) τὰ εἴδη = οἱ ἀριθμοί	νοητά	ἡ νοητὴ οὐσία
γραμμαὶ καὶ ἐπίπεδα	μαθηματικά	
—	—	—
2) ἡ τοῦ οὐρανοῦ φύσις	τὰ θεῖα	ἡ σύνθετος καὶ δοξαστή
—	—	—
3) τὰ αἰσθητά	αἰσθητά	ἡ αἰσθητή

Les passages de Sextus et Aristote ne font pas problème. Les correspondances sont moins claires dans le cas de Théophraste. D'une part, on est obligé d'admettre que Théophraste distingue, sous le nom d'intelligibles, ces intelligibles par excellence que seraient les idées-nombres, des intelligibles géométriques, désignés par le terme de μαθηματικά (cf. Krämer[2], p. 34, et *supra*, p. 27-28, n. 5) ; d'autre part et surtout, pourquoi τὰ θεῖα devrait-il se limiter au ciel ? Naturellement, dans la tradition du *Timée* (34b8, 92e7), Xénocrate fait du ciel un dieu, et des astres également (θεὸν δ' εἶναι καὶ τὸν οὐρανὸν καὶ τοὺς ἀστέρας πυρώδεις 'Ολυμπίους θεούς, Fr. 15 H. = 213 Isnardi-Parente). Mais comme le montre la suite du Fr. 15, la divinité se retrouvait, chez Xénocrate, à tous les niveaux de la hiérarchie ontologique, qu'il s'agisse des principes, du ciel ou du monde infra-lunaire (démons et divinités élémentaires). En fait, le passage de Sextus n'éclaire pas directement celui de Théophraste, en particulier pour ce qui en est l'expression cruciale, περιτίθησιν περὶ τὸν κόσμον. Ce qui importe à Théophraste, c'est que Xénocrate mobilise tous les domaines de l'être — le sensible, l'intelligible, les nombres et les grandeurs géométriques, sans oublier les dieux — dans l'explication de l'univers (κόσμος), à savoir du ciel et de ce qu'il contient (et donc aussi «de l'homme et du reste», cf. *supra*, p. 45, n. 81). Le verbe περιτίθημι (dont Théophraste use volontiers, cf. 4a23 et 7a20) signifie «disposer tout autour» au sens de «distribuer», ou même d'«appliquer», comme dans ses autres occurrences, en dépit de la différence de construction (il est ici suivi de περὶ + acc. et non du datif).

Page 9.

84. «Comme il a été dit» est étrange si on le rapporte au contexte immédiat, car Théophraste n'a pas encore mentionné la position qui en reste aux principes eux-mêmes (voir plus loin, 6b15-6) : tous les penseurs précédemment mentionnés avancent «jusqu'à un certain point». Théophraste corrigerait-il une opinion

répandue concernant Hestiée («et non, comme il a été dit par d'autres...»)? Il est aussi possible qu'il s'agisse d'une reprise lâche de σχέδον τἆλλα παραλείπουσιν, 6a26-7. Hestiée serait par là opposé, comme Xénocrate, au groupe de ceux qui en restent en fait aux principes. En tout état de cause, la phrase est elliptique ; on sous-entend d'abord, avec μέχρι τινός, un verbe comme προελθεῖν, puis un verbe déclaratif avec περὶ τῶν πρώτων.

85. A savoir, «les autres choses» (τῶν ἄλλων, 6b12-3), que les disciples (et en particulier le groupe anonyme auquel se réfère le début de la doxographie, cf. *supra*, p. 43-44, n. 78) négligent entièrement, et non pas seulement les autres entités (τἆλλα, 6a26) mentionnées en 6b1-4 et qu'ils ont au moins le mérite d'«effleurer» (Tarán[2], p. 381, n. 194, a correctement vu le point). Aristote, *EN*, I, 2, 1095a32-b3, suggère que Platon problématisait l'existence de deux voies, ascendante et descendante, plutôt qu'il ne les combinait, mais il pourrait se référer à une étape particulière de l'argumentation platonicienne. Le passage de Théophraste constitue un témoignage capital, mais controversé, sur la doctrine non écrite de Platon, dans la mesure où les nombres y occupent une position supérieure à celle des Idées (cf. Gaiser[1], p. 493-4 = *Testimonia Platonica* 30, avec le commentaire et les références *ad loc.*; Richard, p. 156-8).

87. On ne sait pas précisément à quelle doctrine académique Théophraste fait ici référence, mais celle-ci est en tout cas compatible avec certains aspects de la philosophie platonicienne, comme, par exemple, la thèse du *Timée* selon laquelle le discours vrai ne peut porter que sur ce qui est, non sur ce qui devient (cf. 29c3).

88. Pour ce sens de μέθοδος, qui en fait un équivalent de θεωρία ou d'ἐπιστήμη (cf. 6b20), voir Bonitz, *Index arist.*, 449b60-50a20.

89. En dépit de la difficulté supplémentaire que crée la construction de τῶν ἐπιστημῶν (cf. *infra*, n. 90), le pronom neutre renvoie à un féminin, comme en 6b17 (ἐν τούτοις = ἐν ταῖς ἀρχαῖς, cf. aussi le texte que nous imprimons en 9a1). Cf. Ross, p. 45, *ad* 5a25 (pour la compréhension de ce dernier passage, cf. *supra*, p. 36-37, n. 42).

90. Il semble exclu par le sens que le génitif τῶν ἐπιστημῶν puisse dépendre des comparatifs (à moins peut-être d'en faire, comme Dalechampius, un génitif objectif avec τελεώτερα : «*ad parandam scientiam exactiora*»). Nous en faisons un partitif, en le rattachant, comme Ross, à τὰ μετὰ τὰς ἀρχάς, en dépit de la rudesse du rejet (il pourrait aussi dépendre du démontratif, si l'on corrige ἐκείνοις en ἐκείναις, cf. *supra*, n. 89). La proposition, que les auteurs visés par Théophraste pourraient prendre à leur propre compte (cf. *infra*, p. 48, n. 91), est présentée comme une objection de Théophraste (d'où la substitution de l'indicatif συμβαίνει à l'in-

finitif de discours indirect). La plupart des sciences, comparables en cela à un organisme vivant (cf. οἷον) gagnent en force et en maturité (ἰσχυρότερα καὶ οἷον τελεώτερα) au fur et à mesure qu'elles procèdent vers leurs propositions particulières (pour la comparaison, critiquée par Aristote dans un autre contexte, cf. *Mét.*, XIV, 5, 1092a11-14). S'agissant de la science des principes telle que la conçoivent les disciples de Platon (cf. *supra*, p. 47, n. 87), il en irait différemment, puisque les principes sont «plus forts» que leurs dérivés.

91. Paradoxalement, Théophraste conclut ce paragraphe sur la dérivation à partir des principes en suggérant qu'il pourrait y avoir quelque justesse tant dans la position extrême selon laquelle la vérité et la réalité se trouvent seulement dans les principes (cf. *supra*, p. 47, n. 87), que dans celles qui ne font aucune tentative sérieuse de dériver les choses au-delà d'un certain point (cf. *supra*, p. 43-44, n. 78). Car ce qui distingue la discipline en question (qu'on pourrait appeler «archéologie») de démarches qui ne considèrent les principes que comme un point de départ, comme la physique ou la biologie (Ross mentionne les mathématiques, mais l'exemple est sans doute moins parlant), c'est qu'elle a affaire aux principes eux-mêmes. La formule τάχα δὲ καὶ εὐλόγως est proche de l'approbation (cf. 4a13 et b8).

1. A une série de questions touchant la relation entre les principes premiers et le monde succède un examen de la nature des principes physiques. Les deux approches sont complémentaires ; il s'agit de trouver un substitut au premier moteur aristotélicien sans retomber dans le défaut que présentent les doctrines académiques. D'où le retour, dans une section proprement consacrée à la nature des principes, de problèmes similaires à ceux qui avaient été abordés dans la section précédente (cf. *infra*, p. 50, n. 9, et les développements des §§ 15 et 16).

2. Le terme δυναμικός n'est jamais employé par Aristote, et on n'en connaît pas d'occurrences avant Théophraste ; chez les auteurs postérieurs, le mot (relativement rare) a le plus souvent un sens actif. L'accent pourrait donc être mis sur le fait non que l'élément matériel est en puissance toute chose (cf. Ross : «and as it were merely potential»), mais que, en tant que principe informe, il possède une certaine puissance (cf. 8a19 : δύναμιν δέ τιν' ἔχον), celle de devenir toutes les choses qui possèdent une forme — et qui, naturellement, sont «en puissance» en lui.

3. La mention de la terre, à côté du feu, fait problème, si «terre» doit être pris comme l'élément premier d'un système cosmologique. Aristote, *Mét.*, I, 8, 989a5-6, remarque qu'aucun moniste n'a jamais pris la terre pour élément en raison de sa texture (qui la rend inapte aux transformations), même si elle joue le

rôle de principe dans la conception populaire et chez les poètes. Il est vrai que la classification systématique de *Phys.*, II, 1, 193a21, fait une place à cette position, qui est occupée par Xénophane dans une partie de la tradition doxographique (cf. 21 A 36 DK). Mais Théophraste n'a pas retenu cette possibilité dans ses *Opinions des physiciens* (cf. Mansfeld, p. 292-94), et il est donc peu vraisemblable qu'il s'y soit référé dans l'opuscule. On est donc conduit à penser que Théophraste se réfère non à deux cosmologies monistes (Héraclite ou Hippase pour le feu, un autre pour la terre), mais à une cosmologie dualiste, comme celle de Parménide (cf. Ross *ad* 6b25). De fait, l'on sait par un fragment des *Opinions des physiciens* que c'est bien sur le feu et la terre, interprétés comme la cause efficiente et la matière, que Théophraste faisait reposer la seconde partie du poème de Parménide (δύο ποιῶν τὰς ἀρχὰς πῦρ καὶ γῆν, τὴν μὲν ὡς ὕλην, τὸ δ' ὡς αἴτιον καὶ ποιοῦν, *Phys. Op.* Fr. 6, p. 482 Diels, *Dox.* = 227C F.), dans le sillage de l'assimilation par Aristote des deux «formes» parménidéennes, le chaud et le froid, au feu et à la terre (*Mét.*, I, 5, 986b34). C'est donc bien Parménide que Théophraste choisit ici pour représenter l'ancienne physique. On notera cependant qu'en *Mét.*, I, 3, 984b6, Aristote prélève le groupe «feu et terre» pour caractériser une doctrine dont le contexte montre qu'elle est celle d'Empédocle (voir le commentaire de Ross *ad loc.*) ; cf. aussi *Mét.*, XII, 1, 1069a29.

4. «Il», à savoir Platon, l'auteur du *Timée* (pour une tournure analogue, cf. Aristote, *Ciel*, I, 10, 280a30). Il ne s'agit pas d'une citation, plutôt d'une inférence. 30a, auquel renvoie Ross, dit seulement que le démiurge a fait passer le tout du désordre à l'ordre. Théophraste ne ferait-il pas plutôt allusion, avec μεμορφωμένας, au modèle intelligible (28a2-3) d'après lequel le démiurge façonne le monde (28a6-7) ?

5. Cf. le début de l'opuscule (4a8-9). Pour la «noblesse» des principes, voir Platon, *Politique*, 285e4 ; Aristote, *Cat.*, 12, 14b4 ; *De inc. anim.*, 5, 706b12. Sur la priorité axiologique de l'ordre sur le désordre, voir *Timée*, 30a5-6.

6. ἐν ταῖς λοιπαῖς, *sc.* ἐπιστήμαις, comme au paragraphe précédent (cf. ἐν ταῖς λοιπαῖς, 6b21). La référence est naturellement *ad sensum*, mais elle indique néanmoins, comme la reprise de μετὰ τὰς ἀρχάς (cf. *supra*, p. 10, n. 7), la continuité d'un paragraphe à l'autre (cf. *supra*, p. 48, n. 1). Les sciences sont elles-mêmes distinguées des techniques, dans la phrase suivante.

Page 10.

8. A l'argument de l'affinité (6b28-9 = 1) succède l'analogie des sciences (7a2 = 2a) et celle des arts (7a4 = 2b). La force parti-

culière de cette dernière vient de ce que l'art imite la nature, et donc une partie représentative de l'ensemble de ce qui est. D'où le rappel appuyé de la formule aristotélicienne (cf. *Phys.*, II, 2, 194a21-2), qui se substitue aux exemples, dans le cas des sciences.

9. Les «techniques» et les «sciences» sont mises en parallèle. A la mention de sciences particulières correspond, du côté des techniques, le rappel de leur définition en termes d'imitation de la nature (voir *supra*, n. 8). A «ce qui vient après» (μετά) les principes des sciences correspondent «les instruments et le reste»; à l'accord (συνακολουθεῖ) correspond la conformité (κατά). Nous comprenons par conséquent ὁμοίως prédicativement, exactement sur le même plan que οὕτω dans la phrase précédente; le premier καί introduit alors une seconde proposition, comme δέ dans συνακολουθεῖ δὲ (cf. *supra*, p. 10, n. 7). Ross fait de ἔτι δὲ... κατὰ τὰς ἀρχάς une unique proposition (avec un couple de καὶ anaphoriques : «and again similarly in the case of the arts, both the instruments and everything else depend on the ruling principles»). Le parallélisme est ainsi détruit, et l'accent de la phrase, déplacé : l'important n'est pas que les éléments dérivés des principes leur soient conformes, mais bien que les principes eux-mêmes soient déterminés. Le reste suit alors comme une conséquence. Le thème de la «connexion», qui affleure dans ces formulations, est développé au § 15 (cf. Notice, *supra*, p. xxii). Pour la dépendance de l'instrument par rapport à la technique (ou aux techniciens), voir Aristote, *EE*, VII, 9, 1241b17-9; 10, 1242a28-9. τὰ ἄλλα recouvre sans doute le matériau, ou encore le produit fini.

10. Là encore (cf. *supra*, p. 48, n. 2), ἔμμορφος semble bien être une création de Théophraste, équivalent à μεμορφωμένη (6b26). La référence est à Platon (cf. 6b27), pour autant qu'on interprète sa position comme «formaliste» (ce qui n'est pas toujours le cas dans l'opuscule, voir *infra*, n. 13 et *supra*, p. 11, n. 22).

11. Ce sont toutes les philosophies présocratiques (voir *supra*, p. 48-49, n. 3).

12. Inutile de rajouter le participe ὄν avec ὡς, bien que celui ait pu facilement tomber après τέλεον : l'ellipse n'est pas rare, cf. Schwyzer, II, p. 404-5. On réfère habituellement cette troisième possibilité à Aristote (ou à des «aristotéliciens»), à savoir à la doctrine de la substance individuelle comme σύνολον. Mais voir *infra*, n. 13.

13. L'idée que l'ensemble de ce qui est est constitué de contraires est attribuée à «Platon et aux pythagoriciens» à la fin de l'opuscule (11a27-b12). Ils sont sans doute aussi visés ici en première ligne, l'Un faisant office de principe formel, la dyade illimitée de principe matériel (cf. 11b2-7). En tout cas, comme la remarque est directement rattachée à la proposition précédente, il

n'y a aucune raison de restreindre la portée de celle-ci à Aristote (cf. *supra*, p. 50, n. 12). L'expression πάντες ἐξ ἐναντίων ποιοῦσι *vel sim.* est très fréquente chez Aristote, voir Bonitz, *Index arist.*, 247a33-35.

14. On comprend mieux les trois derniers datifs si on ne les fait pas dépendre de ἐν, comme τάξει et λόγῳ, mais qu'on y voit avec Ross des datifs de relation (pour une série analogue, cf. 10b23 ; voir aussi la construction du datif διαιρέσει que nous proposons en 9a6). La construction, qui subordonne un datif à un autre, est naturellement ambiguë. Pour l'idée, cf. Aristote, *Météor.*, I, 14, 351a25-6.

15. Contre la correction de κἀκείνοις en κἀκεῖνο, et sur l'interprétation du contexte de la citation d'Héraclite (22 B 124 DK), voir Most[2], p. 244-5. Le pronom masculin ne se rapporte pas, comme on le suppose ordinairement, aux matérialistes (que Théophraste dirait prêts à reconnaître l'absurdité de leur propre position, s'ils prenaient seulement conscience des conséquences qu'elle implique), mais aux tenants de la troisième position (les dualistes). L'ensemble de la section, jusqu'en 7a19, présente alors un second argument (après celui de la complétude, 7a8-10) en faveur du dualisme des principes, consistant à mettre en évidence, de manière complémentaire, la faiblesse des deux autres doctrines. D'abord, contre les matérialistes, une objection que les dualistes ont en commun avec les formalistes (d'où le καί, devant ἐκείνοις) : il est absurde de n'admettre aucun principe d'ordre permettant d'expliquer l'ordre du monde et des choses, et d'autant plus qu'on reconnaît et décrit celui-ci (cf. *infra*, p. 52, n. 17). πάλιν αὖ, 7a20, se tourne alors contre la position des formalistes (et la téléologie qui lui est liée). Un équilibre s'établit ainsi en faveur de la position de synthèse, capable à la fois de rendre compte de l'ordre, et de ses déficiences (cf. *infra*, p. 53, n. 23). Le choix du pronom ἐκείνοις s'explique, s'il est vrai que Théophraste se réfère à une position bien connue, celle de certains académiciens (cf. *supra*, p. 50, n. 13).

16. 22 B 124 DK. La construction qui, faisant dépendre le génitif κεχυμένων de ὁ κάλλιστος, permet de conserver l'article devant κόσμος, s'éclaire si l'on admet que σάρξ, transmis par les manuscrits, mais dont le sens n'apparaît pas (la «chair» serait un mauvais exemple d'amas désordonné, cf. Aristote, *Mét.*, VII, 17, 1041b11-16), recouvre un génitif pluriel masculin (σωρῶν). Pour une discussion détaillée et la justification de la conjecture, voir Most[2], p. 245-8. Théophraste trouve l'hypothèse du désordre des principes illustrée par l'expression héraclitéenne «répandu au hasard». Dans sa propre perspective, les principes pourraient aussi être ce dont le monde est composé, s'il s'agit de principes phy-

siques (cf. *supra*, p. 48, n. 1 et *infra*, p. 57, n. 38), mais pas comme il en va dans un «tas».

17. Il n'est pas requis que le sujet de λαμβάνουσιν soit identique au référent de ἐκείνοις, 7a10 (comme l'ont sans doute pensé les commentateurs, qui rapportent ἐκείνοις à la position des matérialistes parce que λαμβάνουσιν y renvoie de toute évidence, cf. *supra*, p. 51, n. 15). Après avoir mentionné, à travers le fragment d'Héraclite, le cosmos en général, Théophraste renvoie à l'analyse détaillée de tous les composants de l'univers, vivants ou pierres, que fournissent les grands traités présocratiques sur la nature. Ainsi le terme de κόσμος, dans le fragment d'Héraclite, correspond à ὅλος οὐρανός, 7a11 ; κατὰ τοὐλάχιστον et ἑκάστων αἱ φύσεις, en a16 et 17-8, à ἕκαστα τῶν μερῶν, a11. Le soin mis à expliquer les choses les plus ténues fait d'autant plus vivement ressortir l'inconséquence de la position. L'ironie est soulignée (ὡς εἰπεῖν, a16 et 18).

18. Bien qu'il soit à première vue tentant de rapprocher ὁμοίως du groupe ἐν ἀψύχοις καὶ ἐμψύχοις («alike among...», Ross ; cf. 9b3), il vaut mieux à la réflexion prendre l'adverbe avec λαμβάνουσιν. D'une part, le verbe semble bien appeler une détermination (que les traductions existantes suppléent : «yet they make the assumption we have named», Ross) ; d'autre part, ὁμοίως est exactement le terme requis pour établir le parallèle entre le domaine des phénomènes macroscopiques et celui des phénomènes microscopiques (cf. 7a4).

19. Ross rapporte αὐτομάτως γινόμενα au phénomène de la «génération spontanée». Bien que la formule ait souvent ce sens chez Aristote (cf. Bonitz, *Index arist.*, 124b3-30) et chez Théophraste (les passages sont rassemblés par Balme, p. 102-3), cette interprétation restrictive doit être écartée ; ἑκάστων doit avoir la même extension que ἕκαστα en a11 et ἑκάστοις en a20, et donc s'appliquer à la totalité de ce qui compose le monde naturel. En outre, on comprendrait mal pourquoi, après la formule ἐν ἀψύχοις καὶ ἐμψύχοις, l'exemple choisi s'en tiendrait aux seuls êtres vivants. On rapprochera plutôt l'emploi d'αὐτομάτως de celui que Théophraste en fait dans *HP*, III, 1, 4, à propos des φυσιόλογοι (cf. aussi Aristote, *Mét.*, I, 3, 984b11-15) : les anciens physiciens conçoivent la génération comme un processus proprement mécanique (sur ce texte de Théophraste, cf. Laks[1], p. 206-10). L'emploi d'αὐτομάτως est donc identique à celui de τῷ αὐτομάτῳ, 10b27.

20. Pour le sens, l'infinitive de style indirect (après ὡρισμέναι αἱ φύσεις, a17-8) est sur le même plan que la concessive (καίπερ...), montrant, comme cette dernière, que Théophraste ne partage pas la position des physiciens. Il existe dans l'opuscule d'autres exemples d'alternance entre discours direct et discours indirect (ou l'inverse, cf. *supra*, p. 29, n. 9). La variation traduit peut-être ici

la différence entre l'affirmation du mécanisme universel et sa présupposition principielle («et pourtant, selon eux...»).

21. Ross, tirant le complément de συνάγοντας *ad sensum* de ἑκάστοις, voit dans le préverbe συν- la liaison des particuliers au principe. Mais, outre que συνάγειν n'a pas ce sens, ἑκάστοις est sûrement repris par ἐν ἅπασιν, ce qui interdit d'en tirer le complément du participe («linking them up with their final cause»). On pensera plutôt à l'emploi quasi absolu qu'Aristote fait du terme technique συνάγειν dans *Mét.*, I, 5, 986b4-5 : πῶς μέντοι πρὸς τὰς εἰρημένας αἰτίας (il s'agit des principes pythagoriciens) ἐνδέχεται συνάγειν.

Page 11.

23. Il n'y a pas d'opposition entre l'ordre (τάξις) et la transformation (μεταβολή) ; il s'agit de transformations ordonnées, telle la périodicité, déjà mentionnée en 7a13, et que la phrase suivante reprend avec l'exemple des saisons (il est vain de corriger avec Usener ἑτέρων en ἀστέρων). Le «à moins que» suggère un modèle général d'explication possible sur la base d'une position fondamentalement dualiste, qui limite les prétentions respectives du formalisme et du matérialisme. Il n'est ni vrai que l'ordre des principes soit intégralement transféré dans l'univers, ni que l'ordre de l'univers surgisse d'un simple mécanisme, mais le transfert même de l'ordre ne peut s'effectuer sans donner lieu à des processus mécaniques (on rapprochera l'emploi, en 10b27, du terme τὸ αὐτόματον pour qualifier le type même de processus qui est ici décrit comme advenant τῇ ἑτέρων τάξει καὶ μεταβολῇ). L'expression μορφάς τε παντοίας καὶ ποικιλίας rappelle le début de l'opuscule, 4a4-5.

24. Nous préférons donner à ἐν + datif un sens abstrait, plutôt que strictement local («dans le cadre desquelles»). Pour l'ordre périodique que détermine le parcours de l'écliptique, cf. *e.g.* Aristote, *GC*, II, 10, 336a31-34 et b10-24 ; *GA*, IV, 10, 777b16-778a9). Les régularités invoquées sont naturellement un thème des cosmologies présocratiques, mais Théophraste se réfère sans doute plus précisément à travers τινες à une discussion en cours sur la téléologie. Pour le soleil géniteur, cf. τὸ γεννητικόν, *GC*, II, 10, 336a18 ; Théophraste, *CP*, III, 3,1 ; Aristote, *GA*, I, 2, 716a16-7 ; [Arist.], *De Plant.*, I, 2, 817a27-8.

25. ἐνταῦθά που situe les objets de l'enquête dans la partie de l'univers que nous habitons, et qui vient d'être circonscrite par περὶ τὸν ἀέρα καὶ τὴν γῆν, 7b1-2 («ici-bas», avec peut-être une réminiscence platonicienne). Il est certainement moins convaincant de rattacher l'adverbe à ζητεῖ, ce qui suggérerait que l'enquête doit se

poursuivre «quelque part dans les environs» («call for inquiry somewhere hereabout», Ross).

26. La question de la limite est reprise plus loin, cf. 9b19-20, 10a23-25 ; 11b25.

27. Pour justifier le texte transmis par la plupart des témoins (εἰ εἰς τὸ χεῖρον ἡ μετάβασις), il faudrait que le terme ἡ μετάβασις se réfère par lui-même non à une transformation en général, mais à une transformation déjà orientée «vers le bas». La subordonnée expliciterait la raison pour laquelle plus d'ordre est impossible (εἰ prenant le sens de «s'il est vrai que», «puisque»), à savoir que la «descente» s'effectue nécessairement vers le pire. La difficulté est que ἡ μετάβασις est aussi employé, dans l'opuscule, pour une évolution «vers le meilleur» (voir 8a14-5). Adoptant ἤ, Ross suppose l'existence de deux questions : *a)* Pourquoi le changement (= l'accroissement de la part d'ordre dans le monde) est-il impossible? *b)* Pourquoi, si plus d'ordre est possible, le changement serait-il pour le pire? L'explication que Reale donne de la seconde branche de l'alternative (il faut qu'il y ait du désordre, sinon aucune amélioration ne serait possible, et ce serait là ce qui serait vraiment pire) paraît fantaisiste. L'allusion semble bien être, comme Ross l'a vu, au fait que l'existence du tout requiert une part de désordre (cf. 11b7-12). Mais ne vaut-il pas mieux dès lors considérer que le second membre suggère une réponse, plutôt qu'il n'introduit une question? On parvient à ce sens avec ἤ, compris dans le sens de πλήν, cf. 5a5. Pour la formule εἰς τὸ χεῖρον ἡ μετάβασις, cf. Aristote, *Mét.* XII, 9, 1074b26 (εἰς χεῖρον γὰρ ἡ μεταβολή). Pour l'argument, cf. 11b7-12. Le pire serait que le monde n'existe pas.

28. ἐν ταῖς ἀρχαῖς s'oppose à ἐνταῦθά που (cf. *supra*, p. 53, n. 25, et ἐν τοῖς αἰσθητοῖς, b15). Théophraste vient de conclure un premier argument relatif à la nature des principes, qui l'a conduit jusqu'à notre monde. Il revient maintenant aux principes eux-mêmes pour s'interroger sur un aspect différent, celui de leur immobilité. ὁ πρῶτος λόγος n'est donc sans doute pas le début du traité, comme le pense Ross, mais l'ensemble du développement depuis le § 14. On peut ainsi rendre compte du καί adverbial en 7b9 (le développement qui précède, comme celui qui suit). Cf. l'emploi comparable de ἐξ ἀρχῆς en 11b24-5, avec *infra*, p. 89, n. 3.

29. Chez Aristote, le repos (ἠρεμία) est défini comme privation de mouvement (στέρησις κινήσεως), par exemple en *Phys.*, VIII, 8, 264a27-8 (cf. aussi *Ciel*, II, 3, 286a26-7). Une telle conception privative suggère que le mouvement est meilleur, et que l'immobilité est une déficience, qui serait plus justement appelée du nom de

«paresse». La connotation péjorative de ce terme exclut son application aux principes.

30. Pour l'emploi elliptique de ἀλλ' εἴπερ, cf. KG, II, p. 573 : «s'il faut rattacher une détermination quelconque, c'est bien l'activité, et non le repos». ἐνέργεια est en effet le véritable contraire de la «paresse» (cf. Aristote, *De l'âme*, II, 4, 416b2-3 ; *EE*, II, 1, 1219b19-20), et est plus noble à la fois que l'immobilité (contrairement à l'hypothèse de départ, 4a7) et que le mouvement (cf. Rudolph, p. 233-4). Le verbe hapax ἀντιμεταλλακτέον n'est transmis que par le manuscrit D. On pourrait penser que la forme est née d'une dittographie de αν, après ἐνέργειαν, et préférer le simple μεταλλακτέον. Mais on comprend mal, dans ce cas, la présence de τι dans les autres manuscrits. Inversement, la leçon des principaux témoins s'explique bien par haplographie. Au reste, le renforcement du composé usuel par le préverbe ἀντι- fait sens dans le contexte : il s'agit de souligner qu'il convient, non seulement de changer de dénomination, mais de substituer un terme à un autre, qui a pourtant certains titres à être employé. On tient ici la trace d'une hésitation sur la relation entre ἐνέργεια et κίνησις que reflètent également les écrits d'Aristote, où le mouvement est parfois défini comme une sorte d'activité, et parfois par opposition à celle-ci (les textes sont rassemblés dans la note de Ross *ad Mét.*, IX, 6, 1048b8). Dans sa *Physique*, Théophraste va dans le second sens, puisque le mouvement y est défini comme ἐνέργεια ἀτελής (Fr. 19, 20, 23 et 24 W. = 153C, 153B, 153A et 152 F.). La suggestion de notre passage est encore plus radicale, puisqu'elle consiste à bannir l'activité du domaine sensible. L'usage est autre en 10a12, et s'accorde à la première des deux conceptions représentées chez Aristote. Pour d'autres textes relatifs à cette discussion, voir *e.g.* Thémistius, *In De anima*, p. 18, 30-37 et p. 28, 25-28 Wallies (nous remercions S. Menn d'avoir attiré notre attention sur ces passages).

31. Le texte transmis, ἀεὶ κινοῦν εἶναι τὸ κινοῦν, résiste à toute tentative d'interprétation. La correction de Ross s'impose (voir sa note *ad loc.*).

Page 12.

32. L'argument développé en *Métaphysique* Λ est «purement verbal», dans la mesure où il est *a)* formel et *b)* dépourvu de toute validité (puisqu'il conclut de l'absence de mouvement au repos, cf. *supra*, n. 30) ; il est en outre incapable d'emporter la conviction (οὐκ ἀξιόπιστον), parce qu'il ne comporte aucune raison positive en faveur de la thèse défendue. Ross voit dans λογῶδες l'équivalent du terme aristotélicien λογικόν. Mais λογῶδες est attesté dans le

sens d'« adapté à un discours public » et pourrait bien avoir cette valeur ici. Théophraste reprocherait à l'argumentation aristotélicienne d'être plus rhétorique que philosophique. Pour la formule « exiger une cause supérieure », cf. 5a22.

33. Le δεῖ des meilleurs manuscrits (P et J) a fait difficulté. Les éditeurs préfèrent le ἀεὶ de Wimmer ou le πᾶν que Kley a par erreur (cf. Most[3], p. 176) tiré de la traduction de Bartholomée. Bien que la correction de Wimmer soit paléographiquement très simple, la traduction d'Isḥâq implique clairement l'obligation (pour une analyse détaillée, cf. Crubellier, p. 35, n. 42). On peut garder le verbe sous la forme d'un infinitif.

35. On comprend mieux le passage à l'intellect dans l'interprétation que nous donnons de la phrase précédente : après la sensation, qui n'est qu'un exemple imparfait de coïncidence entre le moteur et le mû, l'intellect, où elle est totale. L'intellect est apparemment doté ici de spontanéité (cf. Barbotin, p. 122, n. 2, et p. 235 ; voir le Fr. 53 W. = 271 F.). Quant au dieu, dont il n'est pas exclu qu'il soit ici identifié à l'intellect (καί serait alors explicatif), son pouvoir est tel (cf. 4b14-5) qu'il pourrait être à lui-même son propre moteur. Pour l'expression elliptique ἄγειν ἐπί, cf. ἄγειν εἰς, 8a3-4 (voir aussi λαμβάνειν ἐπί, 8a19-20).

36. Le texte transmis est inintelligible, et la restitution de Ross paléographiquement très élégante. L'interprétation qu'il suggère reste cependant difficile. Suppléant en effet ἠρεμία avec ἡ τῶν ἄλλων, il rapporte αὐτοῖς (masculin) aux penseurs qui soutiennent la position rapportée dans la phrase précédente (« for why does not, for those thinkers, the immobility of all other things follow on that of the first mover ? »). Mais il semble artificiel de séparer αὐτοῖς du συν- de συνακολουθεῖ, qui se construit régulièrement avec le datif. Dans ce cas, le pronom, au neutre, ne peut être rapporté qu'à τὰ ὀρεγόμενα ; τὰ ἄλλα ne désignera plus « ce qui est autre que le premier moteur », mais seulement « ce qui est autre que les choses qui désirent », et μίμησις doit être suppléé (à partir de μιμοῦνται), plutôt que ἠρεμία : pourquoi l'imitation, qui — d'un point de vue platonicien — accompagne toutes les formes de désir, est-elle refusée aux choses qui désirent le moteur immobile ? Cette interprétation est naturellement conjecturale. Il semble qu'elle s'accorde bien, pourtant, à l'autre *crux* de 5a25-27 (voir *supra*, p. 35-37, n. 41 et 42).

37. Comme ailleurs dans l'opuscule (cf. *supra*, p. 41, n. 65), Théophraste écarte une objection fondée sur le postulat de l'homogénéité parfaite d'un tout dépourvu de parties distinctes. Le tout est d'abord l'ensemble du ciel, dont le mécanisme complexe suppose qu'on puisse y distinguer des « parties » (cf. ὅλος ὁ οὐρανός dans le Fr. 21 W. = 146 F.), et, par extension, l'univers (pour la distinc-

tion des différents sens du mot οὐρανός, cf. *supra*, p. 40, n. 56). Ce tout est si bien agencé (cf. l'idée d'une harmonie des trajectoires célestes, 5a20-1) que certains n'hésitent pas à le qualifier d'« absolument parfait » (cf. les derniers mots du *Timée* de Platon, 92a8 : μέγιστος καὶ ἄριστος κάλλιστός τε καὶ τελεώτατος γέγονεν εἷς οὐρανὸς ὅδε μονογενὴς ὤν). Même ainsi, l'interprétation proto-stoïcienne de van Raalte, p. 193-4, ne peut s'appuyer sur ce texte, non seulement parce que l'idée de perfection est rapportée, dans la phrase même, à Platon, mais aussi parce que l'accent est mis sur la nécessaire différenciation des parties, plutôt que sur cette perfection même.

38. Rattachant τῶν ὄντων à ὁ μερισμός, Ross comprend : « le partage des choses en matière et forme ». Cependant, si l'on rapproche τῶν ὄντων de πῶς ποτε — ce que l'ordre des mots incite à faire —, la question correspond mieux à la suite de l'argumentation, qui porte bien sur la façon dont la matière et la forme doivent être comprises du point de vue *ontologique*. τῶν ὄντων est alors un génitif de relation, que l'on trouve après certains adverbes interrogatifs (cf. KG, I, p. 382-3). Il est vrai que l'on attendrait, dans cette construction, un singulier après πῶς ποτε, par exemple τῆς οὐσίας ; Théophraste peut avoir choisi le pluriel concrétisant, pour souligner qu'il s'agit de savoir de quel *type* d'« être » relèvent respectivement la matière et la forme. La formule exclut d'emblée que la matière n'appartienne absolument pas au domaine de l'être, ce que la suite confirme (voir *infra*, n. 39). L'idée que la matière et la forme sont des « parties » (cf. μερισμός) se trouve chez Aristote, *Mét.*, VII, 10, 1034b34 (cf. aussi Fr. 17 W. = 144 A/B F).

39. De toute évidence, τὸ μὲν ... se rapporte à la forme, et τὸ δὲ ... à la matière, qui seule peut être dite indéterminée (ἀόριστον). Théophraste envisage deux possibilités de concevoir l'existence de la matière. Les deux hypothèses excluent d'emblée la position selon laquelle la matière n'existe pas au sens absolu du terme (cf. *infra*, p. 58-59, n. 44), et la seconde branche de l'alternative ne se distingue de la première que par la manière d'accentuer le rapport entre « être » et « non-être ». Si, dans le premier cas, on part du non-être pour limiter la portée de la négation par une correction positive (δυνάμει δ' ὄν), dans le second, on part positivement de l'être pour le limiter à l'aide d'une négation partielle (ἀόριστον). La préférence que Théophraste manifeste dans la suite pour la seconde formule touche donc plus une manière de dire que le contenu même des deux hypothèses. L'essentiel n'est pas l'inexistence relative de la matière, mais bien son existence, même relative. Aristote dit de manière comparable que la matière n'est pas non-être, mais « presque substance en quelque façon » (*Phys.*, I, 9,

192a5-6), sans être une substance proprement dite. Cette interprétation du passage de Théophraste suppose que ὄν prenne successivement le sens d'« être quelque chose » (dans τὸ δὲ μὴ ὄν, δυνάμει δ' ὄν), et d'« exister » (dans τὸ μὲν ὄν et ᾗ ὂν μὲν). On tient ici un nouvel exemple du fait que les deux emplois, prédicatif et existentiel, du verbe « être » ne sont pas systématiquement distingués chez les philosophes grecs.

40. Comme l'a vu Ross, le pronom doit être rapporté *ad sensum* aux produits des techniques, bien que, syntaxiquement, il renvoie aux techniques elles-mêmes.

Page 13.

41. Le texte transmis (ἡ δὲ γένεσις, ἡ οὐσία γ' αὐτῶν) ne se construit pas. Il est sûr que le membre de phrase se rattache étroitement à ce qui précède : le passage de la matière à la forme est comparé à la production d'un objet ouvragé. Ross a reconnu ce point. Mais la correction qu'il adopte, et qui limite la portée de καθάπερ à ἐν ταῖς τέχναις, nous semble artificielle (καθάπερ ἐν ταῖς τέχναις, ᾗ δὲ γένεσις, ἡ οὐσία γ' αὐτῶν, τῷ μορφοῦσθαι κατὰ τοὺς λόγους : « ... as in the material used in the arts, and [to say] that where there is generation, the *essence* of the thing generated depends on their being shaped in accordance with their definition »). Il est plus vraisemblable que les mots γένεσις ... κατὰ τοὺς λόγους explicitent la comparaison entre le processus de détermination de la matière et le processus de production de l'objet ouvragé. C'est pourquoi nous adoptons la suggestion de Ross (dans l'apparat) de supprimer δὲ après le premier ἡ. Dans cette hypothèse, ἡ γένεσις correspond à ἀγόμενον εἰς ἐνέργειαν, 8a11 (cf. aussi γίνοιτο, a17), et οὐσία au second ὄν, a11 (cf. εἶναι ; a15). C'est pourquoi la leçon ᾗ (a13), présupposée par la version d'Isḥâq et indépendamment suggérée par Usener, semble s'imposer (la disjonction correspond au καί de 8a11).

42. ἀλλά s'explique par le rejet implicite de la première solution, et introduit deux conséquences positives découlant de l'acceptation de la seconde. Sur cette fonction de la particule, cf. Denniston, p. 16.

43. Pour l'idée que l'existence est meilleure que la non-existence, voir Aristote, *GC*, II, 10, 336b28-9.

44. La parenthèse spécifie la raison pour laquelle une théorie de la matière qui lui reconnaît d'emblée l'être est satisfaisante, même si cet être (relatif) est encore susceptible d'« amélioration » (cf. *supra*, n. 43) : il serait paradoxal que la génération des choses dépende de quelque chose qui n'« est pas » (au sens absolu du terme). Nous prenons ἀληθές prédicativement avec ὑπάρχοι, et

donnons à κατ' αὐτήν le sens de «relativement à», «pour ce qui est de». Ross comprend autrement, en donnant à ὑπάρχοι le sens d'«être prédiqué [des choses]» et en prenant ἀληθές adverbialement («would already be truly predicable of things»). κατ' αὐτήν, dans cette interprétation, doit prendre un sens causal («in virtue of their matter») qu'il n'a pas ailleurs dans le traité.

45. Voir *Mét.*, VII, 3, 1029a 20-1 (cf. Reale, p. 143-4). La matière n'est pas spécifiée, elle n'est par elle-même aucune des espèces (τοῖς εἴδεσιν) qu'elle est en puissance (cf. *Notes complémentaires*, p. 48, n. 2).

1. L'expression peut sembler gauche : les deux accusatifs ἀπορίαν et περιεργίαν ne sont pas exactement sur le même plan, et la fonction du génitif τοῦ ζητεῖν n'apparaît pas immédiatement. On a suggéré de corriger τοῦ en τὸ, en imprimant une virgule après περιεργίαν (Jaeger[2], p. 293), ou de substituer περιεργία τὸ ζητεῖν à περιεργίαν τοῦ ζητεῖν (Dirlmeier, p. 135 ; Ross, bien qu'il imprime le texte transmis, traduit : «unless indeed it be a superfluity of inquisitiveness to ask the question : why... ?»). Mais il n'est sans doute pas impossible de conserver le texte, surtout si l'on accepte de rattacher τοῦ ζητεῖν aussi bien à ἀπορίαν qu'à περιεργίαν (en dépit du verdict de Jaeger, *loc. cit.* : «der Genetiv [kann] niemals zu ἀπορίαν mitbezogen werden»). La construction *apo koinou* facilite en effet le zeugme sémantique résultant du fait que la question peut bien comporter une difficulté (ἀπορία τοῦ ζητεῖν), mais non proprement «une subtilité excessive dans la recherche», puisqu'elle est elle-même l'objet de la recherche. Pour l'idée, cf. ἀζήτητον, 6a3.

2. La distinction entre la nature et le tout (comportant, outre la nature, les principes) revient en 11b26 (cf. aussi 4a10-12). ὅλη, dans ἡ ὅλη οὐσία, souligne, à côté de τοῦ παντός, l'extension du point de vue au-delà de la nature.

3. Ross (p. XVI) pense que Théophraste songe ici à une position «pythagoricienne»; il vaudrait sans doute mieux dire «platonicienne». C'est en tout cas celle à laquelle Théophraste semble se rallier à la fin de l'opuscule (11a27-b10); aussi l'aporie est-elle désamorcée au moment même d'être formulée, d'abord de manière ironique, avec εἰ μὴ ἄρα περιεργίαν τοῦ ζητεῖν (cf. *supra*, n. 1), puis au moyen d'un argument (8a27-b4). La position d'Aristote est généralement que le premier principe n'a pas de contraire (*Mét.*, XII, 10, 1075b21-2), et que le mal n'est pas dans les principes (*Mét.*, IX, 9, 1051a19-21), bien que certains textes aillent dans le sens d'une réduction ultime des contraires à des principes contraires (cf. *Mét.*, IV, 2, 1004b27-05a6).

4. La sentence est tirée du débat entre Éole et Makareus sur les principes du mariage (sept vers transmis par Stobée = Fr. 21

Nauck) : le bien, en l'occurrence la richesse, doit s'allier au mal (la pauvreté) afin de produire l'équilibre, qui est une bonne chose (ὥστ' ἔχειν καλῶς, v. 4). Théophraste y reconnaît un principe de portée universelle (καθόλου), valant pour l'ensemble de ce qui est. Cependant, prise dans le sens qui est le sien dans la pièce, la sentence n'illustre que le début de la phrase de Théophraste (l'égale distribution du bien et du mal), non la correction (la prépondérance du mal sur le bien). On pourrait penser que le membre introduit par μᾶλλον δὲ ... est parenthétique, de sorte que les vers d'Euripide porteraient seulement sur l'égalité des biens et des maux. Il est aussi possible que Théophraste modifie le sens du vers qu'il cite. En le tronquant (καὶ κακά est omis après οὐκ ἂν γένοιτο χωρὶς ἐσθλά), Théophraste suggère qu'Euripide a bien affirmé (dans la tradition des deux jarres homériques) l'excès du mal sur le bien : si les bonnes choses n'existent pas sans les maux, les maux, eux, peuvent bien n'être compensés par aucun bien, et donc l'emportent.

5. La prédication universelle de l'être est parfaitement compatible avec l'*hétérogénéité*, en l'occurrence la contrariété, des prédicats. Blanc et noir fournissent l'exemple incontestable d'un couple de contraires sensibles, qui s'applique aux choses qui sont. Dans cette perspective, il est tout aussi absurde d'exiger que toute chose soit bonne qu'il le serait d'exiger que toute chose soit blanche. Les interprètes, à la suite de Ross, voient dans le couple blanc/noir un exemple d'*homogénéité* relative, comprenant que l'argument rejeté par Théophraste suppose l'existence de choses encore plus dissemblables que le blanc et le noir (qui ont au moins en commun d'être des couleurs). D'où, sans doute, la ponctuation qui, plaçant le groupe καθάπερ τὰ λευκὰ καὶ μέλανα entre virgules, rattache ἐν αὑτοῖς à οὐθὲν δὲ ὅμοιον ἀλλήλοις («there is no likeness to one another in them, as there is between white things and black things», Ross). Notre lecture évite ce découpage artificiel. Pour l'argument, cf. 6a3-5, où le terme διαφοράν correspond au couple de contraires blanc/noir.

Page 14.

6. La construction habituelle fait de τὸ δοκοῦν le sujet d'une nouvelle proposition introduite par ἔτι, de παραδοξότερον l'attribut, et voit dans la complétive (ὡς ...) le contenu d'une «opinion» (τὸ δοκοῦν), que Théophraste rejetterait en raison de son caractère par trop paradoxal («and the opinion that being cannot exist without contraries is still more paradoxical», Ross). Mais l'ordre des mots incite plutôt à faire de τὸ δοκοῦν παραδοξότερον un groupe, avec τὸ δοκοῦν pris au sens de «ce qui paraît» (être tel, en

l'occurrence «paradoxal», sans l'être effectivement). La phrase introduite par ἔτι se situe dès lors sur le même plan que τοῦτο, 8a21 : τὸ δοκοῦν παραδοξότερον *sc.* ἔχει ἀπορίαν. En fait, comme le montre 11b7-8 (où οὐδὲ τὸν θεὸν δύνασθαι correspond à οὐχ οἷόν τε dans notre passage), la position réputée paradoxale a bien la faveur de Théophraste. Sans doute l'ellipse du groupe verbal est un peu rude ; mais elle est facilitée par ἔτι. Pour une reprise à distance comparable, voir *e.g.* 10b16-7 (avec nominatif *pendens*). On pourrait aussi, en ponctuant avec une virgule après αὐτοῖς, faire de τὸ δοκοῦν παραδοξότερον un autre complément de λέγομεν («nous ne disons pas seulement qu'il y a des différences, mais aussi — ce qui pourrait sembler paradoxal — que l'être serait impossible sans les contraires»). Mais l'objection de Théophraste («cela revient à rechercher ...») devient beaucoup plus faible si λέγομεν ne se réfère pas à l'usage courant, mais à une thèse philosophique particulière.

7. La défense (implicite) d'une position qui n'est qu'en apparence paradoxale, et que Théophraste justifie plus loin (cf. note précédente), le conduit à prendre ses distances à l'égard d'une thèse qui l'est véritablement. Les commentateurs pensent que Démocrite est visé, parce qu'il admet que le non-être (le vide) est au même titre que l'être, le corps (cf. *Mét.*, I, 4, 985b4-10). Mais le vide démocritéen n'est pas le seul candidat possible. On pourrait également penser aux nombres de Speusippe, puisque Théophraste tend à accorder aux objets mathématiques le statut de simples constructions artificielles (cf. 4a21-2 ; προσκαταριθμοῦσιν prendrait alors une valeur ironique), et même à l'Un, si Speusippe l'a vraiment privé d'être (voir Aristote, *Mét.*, XIV, 5, 1092a14-5 ; mais Tarán², p. 338, voit là une simple interprétation d'Aristote). Enfin, bien qu'il ne s'agisse plus de principes, il n'est pas impossible que Théophraste inclue dans la formule «ce qui n'est pas ni n'a été ni ne sera» l'ensemble des produits de l'imagination (telle la Chimère), qui d'une certaine manière font aussi partie de notre monde (cf. Gorgias, 82 B 3DK, § 80).

8. La position qui fait dépendre des contraires ce qui est, bien que d'apparence paradoxale, reste plausible. Il n'en va plus de même de celle qui compte ce qui n'est pas, ni n'a été, ni ne sera, au nombre de ce qui est. Nous avons fait de ce membre de phrase le début d'une nouvelle section, pour respecter l'articulation (μὲν ... δὲ ...) et souligner ainsi, avec Théophraste, la continuité thématique des deux développements indiquée par ἀλλά (voir *infra*, p. 62, n. 10).

9. On pense d'abord à la formule aristotélicienne du πολλαχῶς λεγόμενον (Ross traduit : «that being has more than one sense»). Même sans λεγόμενον, ceci n'est pas absolument impossible (cf.

πλεοναχῶς ὄν en 9a10, à côté de πλεοναχῶς λεγόμενον en 9b1). Mais la suite montre que la multiplicité des modes d'être ne se réfère ni aux différents sens de l'être, ni à la doctrine des catégories, mais, plus largement, au fait que les choses qui existent dans le monde sont différentes entres elles. Reale, p. 141-2, interprète l'absence de référence aux analyses classiques d'Aristote comme le signe d'un intérêt déclinant pour l'ontologie. Il se pourrait au contraire que le passage de Théophraste témoigne d'un état inchoatif de la doctrine aristotélicienne (cf. Notice, *supra*, p. XXI).

10. Le paragraphe poursuit l'examen de «ce qui est», pour opposer, aux formes problématiques ou outrées d'inclusion des contraires dans l'être, l'évidence de la diversité des choses qui sont (8b10-1 reprend, et développe positivement, 8b2-4). La contrariété est en effet, selon Aristote, «une certaine différence» (*Mét.*, IV, 2, 1004a21), à savoir la «plus grande différence» (*Mét.*, X, 4, 1055a4-5). Étendant la réflexion sur les contraires, le paragraphe met en œuvre un ensemble de considérations épistémologiques sur le rôle de la sensation et de la pensée. Il sert ainsi de transition entre une section consacrée à la constitution du tout (§ 18) et une section consacrée à la structure du savoir (§ 20).

11. En *Mét.*, I, 1, 980a21-27, Aristote dit à propos de la vue qu'elle indique de multiples différences : πολλὰς δηλοῖ διαφοράς. Dans le *De sensu*, 1, 437a2-9, il s'agit de tous les sens externes (odorat, ouïe, vision) : πολλὰς... εἰσαγγέλλουσι διαφοράς, ἐξ ὧν ἥ τε τῶν νοητῶν ἐγγίνεται φρόνησις καὶ ἡ τῶν πρακτῶν. La vue communique un plus grand nombre de différences dans la mesure où, tous les corps possédant une couleur, elle est l'instrument privilégié de la perception des sensibles communs : διαφορὰς πολλὰς... καὶ παντοδαπὰς ἡ τῆς ὄψεως ἀγγέλλει δύναμις... ὥστε καὶ τὰ κοινὰ διὰ ταύτης αἰσθάνεσθαι μάλιστα. La remarque de Théophraste reste à un niveau très général, qui n'implique ni n'exclut une référence à la manière dont Aristote élabore une donnée qui relève de l'expérience commune.

12. Le membre de phrase pose deux problèmes : ni le rôle de la sensation dans la recherche des causes ni le rapport entre la multiplicité de l'être et le fait que la sensation recherche les causes n'apparaissent immédiatement. Cependant 1) la formulation abrupte de Théophraste renvoie sans doute à un texte célèbre de la *République* (cf. *infra*, p. 63, n. 14), et à un débat sur le passage de la connaissance sensible (qui porte en principe sur les particuliers) à une connaissance plus générale, et finalement de type causal (cf. Aristote, *An. Post.*, I, 31, 88a1-4 ; II, 19, 99b35-100a9). Elle nomme donc un problème plutôt qu'elle n'indique une prise de position. Théophraste esquisse son propre point de vue dans la phrase qui suit (voir *infra*, p. 63, n. 13). 2) La correction 8b12-16,

qui vise seulement les mots αἰτίας ζητεῖ, constitue une digression par rapport à l'argument principal (les différences au sein de ce qui est), et pourrait suggérer que la mention de la recherche des causes par la sensation a elle-même valeur parenthétique. Mais la liaison par καὶ... καὶ... exclut une telle possibilité. Sans doute, la remarque épistémologique ne concerne pas directement l'existence des différences. Mais en faisant passer du niveau de la sensation à celui du savoir proprement dit, où de nouvelles différences apparaissent, elle vise bien à élargir l'amplitude de celles-ci.

13. La correction porte sur l'idée que la sensation puisse par elle-même rechercher les causes, et qu'elle soit seule à le faire. ὑποβάλλει est métaphorique, soit que la sensation fournisse un soubassement à la pensée, soit qu'elle lui procure des indications, comme un souffleur le fait au théâtre (cf. l'image du messager, dans les textes d'Aristote cités *supra*, p. 62, n. 11, ainsi que l'emploi de παραγγέλλει, Platon, *Rép.*, VII, 524a3). Sur la fonction cognitive de la sensation, voir 9b9-10 et le Fr. 18 W. = 143 F. (voir *infra*, p. 69-70, n. 43).

14. Sur les apories que provoquent les sensations, cf. Platon, *Rép.*, VII, 523e3-524b2, et en particulier 524a6-10. L'expression recherchée φῶς ἐν τῷ μὴ φωτί pourrait cacher une citation poétique. Le statut assigné ici à l'aporie sensorielle fournit une indication indirecte, mais révélatrice, sur la valeur que prend plus généralement la démarche aporétique aux yeux de Théophraste (cf. Notice, *supra*, p. XXIII).

15. Ce n'est qu'après la parenthèse de 8b12-16 que le raisonnement introduit par γάρ à la ligne 10 est énoncé, sous la forme d'une conclusion (cf. ἄρα). L'argument proprement dit n'est donc pas, comme on est d'abord tenté de le penser, que la sensation révèle les différences (ce qui est sûrement vrai), mais bien que la connaissance en général, dont la sensation n'est qu'une forme particulière, ne serait pas possible sans l'existence des différences (cf. Aristote,. *Top.*, I, 18, 108a37-b1 : la différence est utile à la connaissance de ce qu'est chaque chose). On comprend mieux, dans cette perspective, que la contribution de la sensation au processus cognitif puisse donner lieu à une digression (8b10-16).

16. Ross, p. 66, *ad* 8b17-8, a bien expliqué le rapport entre les deux membres reliés par τε... τε... Le second membre vise les différences individuelles, subsumées sous l'universel spécifique, et les différences spécifiques, subsumées sous l'universel générique. Même dans le cas des universaux (ἐν...), qui sont une forme d'unité (à savoir l'unité d'une multiplicité), les éléments doivent différer les uns des autres, sous peine de ne pas même constituer une multiplicité (l'argument est contenu dans le génitif absolu, de sens causal). On peut alors se demander à quel type de différences ren-

voie le premier membre. On pourrait penser aux différences génériques, que le second membre n'envisage pas ; mais la formulation, qui est tout à fait générale, semble bien viser les différences à tous les niveaux de réalité.

17. La nuance de σχεδόν est difficile à saisir. L'adverbe pourrait, comme souvent, modifier πᾶσα (cf. LSJ, *s.v.* σχεδόν, IV), pris dans le sens distributif («almost all knowledge», Ross), ou totalisant («le savoir presque tout entier», Reale). Cette deuxième hypothèse peut être écartée : puisque Théophraste inclut l'essence parmi les propres (cf. phrase suivante), on ne voit pas bien à quoi d'autre la science pourrait bien encore s'étendre, ne serait-ce «qu'un peu» (aux accidents ?). Dans la première hypothèse, Théophraste songe peut-être aux mathématiques, s'il est vrai que ses objets n'ont pas de nature propre (cf. 4a21-b2). Mais il est aussi possible de faire porter σχεδόν sur l'ensemble de la phrase (comme le suggère au reste sa position), au sens d'une affirmation atténuée : parmi les arguments indiquant la dépendance des savoirs à l'égard des différences, il y a aussi celui qui retient de la science qu'elle porte sur les propres (voir *infra*, n. 18 et ὅλως, 8b24).

18. La notion de «propre» implique d'une certaine façon l'existence de différences (à savoir, entre les propres) ; le développement sur la connaissance en tant que telle (par opposition à la connaissance en tant qu'appréhension de différences) se rattache donc naturellement à ce qui précède. La section, jusqu'en 9a9, n'en est pas moins autonome par rapport à la question des différences de l'être. De fait, dans ce qui précède, la connaissance est invoquée à titre d'argument, pour établir l'existence de telles différences. A partir de 8b20, elle est considérée pour elle-même. Après ce détour, 9a10 revient à la question des différences de l'être *via* la question de l'adéquation des différents modes de connaissance à leur objet.

19. Pour le rapport entre l'essence (τὸ τί ἦν εἶναι) et les propres, cf. Aristote, *An. Post.*, II, 6, 92a7-8 (qui rapproche, comme le passage de Théophraste, les deux notions) et *Top.*, I, 5, 102a18 (qui les distingue).

20. L'argument suppose que le savoir soit savoir *a)* de la substance ou de l'essence ; *b)* des attributs essentiels. Dans le contexte, τὰ θεωρούμενα recouvre tout ce qui est un propre de la chose considérée sans être l'essence ou la substance. La traduction retenue repose sur la construction traditionnelle : καθ' ἑαυτὰ καὶ οὐ κατὰ συμβεβηκός, déterminant τὰ θεωρούμενα, fait partie d'un groupe sujet, dont l'expression formulaire τὶ κατὰ τινός («quelque chose [prédiqué] de quelque chose») constitue l'attribut. Lue ainsi, la phrase suppose que la prédication soit effectuée par le savoir (car toute prédication n'est pas essentielle), ou mieux, que l'on

admette que la formule τὶ κατά τινός exclut d'elle-même, en vertu d'un emploi spécialisé, toute prédication accidentelle. Nous devons cette dernière suggestion à P. Aubenque, qui nous a fait remarquer que dans les *Catégories* d'Aristote, les expressions κατηγορεῖσθαι ou λέγεσθαι κατά τινός sont réservées à la prédication essentielle, alors que la prédication non essentielle est exprimée par κατηγορεῖσθαι + gén. : l'accident n'est pas dit καθ' ὑποκειμένου, mais seulement ἐν ὑποκειμένῳ (cf. *Cat.*, 5, 2a19-20 et 27-8). Une autre possibilité consisterait à faire du syntagme figé τὶ κατά τινός, couvrant tous les types de prédication, un attribut de τὰ θεωρούμενα, lui-même déterminé par καθ' ἑαυτὰ καὶ οὐ κατὰ συμβεβηκός («et ce qui est objet de science est prédiqué par soi-même, et non par accident»). Ainsi obtiendrait-on, du côté des attributs, une détermination jouant un rôle analogue à ἴδιον dans le cas de l'essence. Mais l'ordre des mots conduit à rattacher naturellement καθ' ἑαυτὰ καὶ οὐ κατὰ συμβεβηκός à τὰ θεωρούμενα, plutôt qu'à τὶ κατά τινός. ἦν ἄν peut s'interpréter comme un tournure fréquentative (voir K.G., I, p. 211, 4).

22. L'interprétation de la différence entre les deux modes de l'identité et, corrélativement, celle de la fonction des exemples, est difficile. En dépit de l'absence de καί entre ἰδίᾳ πως et καθ' ἕκαστον, un parallélisme s'établit entre κοινῇ et ἰδίᾳ d'un côté, καθόλου et καθ' ἕκαστον de l'autre (le parallélisme est encore renforcé dans la version de J, qui omet καὶ en 8b25). Si l'on s'en tient à la terminologie, on pourrait être tenté d'opposer les universels (genres et espèces, cf. 8b19-20) aux individus. Comme il s'agit, dans les deux cas, de prédiquer une identité commune à une pluralité d'individus (τὸ αὐτὸ τὸ ἐν πλείοσιν), la distinction entre un mode de prédication universel et un mode de prédication individuel devrait alors s'entendre, en relation avec les deux groupes d'exemples, de la manière suivante : étant donné que les objets mathématiques ne semblent pas avoir d'existence indépendante (cf. 4a21-b2), la prédication d'un universel s'opère de manière différente dans leur cas, à savoir «universellement», et dans celui des animaux et des plantes, où l'on a affaire à de véritables individus. Mais cette interprétation est artificielle : la phrase de Théophraste semble avoir une portée beaucoup plus générale. En outre, elle ne permettrait pas de rendre compte d'une science «complète», portant selon toute vraisemblance sur le même objet mais alliant l'un et l'autre point de vue (cf. 8b27). La différence n'est donc pas entre deux types d'objet, mais entre deux façons d'envisager les mêmes objets, et les exemples illustrent seulement la seconde (ἰδίᾳ πως καθ' ἕκαστον). De fait, nombres et lignes sont deux espèces tombant sous un même genre, de même qu'animaux et plantes (quantités dans un cas, cf. 9a15-18, vivants dans l'autre). On est

donc conduit à opposer κοινῇ καὶ καθόλου et ἰδίᾳ πως καθ' ἕκαστον comme la prédication (universelle) générique à la prédication (universelle) spécifique (cf. le commentaire de Brunschwig aux *Topiques* d'Aristote, I, 18, 108b20, p. 137, n. 2). Ceci permet de rendre compte non seulement de l'existence d'une science qui réunirait les deux perspectives, mais aussi de l'emploi de πως avec ἰδίᾳ καθ' ἕκαστον, pour souligner qu'il ne s'agit pas d'individus proprement dits (mais d'espèces). Cette interprétation est confirmée par la mention explicite, dans la phrase suivante (9a2-3), des cas où la division peut être poursuivie jusqu'aux individus. C'est aussi celle que retient Ross, sinon que la dernière phrase de sa note *ad loc.* rapporte (sans doute s'agit-il d'une bévue) κοινῇ καὶ καθόλου à l'identité spécifique et ἰδίᾳ πως καθ' ἕκαστον à l'identité générique.

Page 15.

23. Le texte des manuscrits ἔνια τῶν μὲν ne peut être construit. Ross corrige en ἐνίων μὲν. On arrive au même sens avec la correction plus économique ἔνια ὧν μὲν. Ce ne serait pas le seul exemple de dissymétrie (ἔνια ὧν μὲν... τῶν δὲ) dans le traité (voir par exemple 4a14-17). Pour le neutre renvoyant à un féminin (ἐπιστῆμαι), voir *supra*, p. 47, n. 89.

24. A savoir les individus «atomiques». Cf. Bonitz, *Index arist.*, 120a48-58. Le terme διαίρεσις (ou des formes apparentées) revient à plusieurs reprises dans la suite immédiate (9a6, a18, a20, a24), et se réfère toujours à des classifications systématiques connues dans l'Académie sous le nom de «divisions», soit qu'elles aient déjà été élaborées, soit que ce travail reste à accomplir.

25. La recherche de la cause (universelle) et l'action/production (toujours particulière) donnent lieu à deux types de savoirs distincts. Pour l'universel comme cause, voir *An. Post.*, I, 24, 85b24. L'éthique, bien qu'ayant affaire au particulier, est ici présentée comme une ἐπιστήμη, contrairement à ce qu'implique la définition stricte de la science selon Aristote (cf. *EN*, VI, 3, 1139b18-24; Bonitz, *Index arist.*, 279a22-33). Pour le couple πρακτόν/ποιητόν, voir *e.g.* Aristote, *EN*, VI, 4, 1140a1-2.

26. L'accusatif ταὐτό, que donnent tous les manuscrits sauf P, est aussi présupposé par la traduction d'Isḥâq. Les éditeurs retiennent la leçon de P, ταὐτῷ, en interprétant l'identité comme un instrument de connaissance subdivisé en plusieurs espèces. Mais il est plus probable que nous ayons affaire à une reprise de τὸ αὐτὸ συνιδεῖν ἐπιστήμης (8b24-5), τὸ αὐτό représentant ici et là l'objet de la connaissance. La série des datifs instrumentaux indique les différentes modalités de la connaissance de l'identique (cf. les passages d'Aristote cités *supra*, p. 30, n. 14).

27. L'unité substantielle et l'unité numérique se recouvrent, mais la première n'apparaît pas usuellement dans les classifications d'Aristote (voir cependant *Mét.*, V, 9, 1018a7) ; un autre type d'identité pourrait être l'identité de définition, ou l'identité de matière, qu'Aristote mentionne en *Mét.*, X, 3, 1054a34.

28. Les manuscrits anciens P et J transmettent le datif διαιρέσει, qui est aussi présupposé par la traduction d'Isḥâq. Sans doute un nominatif serait-il plus naturel après εἰ ἄρα. Les *recentiores* (sauf L) corrigent soit en διαίρεσις soit en διαιρέσεις. En l'absence d'un terme comme ἄλλη, le pluriel serait préférable (c'est le texte retenu par Ross). Mais la *lectio difficilior* se comprend. On peut admettre que le groupe au nominatif est sous-entendu, et faire de διαιρέσει un datif instrumental, peut-être maladroit après la série précédente (cf. *supra*, p. 66, n. 26), mais tolérable. Dans ce cas, le terme de διαίρεσις se référera non à un terme de la division (ce qui n'est pas exclu, cf. Aristote, *Top.*, IV, 1, 120b36, 121a6), mais, comme en 9a20, au processus de division dont résultent les différents types d'identité. En tout cas, Théophraste se réfère ici aux tables de division académiques (cf. *supra*, p. 66, n. 24).

29. Ross juge ἀπέχοντες incompréhensible, et corrige en ἀπέχοντος (génitif absolu sans sujet) : « as though there were here the greatest distance between the objects ». Mais ἀπέχοντες n'est-il pas, en dépit de la construction un peu rude, un participe apposé à ἐπιστάμεθα, 9a4-5 ? Usener l'avait construit ainsi, puisque, faisant dépendre le membre διὰ πλείστου δὲ τὸ κατ' ἀναλογίαν de ἐπιστάμεθα, il corrigeait τὸ en τῷ (κατ' ἀναλογίαν) : nous, dans la mesure où nous sommes éloignés, connaissons par l'identique qui relève de l'analogie. Mais on construit aussi le texte transmis en faisant de διὰ πλείστου δὲ τὸ κατ' ἀναλογίαν une phrase nominale. La limitation de nos facultés, l'obscurité de l'objet, et la combinaison de ces deux facteurs ont pour effet de nous éloigner de l'objet à connaître. On remarquera que la connaissance par analogie n'est pas négativement présentée comme la moins déterminée, mais, positivement, comme celle qui nous permet de franchir la plus grande distance.

30. La section 8b20-9a9 distingue plusieurs types de savoir, dans la perspective essentiellement formelle d'une « topique » de la connaissance. La suite met en revanche l'accent sur les différents domaines de recherche dérivant des différents types d'objet. Le génitif absolu πλεοναχῶς δ' ὄντος τοῦ ἐπίστασθαι résume donc la teneur de la section qui précède pour introduire un nouvel aspect de la question épistémologique. Théophraste a écrit un traité intitulé « Quels sont les modes du savoir » (τίνες οἱ τρόποι τοῦ ἐπίστασθαι), Diogène Laërce, V, 49 (cf. 9a23-4).

31. L'expression οἰκεῖος τρόπος, reprise par ἴδιος τρόπος en

9a20, traduit l'adéquation d'un savoir à son objet «propre» (cf. ἴδιον, 9a16). Aristote emploie à plusieurs reprises le terme de τρόπος au sens d'«espèce» de savoir (cf. Bonitz, *Index arist.*, 772b39-42). Il semble ne jamais parler d'un «mode approprié», mais l'idée lui est familière (voir par ex. *Mét.*, VI, 1, 1026 a25-27).

33. Ross rapporte à juste titre τὰ ἐν ἀρχῇ non aux éléments premiers, ce qui briserait l'ordre (descendant) de l'énumération, mais aux astres (cf. l'emploi analogue de τὰ πρῶτα, 11b13). L'ajout de l'article τὰ devant ἑπόμενα (Wimmer) n'est pas indispensable (cf. *e.g.* 9a3, 10b2). Sa présence rendrait le schéma plus clair, mais l'opuscule contient bien d'autres exemples d'ambiguïtés de ce genre, qu'il ne convient pas d'éliminer par une correction.

34. L'énumération est programmatique (cf. *supra*, p. 42-43, n. 74 et 75). ἐσχάτων ne doit pas être traduit adverbialement (Ross : «finally»). Il s'agit bien, dans la tradition de la «boue» et du «poil» platoniciens (*Parménide*, 130c6), de ne négliger aucune des productions naturelles, fût-elle infime. Cf. la mention de la «bulle» en 7a22, au terme d'une énumération parallèle à celle du présent passage.

35. Les mathématiques représentent un troisième domaine, à côté des principes et de la nature. Ses espèces (le terme employé par Théophraste est γένος) sont ensuite mentionnées, par référence à une division connue (arithmétique, géométrie, etc., cf. 8b26 et *supra*, p. 65-66, n. 22), et que Théophraste juge bien fondée (c'est le sens de ἱκανῶς, que la traduction de Ross rend moins bien que sa note *ad loc.*, p. 67). Pour l'emploi explicatif de δέ, cf. Denniston, p. 169-70.

36. Pour ce sens de διαίρεσις, cf. *supra*, p. 66, n. 24. Comme en 8b6, Théophraste mentionne une position extrême, ou «éristique», pour l'écarter, ou, en l'occurrence, la corriger. Pour l'argument selon lequel l'inconnaissable est connaissable grâce à l'inconnaissable, cf. Aristote, *Rhét.*, II, 24, 1402a6-7, et *Mét.*, VII, 4, 1030a34-5.

Page 16.

37. La méthode épicurienne, qui consiste précisément à interpréter l'invisible par référence au visible (pour un exemple particulièrement net, cf. l'argument établissant l'existence de minima atomiques dans la *Lettre à Hérodote*, §§ 58 et 59), suivra la voie ici suggérée par Théophraste.

38. La construction est *apo koinou* : les modes sont les modes du connaître (τρόποι *sc.* τοῦ εἰδέναι). εἰδέναι ne semble pas être terminologiquement distingué de ἐπίστασθαι (cf. 9a26). Les deux questions du nombre des savoirs et des sens dans lesquels il y a

savoir sont étroitement liées. En tout état de cause, Théophraste semble mettre les divers types de connaissance sur le même plan, contre la tendance, commune à Platon et à Aristote, à limiter le savoir proprement dit au savoir démonstratif.

39. Les savoirs, différenciés par leurs objets, sont «dits en plusieurs sens». Ont-ils quelque chose en commun qui permette de définir quelque chose comme *le* savoir? La difficulté est la même, que l'on considère les différents savoirs comme simplement homonymes, ou qu'on admette qu'ils forment une série ordonnée par rapport à un terme premier, selon le modèle du «sens focal» (pour la distinction, voir Aristote, *Mét.* IV, 2, 1003a33-4). Deux choses sont en effet dites homonymes quand elles portent le même nom, mais que la définition de leur essence est différente (voir *Cat.*, 1, 1a1-4). Et il n'existe pas non plus de genre commun à deux termes liés par une relation d'antériorité et de postériorité (voir Ross *ad* Aristote, *Mét.* II [α], 3, 999a6-12; cf. aussi Aristote, *EN*, I, 6, 1096a17-19). Pour une discussion approfondie du problème tel qu'il se pose chez Aristote à propos de l'être, voir Aubenque², p. 172-198.

40. La difficulté de définir le savoir entraîne (ᾗ, selon l'interprétation convaincante que Ross donne du ἢ transmis) celle de déterminer, qu'il s'agisse des intelligibles ou des sensibles, l'extension qu'il convient de donner à l'explication par les causes. En effet, il n'est pas sûr que la recherche des causes soit la seule forme de savoir possible, en dépit de certaines formules aristotéliciennes comme celle d'*An. Post.*, I, 2, 71b9-12 (cf. Ross, p. XXII).

41. Sur le *regressus in infinitum*, voir les références rassemblées par Bonitz, *Index arist.*, 74b41-57 (plus spécifiquement à propos des causes : [Arist.], *Mét.*, II [α], 2). Le γάρ (9b4) n'introduit pas la raison pour laquelle il est difficile d'assigner des limites à la recherche des causes (c'est la fonction de 9a27-8, si l'on lit ᾗ καὶ, cf. *supra*, n. 40). Il faut comprendre, avec une ellipse : «la raison pour laquelle il faudrait pouvoir répondre à cette question est que ...» (sur cet emploi de γάρ, cf. Denniston, p. 60-1). L'idée est reprise en 9b21-2 (cf. *infra*, p. 71, n. 49). Comme van Raalte le suggère dans son commentaire *ad loc.*, ἀλλοτρία s'explique par opposition au terme οἰκεῖον (en fait, cf. οἰκεῖος τρόπος, 9a11-12).

43. La dualité des points de départ dédoublait le problème du *regressus* ; il est maintenant implicitement ramené à sa forme simple, par la réduction de la dualité des points de départ à une dualité de points de vue. Le premier couple, qui oppose un point de départ absolu (ἁπλῶς) au nôtre (ἡμῖν), est fréquent chez Aristote (cf. *An. Post.*, I, 2, 72a2-3; *Phys.*, I, 1, 184a18; *Pol.*, VII, 1, 1323b17) ; le second, qui substitue à la notion de point de départ (ἀρχή) absolu celle de «fin» (τέλος), en laissant à la seule sensation

le statut d'un point de départ adéquat à notre constitution, semble plus particulièrement correspondre à la position de Théophraste. Dans les Fr. 13 et 18 W. (= 301B et 143 F.), les principes intelligibles sont bien présentés comme le «but» vers lequel s'achemine une connaissance qui commence avec les sensations. Même si une telle perspective peut se réclamer d'Aristote (cf. *infra*, n. 44), tout se passe comme si, à travers ce léger déplacement terminologique, Théophraste avait voulu critiquer la notion de «principe en soi», au profit d'une approche résolument empiriste de l'accès aux principes. Le chiasme, qui a pour effet de mettre en relief le point de départ qui est «le nôtre», s'expliquerait bien ainsi.

44. Cf. Aristote, *Mét.*, I, 1, 980a27-29, *An. Post.*, II, 19, 100a3-5, et *supra*, p. 69, n. 43.

45. Dans le premier cas (εἴτε, b11), les principes suprêmes n'ont pas de cause et nous ne pouvons donc pas les connaître causalement (δι' αἰτίου θεωρεῖν). Mais qu'en est-il du second (εἴτε, b12)? La logique de la disjonction semblerait exiger que les principes aient maintenant une cause, qui *nous* serait simplement inaccessible (en raison de notre faiblesse). L'idée est paradoxale, puisqu'elle suppose que les premiers principes aient eux-mêmes une cause, et ne soient donc pas premiers. Il est vrai, comme Philippe Hoffmann nous l'a fait remarquer, que Plotin appelle parfois «premiers» les êtres intelligibles, bien que ceux-ci aient une cause, à savoir l'Un (voir par ex. III, 7 [45], 4, 5-6 et 33). Mais on hésitera à attribuer une telle conception à Théophraste. Mieux vaut admettre une légère imprécision de l'expression. Théophraste envisage seulement l'hypothèse que nous sommes également incapables d'avoir un accès direct (intuitif) aux réalités premières, qui sont naturellement dépourvues de cause. L'image de l'éblouissement (πρὸς τὰ φωτεινότατα βλέπειν) a un parallèle frappant, dans un contexte analogue, dans [Aristote], *Mét.*, II (α), 1, 993b7-11. Il est inutile de corriger βλέπειν en βλέποντες avec Usener. L'infinitif (épexégétique) dépend de l'adjectif.

46. L'impossibilité de rechercher les causes au-delà d'un certain point était présentée dans la phrase précédente comme une déficience (9b11). Théophraste corrige maintenant la perspective en rappelant une thèse qui doit être bien connue (d'où l'emploi d'ἐκεῖνο) : le fait que les principes se soustraient à la pensée discursive n'est que la contrepartie de la possibilité d'un contact direct avec la chose même. Celui-ci permet naturellement de mettre un terme à la recherche des causes. Comme il arrive ailleurs dans l'opuscule (cf. Notice, *supra*, p. xxv), Théophraste tire d'une aporie illégitime un enseignement positif. Selon Aristote, la connaissance portant sur le simple est infaillible (voir *Mét.*, IX, 10, 1051b26-28).

Page 17.

47. A quoi renvoie εἰς αὐτὸ τοῦτο? Ross traduit par «at this very point», sans expliquer de quelles compréhension et croyance il est question, ni pourquoi c'est à ce moment précis qu'elles seraient difficiles. Le plus simple serait de rapporter le démonstratif emphatique à l'idée que l'intellect saisit infailliblement les principes (9b14-5), mais l'articulation avec la suite (ἐπεὶ καὶ...) n'apparaît pas. On pourrait à la rigueur imaginer que le renvoi est au thème principal de la limite, énoncé en 9b1-4, mais qui n'a pas encore été explicité en raison du développement intermédiaire consacré à la saisie intuitive des premiers principes (9b8-16). Il est sans doute plus naturel de prendre εἰς αὐτὸ τοῦτο proleptiquement, pour annoncer l'interrogative ἐν τίνι ποιητέον τὸν ὅρον, comme nous l'avons fait dans notre traduction (la structure de la phrase est alors parallèle à celle de 9b1-4, où τοῦτο, 9b1, annonce μέχρι πόσου, b2). En tout état de cause, on rattachera l'interrogative ἐν τίνι ποιητέον τὸν ὅρον à μέγα et ἀναγκαῖον.

48. Le lien entre les deux propositions apparaît si l'on donne à ἐπεί non un sens explicatif («puisque», Ross), mais concessif (cf. LSJ, *s.v.* ἐπεί, B, II, 4).

49. Pour la formulation aristotélicienne du principe, cf. *Mét.*, IV, 6, 1011a12-3; 7, 1012a21; *An. Post*, I, 3. On en trouve une illustration chez Théophraste lui-même qui, dans le Fr. 49 W. (= 159 F. = *Phys. Op.*, Fr. 10 Diels, *Dox.*) fait précisément reproche à Platon de pousser la recherche des causes jusqu'à l'absurdité, en des termes qui recoupent ceux de l'opuscule : οὐκ ὀρθῶς ἀρχὴν ἀρχῆς ἐπιζητεῖ καὶ γένεσιν ἀγεννήτου πράγματος (il s'agit de la psychogonie). εἰ γὰρ ... τῶν πρώτων τὰ αἴτια ζητήσομεν ... εἰς ἄπειρον προιόντες λησόμεθα καὶ τέλος οὐδὲν ἔχον τῆς θεωρίας. De même que celui qui pense que tout est démontrable ruine la démonstration, de même ὁ πάντων αἰτίας ἐπιζητῶν ἄρδην ἀνατρέπει τὰ ὄντα πάντα καὶ τὴν τάξιν αὐτῶν τὴν ἀπό τινος ὡρισμένης ἀρχῆς προιοῦσαν. Dans la suite, Théophraste soutient que la recherche des causes doit aussi savoir s'arrêter quand il s'agit de recherches physiques : «il est risible de soulever la difficulté de savoir pourquoi le feu brûle ...».

50. La phrase et le développement qu'elle introduit (jusqu'à 10a5) sont parmi les plus difficiles de l'opuscule, et la reconstruction que nous tentons est hypothétique. Le problème est double, touchant à la fois la syntaxe et le sens. Pour ce qui est de la grammaire, la question est de savoir comment relier le membre introduit par ὅσοι à ce qui précède; pour ce qui est du fond, la fonction de la référence à l'astronome, dans l'argumentation sur la nécessité d'assigner des limites aux différents domaines de la recherche, n'est pas manifeste. La solution de Zeller (suivi par

Ross), consistant à ajouter un δέ après ὅσοι, et à prendre ὑπολαμβάνουσιν comme le verbe de la relative, est la plus économique. Théophraste décrirait ici la seconde branche d'une alternative. Après avoir écarté ceux qui, dans leur prétention à tout expliquer, détruisent en fait la connaissance, il s'en prendrait au groupe, représenté pas les astronomes, de ceux qui arrêtent trop tôt leurs explications (Ross, p. xvii et xxii). Le mouvement du paragraphe est donc le suivant. Théophraste a commencé par affirmer la difficulté de tracer les limites entre les différentes sciences (cf. 9b17-21). Ayant illustré l'importance de cette opération (μέγα, ἀναγκαῖον) en mentionnant les conséquences découlant de son non-respect (la destruction du savoir même, 9b21-2), il souligne maintenant, à l'aide d'un exemple concret, l'interdépendance au moins partielle de différentes sciences, qui rend la délimitation difficile (χαλεπή), en dépit de sa nécessité. Les calculs astronomiques présupposent en effet l'éternité du ciel, de ses parties et de ses mouvements (cf. *infra*, n. 51), qui n'est pas une donnée astronomique, mais dépend de la démonstration des philosophes. L'argument reste un peu surprenant, en raison du caractère hyperbolique de sa formulation : on voit mal un astronome être convaincu de la nécessité de s'intéresser aux moteurs premiers ou aux plantes en tant qu'astronome. La difficulté serait réduite si l'on pouvait prendre τούτοις κατάλοιπον... λέγειν non dans le sens de «il leur reste à dire», mais de «ils peuvent se passer de dire». Les emplois de κατάλοιπον semblent cependant exclure ce sens.

51. Contrairement à Ross, nous sous-entendons dans le deuxième membre non seulement ὑπολαμβάνουσιν, mais aussi ἀίδια. L'intéressant n'est pas que les astronomes acceptent, comme chez Platon, un certain nombre de données astronomiques (les trajectoires, les grandeurs, etc.) sans les fonder, mais que tous leurs calculs reposent sur l'hypothèse de la pérennité de leur objet.

52. Cf. 5a17.

53. On ne voit pas clairement à quoi pourrait se référer «la nature de chacun» et sa «position» relative, si ce n'est aux premiers moteurs. Ce ne peut en effet être toute chose en général (le particulier, par opposition au tout, mentionné juste après), en raison du contexte immédiat, et parce que le terme de «position» ne s'expliquerait guère dans ce cas. Et ce ne peut être chaque corps céleste (avec sa position relative), parce que l'énumération doit embrasser ce que l'astronomie laisse usuellement de côté. Or si l'on peut à la rigueur comprendre que l'astronome ne s'occupe pas de la nature des corps célestes (mais exclusivement de la cinétique céleste, cf. Platon, *Rép.*, VII, 529d-e), il est plus difficile d'imaginer qu'il ne considère même pas leurs positions (cf. la mention des distances, ἀποστάσεις, 9b26). Bien que le terme de θέσις ait une

valeur technique dans la littérature astronomique pour désigner la position relative des astres entre eux, il ne peut s'appliquer ici qu'à la «position» des premiers moteurs l'un par rapport à l'autre. Il s'agit en fait de savoir comment les sphères porteuses sont imbriquées. Le problème, qui se situe à la limite de la philosophie première et de l'astronomie, est en relation avec l'aporie relative à l'«harmonie» des parcours célestes (voir 5a19-21).

54. La mention de l'«être du tout» comme objet d'étude virtuel pour les astronomes, à première vue étrange, s'explique comme le dernier membre, hyperbolique, d'une progression : pour expliquer le ciel, l'astronome devra en fin de compte comprendre la relation entre intelligibles et sensibles, c'est-à-dire connaître «le tout» (voir *e.g.* 11b26, 12a1). Voir *supra*, p. 71-72, n. 50.

56. καθ' ἕκαστον, «en particulier», porte à la fois sur εἰδῶν et μερῶν. Nous l'avons rattaché au premier terme pour de simples raisons d'euphonie. L'ajout de Steinmetz (p. 159, n. 4), d'après 9a14-5 (et 7a22), est certainement conforme au sens, mais inutile.

57. Théophraste revient à l'astronomie, après une remarque relative aux autres sciences de la nature (cf. *supra*, p. 17, n. 55). Le complément de συνεργεῖ est sous-entendu (il en va de même pour συμβάλλεται, 10b9). Ross comprend, très généralement, «contribue à notre connaissance». Ceci affaiblit sans doute la portée de la remarque. L'astronomie, science «physique» du mouvement des astres, mais qui renvoie à la connaissance de l'origine du mouvement, contribue en effet plus précisément à la connaissance des premiers principes, et donc à la philosophie (cf. *infra*, n. 59).

58. La ponctuation habituelle rattache τῆς φύσεως à ἐν τοῖς πρώτοις, ce qui fait difficulté. «Les premiers êtres *de la nature*» ne peut désigner que les astres (cf. *supra*, p. 68, n. 33). Or le contexte exclut cette interprétation, puisqu'il revient naturellement à l'astronomie de s'occuper de ces derniers. On attend qu'il s'agisse du premier principe. Ross n'hésite pas à interpréter l'expression ainsi (voir sa note *ad loc.*). Mais cela suppose soit que l'on donne à φύσις un sens qu'il n'a pas dans l'opuscule (pour désigner l'ensemble de ce qui est, principes y compris), soit que l'on fasse de τῆς φύσεως un génitif objectif, l'expression τὰ πρῶτα τῆς φύσεως désignant «les principes (eux-mêmes non naturels) de la nature». Il est plus simple de faire dépendre le génitif de ἕτερα. L'opposition entre l'étude portant sur les premiers êtres et celle qui porte sur la nature, qui ouvre l'opuscule (cf. 4a2-3), est aussi plus nettement rappelée, au moment même où il s'agit de montrer combien il est difficile de tracer des limites strictes entre les disciplines.

59. La phrase s'interprétera différemment selon que «ce mode» renvoie à la science des premiers principes (la philosophie) ou à l'astronomie. Pour Ross, Aristote a — selon Théophraste — raison

de penser (ὡς οἴονταί τινες) que la *philosophie* n'est pas physique, ou du moins pas entièrement (il existe en effet une «philosophie première»). Mais on peut aussi comprendre que l'astronomie soit dite ne pas entièrement relever d'une méthode physique, dans la mesure où la théorie du mouvement s'appuie sur la théorie du premier moteur. L'allusion viserait alors ceux des astronomes qui défendent la parfaite autonomie de leur discipline (pour cette problématique chez Aristote, cf. *supra*, p. 35, n. 40). Dans la suite, Théophraste, critiquant la critique (selon un schéma récurrent dans l'opuscule), développe un argument en faveur d'une autonomie ainsi conçue. Pour la formule οὐ φυσικὸς ὁ τρόπος appliquée aux mathématiques, cf. [Aristote], Mét., II (α), 3, 995a16-7.

Page 18.

60. Cf. 4b19-20.

61. Cf. 6a7-14, cf. *infra*, n. 64. «Surtout au ciel», parce que le mouvement en est ininterrompu (cf. 5a3-4) et que le reste de la nature est aussi soumis à l'altération (cf. Fr. 18 W. = 143 F.).

62. Les exemples ont pour fonction de limiter ce que l'affirmation précédente pourrait avoir de trop absolu. Celle-ci ne vaut pas en effet pour toute chose, s'il est vrai que les principes sont «en acte», tout en étant immobiles (cf. 7b13-15).

63. Les passages illustrant cet emploi de ὁμωνύμως chez Aristote sont réunis par Bonitz, *Index arist.*, 514a59-61. Voir en particulier la définition donnée au début des *Catégories*, 1a1-4.

64. Le ciel est un vivant. Sans mouvement, qui est sa forme de vie (cf. 4b3-4, 5b2-4), il serait au vrai ciel ce qu'un portrait est à la réalité, ou un organe détaché de l'organisme auquel il appartient à l'organe en fonction.

1. Les deux membres πάνθ' ἕνεκά του et μηδὲν μάτην sont équivalents. La reprise de la même idée sous une forme négative n'est cependant pas oiseuse. Théophraste suggère qu'aux yeux des partisans de la finalité universelle, accepter qu'une chose soit sans but revient à admettre qu'elle est vaine. Or c'est cette alternative que la suite s'efforce de contourner en accordant un nouveau statut, moins négatif, à tout ce qui ne se laisse pas analyser directement en termes de finalité (voir en particulier le concept d'effet corrélatif, *infra*, p. 75-76, n. 5).

2. Il est peu vraisemblable que ἀφορισμός soit «la définition de la fin», au sens de l'assignation d'une cause finale à un phénomène donné (cf. Ross : «the assignation of ends is in general not easy»); Théophraste semble employer le terme de manière terminologique pour la «délimitation» entre deux ordres de réalité (cf. 7b6; le

verbe ἀφορίζειν, toutefois, a toujours dans l'opuscule le sens de «définir»), et la parenthèse de 10a24-5 montre que la question est bien de savoir où commencent et où s'arrêtent le téléologique et le contingent (cf. aussi Repici, p. 194). Comme l'idée même d'une «délimitation» de la finalité suppose que *tout* ne soit pas en vue de quelque chose, la formule τοῦ πάνθ' ἕνεκά του καὶ μηδὲν μάτην apparaît comme le nom d'un programme «panglossien» qui n'est naturellement pas plus celui d'Aristote (voir sur ce point Lennox, p. 143) que de Théophraste, mais qui sera celui des Stoïciens (cf. *infra*, p. 78, n. 15).

3. Le texte transmis (καὶ μηδὲν μάτην ἄλλως ὁ ἀφορισμὸς οὐ ῥᾴδιος) avait suggéré à Zeller que μάτην constituait une glose sur ἄλλως (qui peut signifier «en vain», cf. LSJ, II, 3), introduite par erreur dans le texte. Imprimant une virgule avant (et non après) ἄλλως, Usener y a reconnu le premier membre d'un balancement (ἄλλως.../ καὶ δὴ ἔνια τῷ μὴ δοκεῖν ἔχειν οὕτως). Il semble alors nécessaire d'insérer <θ'> après ἄλλως (ἄλλως <θ'> ... καὶ δή), en dépit du fait que le parallélisme rende plus évidente encore la rupture syntaxique. Usener éliminait celle-ci en inversant l'ordre des mots (τῷ ἔνια μὴ δοκεῖν ...) ou en corrigeant ἔνια en ἐνίων, mais, comme le fait remarquer Ross, le verbe dont ἔνια est le sujet (οὐ ῥᾴδιά ἐστιν ἀφορίζεσθαι, par exemple) peut être tiré *ad sensum* de la phrase précédente.

4. A suivre la traduction de Ross, ce que l'«on dit souvent» est qu'il est *aisé* d'attribuer une cause finale à toute chose («the assignation of ends is in general not easy, as it is usually stated to be»). Mais quel penseur a jamais affiché un tel optimisme? Ce n'est, en tout cas, ni la position de Platon, ni celle d'Aristote. Nous comprenons, au contraire, qu'il est question de la *difficulté* de définir les causes finales pour toute chose. Grammaticalement, on supplée ὅτι οὐ ῥᾴδιος (et non ὅτι ῥᾴδιος) avec λέγεται. La question parenthétique (πόθεν δ' ἄρξασθαι χρὴ καὶ εἰς ποῖα τελευτᾶν;) développe alors le contenu de la question récurrente (alors que Ross doit la rattacher, par-delà καθάπερ..., à ὁ ἀφορισμὸς οὐ ῥᾴδιος). Ce n'est naturellement pas que Théophraste l'ait déjà posée dans le traité (ou ailleurs dans son œuvre); le présent λέγεται se réfère à un propos, presque un adage, que l'on peut supposer fréquent dans la discussion interne à l'Académie.

5. Le sens du terme σύμπτωμα oscille entre «effet corrélatif» et «coïncidence» (voir les nombreux passages d'Aristote où σύμπτωμα est associé à τύχη et opposé à προαίρεσις ou un terme de sens apparenté : *Phys.*, II, 8, 198b36-7; *Respiration*, 4, 472b24-27; *Pol.*, II, 12, 1274a11-2; *Rhét.* I, 19, 1367b24). Le mot est fréquent dans les écrits botaniques de Théophraste (*HP*, V, 4, 6; VII, 15, 1; *CP*, VI, 8, 1). Les phénomènes qualifiés de «conjonctions»

semblent être ici clairement distingués d'autres (cf. τὰ μὲν... τὰ δέ), qui relèveraient d'« une certaine forme de nécessité ». Mais comme 10b19 le montre clairement, un « effet corrélatif », σύμπτωμα, est en vérité une forme particulière de « nécessité », ἀνάγκη (cf. *infra*, p. 79, n. 21) ; τὰ δ' ἀνάγκῃ τινί signifie donc sans doute : « et d'autres par une forme de nécessité qui, à la différence des συμπτώματα, n'a pas reçu de désignations techniques ». Sur cet emploi du terme générique en l'absence d'un second terme spécifique, cf. D. Sedley, p. 308 (à propos de la différence, chez Lucrèce, entre *eventa* et *conjuncta*).

6. Les exemples qui suivent ne concernent que la terre, où les phénomènes relevant de l'un des deux cas précédemment distingués (concomitance, nécessité) sont les plus nombreux (cf. πλείοσιν, repris en 10b6 et b16 par οὐκ ὀλίγα). Théophraste revient sur les phénomènes célestes à la fin de l'opuscule, voir *infra*, p. 87-88, n. 63.

7. On pense en général que Théophraste fait ici allusion aux marées. Vallance, p. 29, remarque que les termes de ἔφοδοι et ἀνάρροιαι ne sont pas attestés en ce sens, et qu'Aristote ne s'intéresse guère aux marées. Rapprochant Aristote, *Météor.*, I, 14, 353a21-24, il suggère que Théophraste vise les changements à long terme affectant la limite entre terres et mers (« advances and regressions of the sea », p. 28). Mais les termes utilisés par Théophraste s'appliquent assez naturellement au flux et au reflux de la mer. Tout au plus connotent-ils une certaine violence. ἔφοδος, c'est l'« invasion » ou l'« attaque ». Il est significatif que le traité pseudo-aristotélicien *De mirabilibus* (130, 843a27) emploie ἀνάρροια pour décrire le reflux violent des eaux dans le détroit de Messine. S'il s'agit d'autre chose que de marées, c'est peut-être à ce type de phénomène que Théophraste pense ici, et peut-être précisément à celui-là.

8. Comment grouper les trois termes προχωρήσεις, ἀναξηράνσεις et ὑγρότητες, et quels sont les phénomènes auxquels ils se réfèrent exactement ? Trois hypothèses peuvent être envisagées. 1) προχωρήσεις désigne, de manière générale, des « avancées », et le couple introduit par ἤ correspond à deux modalités de cette progression, selon que la terre gagne sur les eaux (cas de l'« assèchement ») ou, au contraire, que les eaux gagnent sur la terre. Mais cela suppose un sens de ἤ (« c'est-à-dire ») qui paraît gauche, après le premier ἤ, clairement disjonctif. 2) αἱ προχωρήσεις ἢ ἀναξηράνσεις désignent deux phénomènes apparentés, et s'opposent en bloc à ὑγρότητες : d'un côté le surgissement de nouvelles terres, que ce soit à la suite d'une éruption volcanique (par exemple) ou d'un assèchement de la mer ; d'un autre côté, la production de nouvelles nappes liquides. Le problème (qui se pose

aussi pour la première solution) est qu'ὑγρότητες n'est pas attesté au sens de «masses d'eau». 3) ἢ ἀναξηράνσεις καὶ ὑγρότητες constitue un couple autonome, et se rapporte au climat, selon un emploi bien attesté (cf. Plutarque, *De def. orac.*, 411C : ὑγρότητες ἀέρων... ἢ τοὐναντίον ξηρότητες). Doit-on dès lors compléter les mots ἢ τίνος αἱ προχωρήσεις afin de rétablir la symétrie (ἢ τίνος αἱ προχωρήσεις <καὶ ἀναχωρήσεις>, Usener; accepté par Vallance, p. 30), que l'on rapporte le couple ainsi obtenu à un nouveau type de phénomènes (les avancées et les reculs *de la terre*, après les mouvements maritimes, qu'il s'agisse ou non des marées, cf. *supra*, p. 76, n. 7) ou qu'on y voie un simple doublet de ce qui précède, qu'il convient à ce titre d'athétiser (cf. Ross, avec le commentaire *ad loc.*)? Rien n'interdit de penser que Théophraste se soit contenté d'un seul terme, αἱ προχωρήσεις, pour couvrir les avancées de la terre, et celles de la mer (on en revient à la solution 1), sinon que les modalités ne sont pas explicitement mentionnées). Cela semble la solution la plus simple, qui permet de s'en tenir au texte transmis. Sur les modifications affectant le relief de la terre, cf. le long fragment de Théophraste transmis par Philon, *De aeter. mundi*, XXIII-XXIV (Fr. 30 W. = 184 F.), spéc. §§ 133-142.

Page 19.

9. Nous adoptons la modification de Bignone, p. 114, ᾗ pour ἢ, sans laquelle on ne peut pas facilement rendre compte de la place du verbe γίνονται. Naturellement, les éditeurs qui athétisent le membre de phrase (voir *infra*, n. 10) se passent de la correction.

10. En raison des parallèles et des récurrences verbales, Usener avait considéré que les mots ἢ αἱ μὲν ἐν αὐτῇ τῇ γῇ ἀλλοιώσεις καὶ μεταβολαὶ γίνονται πρὸς ἄλλοτ' ἄλλο μεθισταμένων représentaient un doublet de la phrase précédente, qui devait être éliminé. L'athétèse a été reprise par Ross. Regenbogen, col. 1390, se contente de noter que, dans un opuscule lâchement composé, la répétition n'est pas intolérable. Pourtant, ἐν αὐτῇ τῇ γῇ fait la différence. Théophraste distingue les phénomènes souterrains, bouleversements et autres phénomènes analogues (μὲν ... καὶ ... δέ, cf. Denniston, p. 203) de la série des phénomènes qui se déroulent à la surface de la terre. Pour la construction du génitif absolu sans sujet (μεθισταμένων), cf. *supra*, p. 35-36, n. 41.

11. Les exemples qui suivent ont en général été pris pour une critique des thèses développées par Aristote dans ses écrits biologiques. L'étude des passages parallèles montre qu'en fait, Aristote semble le plus souvent répondre aux questions de Théophraste. L'ensemble du développement fournit donc un bon indice pour la datation relative de l'opuscule (cf. Most[1], p. 224-233 et *supra*, Notice, p. XXI).

12. Le sens de ὥσπερ μάταια n'est pas bien rendu par Ross («practically useless»). L'idée est que les phénomènes en question *semblent* être totalement inutiles, non qu'ils sont presque dépourvus de toute utilité.

13. Selon Aristote (*PA*, IV, 10, 688a19-25), la raison (τὴν αἰτίαν, a22) pour laquelle les mamelles (οἱ μαστοί) sont entourées de chair chez les mâles est que la région du cœur doit être protégée ; la poitrine des femelles sert en outre de réserve pour la nourriture des petits. On pourrait penser que la question de Théophraste porte sur la fonction des mamelons chez les mâles. Mais le terme propre pour cela est θηλή, dont Aristote ne discute jamais la fonction chez les mâles.

14. Il est difficile de savoir à coup sûr à quel phénomène physiologique renvoie πρόεσις, d'autant que le complément de συμβάλλεται n'est pas exprimé (cf. *supra*, p. 73, n. 57). Le suffixe (actif) et l'emploi que Théophraste fait ailleurs du mot (*De ventis*, 20) suggère que πρόεσις désigne ici le processus de menstruation. Selon Aristote (*GA*, II, 4, 738a27-33), la raison pour laquelle la femme évacue chaque mois du sang est qu'il s'agit d'un excès dont la rétention serait nocive (cf. aussi IV, 6, 775b8-9 ; l'idée est hippocratique, cf. *e.g. Nature de l'enfant*, 15, 2). On pourrait aussi référer le terme à l'émission menstruelle elle-même (cf. *HA*, VII, 5, 585a35-6 ; *GA*, IV, 8, 776b27-8), qui, selon Aristote (*GA*, I, 19, 727b31-2 ; 20, 729a9-10), fournit la matière sans laquelle la forme présente dans la semence paternelle ne peut créer un embryon (le terme συμβάλλεται revient plusieurs fois dans *GA*, I, 19) ; il pourrait encore s'agir de l'émission supposée, au cours du rapport sexuel, d'une semence analogue à celle des mâles (Aristote en rejette l'existence en *GA*, I, 19), ou encore d'une sécrétion vaginale, mais non séminale (*GA*, I, 20, 727b36 ; II, 4, 739a37-b1).

15. Aristote ne discute nulle part cette question dans les œuvres conservées. Elle est traitée chez les Stoïciens, voir Épictète, I, 16, 9-14 (la Providence prend soin des réalités les plus infimes).

17. Avec la correction palmaire d'Usener (κνήσει pour κινήσει), la phrase transmise peut se comprendre si l'on fait de τοῖσδε un datif instrumental annonçant la série qui suit (κνήσει τε καὶ παραιωρήσει καὶ ἐπιπροσθήσει). Le tour, il est vrai, reste étrange. On pourrait corriger (en écrivant par exemple τοῖς [δὲ] καὶ λελωβήμενοις ; cf. aussi le texte adopté par Ross). Mais il serait aussi bizarre que le génitif τῶν ἐλάφων soit un partitif dépendant du participe («comme pour ceux des cerfs qui ...»).

Selon Aristote, les cornes servent en général chez les animaux à la défense et à l'attaque (*PA*, III, 2, 662b27), mais celles du cerf sont sans utilité (ἄχρηστος, 663a8) et même dangereuses (III, 2,

664a6). Théophraste est plus précis, et énumère les inconvénients résultant pour les cerfs du port des cornes. On voit bien de quoi il s'agit dans le cas de la κνῆσις (le cerf fraye son bois aux arbres) et de l'ἐπιπρόσθησις (rétrécissement du champ de vision). Qu'en est-il de παραιώρησις? Ross suppose que les cerfs se prennent les cornes dans les arbres et restent ainsi «suspendus». Que le fait ne soit pas avéré n'est pas un argument suffisant contre cette interprétation, puisque Théophraste pourrait rapporter un on-dit. Mais l'emploi usuel du mot, pour une épée suspendue sur le côté (cf. LSJ, *s.v.*), suggère une autre hypothèse, plus conforme à la réalité physiologique : les cerfs sont incommodés par ces prolongements «suspendus» des deux côtés de leur tête. Cette disposition explique aussi l'occultation des yeux. Aristote note en *PA*, III, 2, 663b12-14 que les cornes des cerfs sont particulièrement lourdes, et explique ainsi qu'ils les déposent (ἀποβάλλει).

18. Aristote divise les hérons (τῶν ἐρῳδιῶν) en trois espèces, dont l'une, la variété grise (ὁ πέλλος), se distingue par une copulation pénible (χαλεπῶς εὐνάζει καὶ ὀχεύει) ; au cours de l'accouplement, l'animal crie et son œil est supposé s'ensanglanter ; en outre, il pond dans des conditions douloureuses (*HA*, IX, 1, 609b23-25 ; 18, 616b33-4).

19. Aristote ne cite jamais l'ἡμερόβιον, mais décrit plusieurs fois un insecte appelé ἐφήμερον, dont une des particularités tient à la façon dont il naît, et qui ne vit qu'une journée (*HA*, V, 19, 552b17-23). Par contraste, la plupart des insectes vivent un an (*De long.*, 4, 466a2-3).

20. En dépit de l'embarras qu'ont suscité les mots περὶ τὰς τροφὰς καὶ γενέσεις τῶν ζῴων, ils se réfèrent manifestement au phénomène évoqué en 7b2-5, à savoir la dépendance des naissances animales à l'égard des saisons. Le terme de τροφή ne s'applique pas ici à l'alimentation de l'animal, mais à la gestation du fœtus (cf. par ex. *GA*, IV, 10, 778a10-11).

21. Contrairement à ce que 10a26-7 semble impliquer à première vue, les concomitances sont ici présentées comme relevant d'une espèce de nécessité. Ross rend ἑτέρας par «externes» («but are coincidences and due to external necessities»), autrement dit «autres par rapport au phénomène à expliquer». Cela est tentant (cf. τῇ ἑτέρων τάξει, 7a23), mais on peut aussi lire 10a26-7 à la lumière du présent passage. Les συμπτώματα font bien partie des «nécessités», mais, à la différence des autres espèces, ne sont pas anonymes (voir *supra*, p. 75-76, n. 5).

22. τούτων est la leçon transmise par tous les manuscrits grecs ; του, impliqué par les traduction d'Isḥâq, de Tiphernas et d'Estienne, est aussi une conjecture indépendante d'Usener[1], p. 278 (cf. aussi son édition). Le texte avec του est manifestement meil-

leur ; avec τούτων, qui ne pourrait renvoyer qu'aux animaux (et non aux modes de nutrition et de génération, ce qui ne présenterait évidemment aucun sens), Théophraste limiterait sans raison la portée de son argument. La nature exacte de celui-ci reste cependant obscure : on ne voit pas bien pourquoi tous les êtres vivants devraient naître de la même façon, s'ils existaient en vue de quelque chose. Reste qu'en 6a22-7b2, mécanisme et diversification sont intimement liés.

23. Le participe ἔχουσι ne s'applique qu'aux êtres inanimés (τοῖς ἀψύχοις), et possède une valeur quasi explicative. Les éléments, les pierres et les métaux, auxquels Théophraste a consacré plusieurs traités (comme le *De igne* ou le *De lapidibus*), possèdent bien des propriétés déterminées, même si celles-ci sont moins évidentes, et donc moins faciles à analyser que dans le cas des animaux et des plantes (cf. ὥσπερ δοκοῦσιν), ou même des principes (cf. le début de l'opuscule, et en particulier l'emploi de ὡρισμένη, 4a6). Une fois qu'elles ont été reconnues, la question téléologique se pose d'autant plus (μᾶλλον), car plus elles sont déterminées, moins on voit tout d'abord quelle peut en être la finalité.

24. Les trois termes sont en étroite relation : la forme extérieure ou figure (μορφή) est déterminée par la « forme » essentielle (εἶδος), à laquelle sont liées certaines propriétés déterminées (δυνάμεις).

25. Théophraste ne demande pas pourquoi telle plante ou telle pierre existe, mais plutôt pourquoi telle plante ou telle pierre, qui existe, est dotée de telle ou telle caractéristique (ταῦτα = μορφαὶ καὶ εἴδη καὶ δυνάμεις).

Page 20.

26. Plaçant une virgule après λόγον, Ross prend καὶ ταῦτ' adverbialement (« and especially »). Mais il est plus satisfaisant de rapporter le pronom ταῦτα, comme en b24 (et b27), au domaine des plantes et des inanimés, ou plus exactement à leurs différentes déterminations (cf. *supra*, n. 25), et d'en faire le sujet de ἔχειν. Le renforcement par l'adverbe καί (« eux aussi ») se comprend bien, puisqu'il s'agit pour Théophraste de montrer que la règle qui vaut pour les phénomènes météorologiques ou terrestres et la vie animale vaut *aussi* pour les êtres inférieurs (et tout particulièrement dans le cas des minéraux, cf. μᾶλλον, 10b21). L'interprétation de μὴ ποιοῦσιν est difficile. Ross a voulu y voir un participe masculin — sur la base d'un parallèle erroné avec 11b2, cf. *infra*, p. 86-87, n. 54 : « il est difficile pour des gens qui ». L'idée serait que si l'on n'admet pas (μὴ ποιοῦσιν) que les propriétés des êtres supérieurs soient dépourvues d'explication, il n'y a aucune raison non plus de

l'admettre quand il s'agit d'êtres inférieurs (καὶ ταῦτα). La solution est ingénieuse, mais l'insertion du datif masculin dans un groupe au datif neutre dépendant de ἐν est presque intolérable. On ne peut absolument exclure que μὴ ποιοῦσιν soit, comme le pense Usener, corrompu. Mais on peut accepter le texte transmis, en faisant de ποιοῦσιν un neutre, à condition d'entendre «produire» au sens restreint de la cause efficiente. Même les phénomènes les moins nobles doivent avoir leur raison d'être dans des réalités supérieures, qui n'en sont pourtant pas la cause directe. C'est pourquoi il est plausible de poser l'existence d'un lien indirect, que Théophraste appelle «mécanique» (τῷ αὐτομάτῳ, 10b27).

27. Le η introductif (10b26) porte une accentuation différente dans les différents manuscrits. Aucune ne convient. La graphie retenue par les éditeurs depuis Oporinus, et que présuppose la traduction publiée par Estienne (ᾗ = «c'est pourquoi»; pour des cas analogues, cf. 10b4 et 11b7), restitue le sens attendu. Le πιστόν de 10b27 fait écho à πίστις (9b17), dans le passage introductif qui souligne l'importance de la question des «limites».

28. A savoir si l'on écarte l'explication mécanique, en dépit de l'attrait qu'elle présente, et que l'on s'en tient à l'explication téléologique. On devra alors au moins reconnaître que celle-ci ne s'applique qu'à l'intérieur de certaines limites, et de manière différenciée. Tout se passe donc comme s'il existait deux manières de limiter la portée de la téléologie; la première, positive, consiste à expliquer certains phénomènes en recourant au mécanisme; la seconde, négative, prend simplement acte de la résistance à laquelle se heurte la diffusion du bien (cf. 11b7-12).

29. A deux autres reprises (11b15 et 27), Théophraste semble distinguer entre deux types de finalité. On tient peut-être ici l'ébauche d'une distinction entre une téléologie purement fonctionnelle (ἕνεκά του) et une téléologie de type axiologique εἰς τὸ ἄριστον.

30. Le membre de phrase καὶ οὐκ ἐπὶ πάντων ἁπλῶς θετέον peut être compris de deux manières différentes, selon qu'ἁπλῶς vient simplement renforcer le groupe prépositionnel ἐπὶ πάντων, sur lequel porterait exclusivement la négation (dans ce cas, il serait simplement demandé de ne pas expliquer *absolument toutes choses* de manière téléologique), ou bien que l'adverbe désigne une modalité possible d'application du principe téléologique (la «manière absolue» valant pour certaines choses, tandis que d'autres ne seraient que partiellement expliquées par la cause finale). La seconde interprétation, plus complexe, pourrait paraître confirmée par la distinction entre des énoncés téléologiques dont la forme est absolue (καὶ ἁπλῶς λεγόμενα, 11a4, repris en a5) et d'autres, qui s'appliquent à des cas particuliers (καὶ καθ' ἕκαστον). On peut

cependant se demander si les deux occurrences d'ἁπλῶς se recouvrent. Il semblerait plutôt que l'application illégitime d'un principe d'explication téléologique «à absolument toutes choses» (ἐπὶ πάντων ἁπλῶς, a2-3) soit aussi bien représentée par certains énoncés de caractère général (qui concernent un ensemble de choses, ἁπλῶς... ἐν ἅπασιν, a5-6) que par certains énoncés particuliers (concernant tel animal, ou telle de ses parties). C'est pourquoi nous nous rangeons à la première hypothèse.

31. On peut entendre καί adverbial soit par rapport à l'ensemble des cas précédemment évoqués (10b7-9), soit par rapport à d'autres exemples couramment utilisés à l'Académie, et que Théophraste compléterait par d'autres, qui lui sont propres.

32. La tradition manuscrite hésite entre διστασμὸν et δισταγμὸν (ou δυσταγμὸν). δισταγμός est parfois considéré comme la seule forme correcte : ainsi Dindorf, *ad Sch. Od.*, II, 276 (I, p. 105), corrige διστασμοῦ, transmis par les manucrits, en δισταγμοῦ. Mais διστασμός n'est pas moins possible, cf. Chantraine, p. 135-6 (à propos du suffixe -γμός) et 138-9 (-σμός). Les formations en -σμός étant bien attestées chez Hippocrate, Aristote, Théophraste et Ménandre, nous avons retenu cette graphie (comme Ross).

33. Inutile de rajouter un terme dont dépendrait ὀρέγεσθαι (εἰκός après φύσιν, Usener, Ross). ὀρέγεσθαι est un infinitif de discours indirect (reproduisant le contenu d'un énoncé, cf. λεγόμενα, 11a4), ὅτι introduisant ici les mots rapportés.

34. La difficulté a déjà été traitée plus haut sous un autre angle, dans le contexte de la critique du premier moteur immobile (5b26-6a2 et *supra*, p. 41, n. 65).

35. Les énoncés particuliers sont uniquement empruntés au domaine animal (cf. *infra*, p. 83, n. 39). La formule ὡς δ' αὔτως... ὁμοίως, redondante, reflète une certaine négligence stylistique.

36. Pour le retour au mode conjugué (παραλείπει) après un infinitif de style indirect (ὀρέγεσθαι, μεταδιδόναι, 11a6-7), cf. *supra*, p. 29, n. 9.

37. Aristote explique dans *PA*, III, 3, 665a7-26, pourquoi la trachée-artère est située devant l'œsophage, en dépit du fait que l'inverse aurait rendu la glotte superflue, la descente de la nourriture dans la trachée-artère devenant par là-même impossible. Loin d'expliquer la place de la trachée-artère par la dignité de sa position, Aristote souligne que cette position est déterminée par la nécessité (665a10, a19-20) : le conduit débouche dans les poumons et le cœur, qui sont placés sur la partie antérieure de l'organisme. Il est vrai qu'Aristote explique la localisation frontale du cœur non seulement par le fait que le mouvement et la sensation s'effectuent vers l'avant (665a10-15, cf. *Juv.*, 1, 467b30-32; *De inc. anim.*, 4, 705b10-13), mais aussi à l'aide de considérations axiolo-

giques (665a22-26). Mais, à lire le texte de Théophraste, il est difficile de croire qu'il commente l'explication différenciée d'Aristote.

38. Aristote parle de différentes sortes de mélange sanguin (*PA*, II, 4, 650b29 ; IV, 10, 686a9) et décrit la cavité centrale du cœur (*HA*, I, 17, 496a19-33, *PA*, III, 4, 666b21-35). Mais jamais il n'est dit que le mélange dans cette cavité soit le meilleur, ni par rapport au reste du sang qui se trouve dans le cœur ni par rapport au sang répandu dans le corps. Il est vrai qu'Aristote affirme une fois que ce sang est le plus fin d'entre ceux qui occupent les trois cavités (λεπτότατον, *HA*, I, 17, 496b10) ; et, en *PA*, III, 4, 667a3-4, il justifie le fait qu'il soit le plus pur (καθαρότατον), et intermédiaire tant du point de vue de la quantité que de la chaleur, en expliquant que la cavité centrale, étant la source du sang, doit rester le plus tranquille possible — ce que la qualité particulière du sang situé à cet endroit garantirait (a4-6). Sous une apparence axiologique, l'explication est en fait physique : Aristote veut simplement dire que ce sang contient plus d'eau et moins de terre (cf. *PA*, II, 4, 650b20-24). En *HA*, III, 19, 520b21-2, Aristote dit que le meilleur sang (τὸ βέλτιστον) n'est ni trop épais ni trop fin, mais non qu'un tel sang se trouve dans la cavité centrale du cœur. Même si l'on admettait, sur la base de ces textes, qu'Aristote pense effectivement que le meilleur mélange se situe dans la cavité centrale du cœur, ce ne serait pas encore assez pour lui prêter l'idée que la cavité centrale du cœur en constitue la partie « la plus honorable » et que c'est la *raison* pour laquelle le sang qui s'y trouve est le meilleur. Peut-être Théophraste critique-t-il ici une position académique (Speusippe ? cf. *infra*, p. 85, n. 50), ou encore un stade primitif de la doctrine aristotélicienne, que *PA* et *HA* dépassent en tenant compte de la critique de Théophraste. En tout cas, l'axiome cité à l'appui de la thèse (τὸ μέσον τιμιώτατον) a une portée tout à fait générale (voir *infra*, p. 85, n. 50).

39. On pourrait croire que ὡσαύτως introduit, après ὡς δ' αὔτως... ὁμοίως (11a7-8), une seconde série d'énoncés particuliers, portant sur l'univers (κόσμου, a13). Mais l'absence d'article devant κόσμου s'oppose à cette interprétation. Comme Ross l'a vu, les exemples demeurent à l'intérieur du domaine animal. On peut cependant se demander si ὅσα κόσμου χάριν se réfère aux parties qui n'ont de fonction qu'« ornementale », comme Ross le suggère, ou s'il ne s'agit pas plutôt, plus généralement, d'explications fonctionnelles, qui ne soient pas nécessairement de nature axiologique. Nous avons retenu cette deuxième hypothèse, qui peut s'autoriser de la distinction entre la finalité et le meilleur (cf. *supra*, p. 81, n. 29).

Page 21.

44. τὸ δ' ὅλον semble devoir être limité au domaine de la nature : il n'est pas encore question (en dépit de Ross *ad* 11a19-21) de l'ensemble de ce qui est = ἡ ὅλη οὐσία, 11a22. Selon cette position, la rareté du bien n'est pas limitée aux êtres vivants (cf. 11a16-18), mais s'étend à l'ensemble du monde physique.

45. Ross adopte le texte d'un manuscrit récent (u), πολὺ δὲ πλῆθος εἶναι τὸ κακόν, qui reflète certainement une conjecture humaniste : η ou ει, transmis dans le reste de la tradition, ne se construisent pas, quelle que soit la façon dont on accentue. Cette émendation paraît gauche : le mal n'*est* pas une quantité abondante, il existe en abondante quantité. D'où notre proposition de lire πλήθει, qui semble aussi présupposé par la traduction arabe.

46. Le texte transmis : οὐκ εἰ/ἡ ἀοριστία δὲ μόνον καὶ οἷον ὕλης εἴδη/εἴδει) ne se construit pas. Nous adoptons, comme Ross, les deux corrections de Zeller et le datif εἴδει, qui donnent le sens attendu (pour une série de corrections similaires, cf. 8b20). La matière n'est pas positivement mauvaise, mais simple indétermination (ἐν ἀοριστίᾳ... μόνον). Cf. 11b3-5, avec *infra*, p. 85, n. 51.

47. Écartant à juste titre les corrections d'Usener, Ross fait du groupe καθάπερ τὰ τῆς φύσεως, placé entre virgules, une incise : les choses naturelles, liées à la matière, manifestent clairement ce qu'est, à un niveau ontologiquement antérieur, un principe d'indétermination (cf. Ross : « as *is* the case with things of nature »). Bien que, du point de vue du sens, cette interprétation soit parfaitement acceptable, elle laisse καθάπερ τὰ... sans fonction grammaticale nette à l'intérieur de la phrase (l'accusatif de relation équivalant à καθάπερ ἐν τοῖς...). C'est pourquoi, rattachant τὰ τῆς φύσεως à ἀμαθεστάτου, nous suggérons de faire porter καθάπερ sur le dernier terme, dont la violence est ainsi quelque peu atténuée. L'idée reste qu'un individu véritablement versé dans l'étude de la nature serait moins enclin à restreindre inconsidérément la quantité du bien au profit du mal.

48. Nous adoptons le texte d'Usener ἐστί· καὶ γὰρ κτλ. La corruption d'ἐστί en ει peut, là encore, remonter à une faute d'onciale (cf. *supra*, n. 45). La correction de Sylburg (εἰκῇ γὰρ), en apparence plus proche des lettres transmises, ne convainc pas. L'expression εἰκῇ λέγειν, bien attestée chez Aristote (cf. Bonitz, *Index arist.*, 219b19-22), ne semble pas être appropriée pour qualifier une position qui est moins répréhensible par son caractère arbitraire que par sa fausseté (« for quite at random is the talk of those ... », Ross). Bien que l'ellipse du verbe dont οἱ... λέγοντες serait le sujet ne soit certainement pas élégante, on le rétablit sans difficulté *ad sensum* (οὕτως ὑπολαμβάνουσιν ou ποιοῦσιν).

49. Speusippe n'est nommé qu'en relation avec l'énoncé d'une

thèse générale, qui porte «sur l'ensemble de ce qui est», par opposition avec le domaine de la seule nature (cf. *supra*, p. 84, n. 44). Il n'en était pas moins déjà certainement visé dans la phrase précédente par la formule καθάπερ τὰ τῆς φύσεως ἀμαθεστάτου ἐστί (cf. *supra*, p. 84, n. 47). L'affirmation de la rareté du bien dans la nature (σπάνιόν τι καὶ ἐν ὀλίγοις τὸ ἀγαθόν, 11a18-9) est maintenant fondée sur une définition universelle de l'«honorable» (et donc aussi du bien, cf. *infra*, n. 50).

50. Le scribe qui a recopié la fin de l'opuscule mutilé dans le manuscrit J (cf. Notice, *supra*, p. LXIII-LXIV) ajoute μὴ τοιαῦτα après ἑκατέρωθεν, pour en faire l'attribut d'un groupe sujet τὰ δ' ἄκρα καὶ ἑκατέρωθεν («ce qui est aux extrémités et de chaque côté n'est pas tel», à savoir indigne ou mauvais). Le texte des manuscrits se comprend pourtant, si, avec Ross, l'on fait de ἄκρα καὶ ἑκατέρωθεν l'attribut du démonstratif τὰ δέ, désignant, après la mention du centre, tout ce qui n'est pas lui. Quant au sens, on a longtemps donné une interprétation cosmologique de cette notice sur Speusippe (on trouvera la liste des auteurs dans Tarán, *ad* F83, p. 445-6 ; cf. *e.g.* la note de Ross *ad loc.*). Le terme de χώρα a pu induire en erreur («la région du centre» pouvant faire penser à une localisation à l'intérieur de l'univers) ; mais χώρα ayant très fréquemment un sens métaphorique (cf. LSJ, *s.v.* I, 4), il est beaucoup plus naturel de penser à l'énoncé d'un principe général (cf. 11a12) : tout ce qui a de la valeur occupe un point médian, de part et d'autre duquel (ἑκατέρωθεν) on s'éloigne progressivement en direction des extrêmes (ἄκρα). Voir en ce sens Tarán[2], p. 447-8. Sur le rôle central joué par ce modèle dans l'Académie platonicienne, voir Krämer[1] *(passim)*.

51. L'aoriste gnomique souligne le caractère quasi proverbial de l'affirmation dogmatique (pour un autre exemple d'affirmation à caractère général, cf. 4b15-6). Tout en servant de conclusion au paragraphe précédent, la phrase amorce la transition vers le développement final. La position de Speusippe est récusée ; cependant, la satisfaction sans réserve à l'égard de ce qui est ne constitue pas le dernier mot de Théophraste. D'où l'évocation d'une position plus raffinée attribuée à Platon et aux pythagoriciens (cf. *infra*, p. 86, n. 52), qui permet, dans le prolongement de la critique de la téléologie, de rendre compte de l'imperfection du monde sans tomber dans l'extrémisme speusippéen (τὸ ἄπειρον καὶ τὸ ἄτακτον καὶ πᾶσα ὡς εἰπεῖν ἀμορφία καθ' αὑτήν, 11b3-5, fait écho à ἐν ἀοριστίᾳ ... μόνον, 11a20). L'articulation entre les deux développements, bien marquée par μὲν οὖν ... δὲ ..., disparaît quand on fait commencer un nouveau paragraphe avec Πλάτων δὲ καὶ οἱ Πυθαγόρειοι (cf. Ross, selon qui μὲν οὖν ne servirait qu'à introduire un correctif : «rather», comme dans les exemples qu'il cite *ad loc.*).

52. Speusippe s'était réclamé de Pythagore, auquel il associait par ailleurs l'enseignement de Platon (Burkert, p. 56-7 ; cf. Aristote, *EN*, I, 6, 1096b5-7 ; *Mét.*, XII, 7, 1072b31). En opposant à la doctrine de Speusippe une conception platonico-pythagoricienne où il donne l'impression de se reconnaître, Théophraste se présente en héritier légitime d'un platonisme que Speusippe aurait trahi.

53. Les manuscrits portent ἐπιμιμεῖσθαι γ' ἐθέλειν (γε θέλειν) ἅπαντα. Le verbe ἐπιμιμεῖσθαι n'étant pas attesté ailleurs, les éditeurs ont longtemps supposé une lacune après ἐπι, où se seraient trouvés aussi bien le verbe régissant ἐθέλειν que l'objet de l'imitation, en l'occurrence l'Un (voir les conjectures d'Usener et de Diels reproduites dans l'apparat critique). Ross, acceptant ἐπιμιμεῖσθαι, fait d'ἐθέλειν un infinitif de discours indirect. Les deux membres de phrase, liés par δ' (au lieu de γ'), expriment alors un contraste entre la distance (à savoir celle qui sépare les choses naturelles du bien ou de l'Un, cf. la traduction de Ross ainsi que Burkert, p. 55) et l'imitation qui tend à la combler. On peut cependant se demander s'il ne convient pas, tout en s'en tenant à l'infinitif de discours indirect, d'écrire ἐπεὶ μιμεῖσθαι γ' (la proposition figure également dans l'exemplaire de D. J. Allan, cf. *supra*, p. 30, n. 16). Dans ce cas, l'existence même du désir d'imitation est prise comme un *signe* de la distance qui sépare le monde naturel de l'Un-bien. La phrase suivante introduirait le point qui, aux yeux de Théophraste, distingue véritablement la position platonico-pythagoricienne de celle d'un Speusippe : bien que l'opposition soit prise en compte, la dyade n'est pas le mal, mais simple « absence de forme ».

54. La pensée, elliptique, doit être restituée de la façon suivante : bien que la distance séparant le monde du bien ou de l'Un soit la condition même de l'imitation (qui cherche à l'annuler), il existe pourtant (καίτοι), jusque dans les principes (cf. 11b7), une véritable antithèse (analogue à celle qui sépare le monde des principes) : on pourrait en effet penser que le dualisme des principes ne laisse aucune place à l'imitation. La nature de ce second principe est alors définie dans la relative (ἐν ᾗ..., cf. *infra*, p. 87, n. 55). Ross, qui construit différemment l'ensemble de la phrase, parvient à un sens analogue, mais au prix d'une tautologie. Prenant ποιοῦσιν comme un participe au datif (à valeur explicative), il fait de καίτοι καθάπερ ἀντίθεσίν τινα ποιοῦσιν... une protase, dont l'apodose débuterait, si l'on suit le texte de P, avec ὅλως (et non ὅλως δ', cf. *infra*, p. 87, n. 57) : « yet since they make a sort of opposition ... it is absolutely (ὅλως) impossible that for them the nature of the whole should exist without the indefinite dyad ». Nous comprenons qu'aux yeux de Théophraste l'avantage de la position platonico-pythagoricienne est de combiner le désir d'imitation avec l'existence d'une opposition fondamentale.

Page 22.

55. Malgré l'ordre des mots, le relatif féminin (ἐν ᾗ) se réfère à la dyade illimitée (et non à ἀντίθεσιν, ce qui ne donnerait aucun sens).

56. Ross semble rapporter καθ' αὑτήν à ἐν ᾗ = ἡ ἀόριστος δυάς («the indefinite dyad, on which essentially depends ...»). Il est plus naturel d'y voir une détermination généralisante de πᾶσα ... ἀμορφία. La phrase développe la thèse que Théophraste oppose, dans le paragraphe précédent, à la doctrine de Speusippe (cf. 11a20).

57. En dépit de Ross, il est plus vraisemblable de supposer que P ait omis δ' que d'admettre que la particule ait été rajoutée dans le reste de la tradition, à la suite d'une incompréhension portant sur la nature de ποιοῦσιν, et donc sur la construction de l'ensemble de la phrase (voir *supra*, p. 86, n. 54).

60. L'antécédent de ὅσοι est le sujet du verbe déclaratif sous-entendu (λέγουσι).

61. Cf. 8a22-27 et 8b4-5. Ce dualisme entre un principe d'ordre et une résistance à l'ordre correspond exactement à un passage de la *Météorologie* de Théophraste dont l'original grec est perdu, mais dont une traduction arabe a récemment été découverte par Daiber. Nous le citons dans la traduction qu'en donne Daiber : «For it is not correct (to say) that God should be the cause of disorder in the world ; nay, (He is) the cause of its arrangement and order. And that is why we ascribe its arrangement and order to God ... and the disorder of the world to the nature of the world» (Daiber, p. 270).

62. «Même», parce que les phénomènes célestes sont ordonnés (cf. 11b17-19 et *infra*, n. 63).

63. Théophraste, mettant fin à la critique de Speusippe (qui commence en 11a18), appuie la doctrine platonico-pythagoricienne des principes en remarquant qu'aucun domaine, pas même les plus éminents, n'échappe aux effets de la dyade (voir καί, dans φαίνεται δὲ καί, 11b12-3). La formule ἐν τοῖς πρώτοις doit se rapporter aux corps célestes, les οὐράνια que Théophraste a laissés plus haut de côté (voir 10a27 et *supra*, p. 76, n. 6 ; le terme οὐράνια revient en 11b19). Dans un autre contexte, l'expression devrait plutôt être rapportée aux principes (cf. *supra*, p. 73, n. 58), mais les mots φαίνεται ἐπιθεωρούμενα excluent toute ambiguïté : pour tomber sous les sens, les irrégularités doivent être celles des premiers corps sensibles. Théophraste songe sans doute plus particulièrement aux planètes. οἷον introduit non un exemple, mais une comparaison entre phénomènes célestes et phénomènes «terrestres» (voir *infra*, n. 64).

64. Le renvoi est à 10a28-b7, cf. *supra*, p. 76, n. 6.

65. L'idée n'est naturellement pas que si l'on doit donner une explication téléologique, il faudra recourir à une forme de nécessité, mais que, si l'on doit de manière générale donner une explication de ces phénomènes, il faudra alors les expliquer par la nécessité (cf. 10b26-7).

66. Le verbe κατακολουθεῖν exprime bien la concomitance caractéristique des συμπτώματα (cf. *supra*, p. 75-76, n. 5).

67. Contrairement à ce que pense Ross (cf. sa note *ad loc.)*, il nous semble beaucoup plus simple pour la grammaire, et meilleur pour le sens, de rapporter τούτων proleptiquement aux objets mathématiques, qu'en arrière aux astres, et de référer πρότερα à des entités antérieures aux objets mathématiques (Ross traduit : «unless indeed these [= the objects of mathematics] are even prior to the heavenly bodies in this respect»). Ross voulait sans doute éviter que Théophraste mît en doute, serait-ce hypothétiquement, l'existence d'entités antérieures aux principes (cf. 4b6-7). Mais εἰ μὴ ἄρα n'a pas nécessairement une valeur ironique. Pour un emploi comparable, cf. 4b10 (cf. aussi Fr. 18 W. = 143 F.). La priorité ontologique amène avec elle un plus haut degré d'ordre (cf. 6b26-28).

68. Théophraste fait sans doute allusion ici à l'existence de grandeurs irrationnelles.

69. Deux interprétations de cette phrase semblent possibles. Ou bien Théophraste suggère que les formes mathématiques, étant celles d'atomes désordonnés, hériteront du désordre de leur support (Simplicius, *In De Caelo*, p. 295, 9-11 Heiberg = 68 A 37, 29-30 DK pourrait aller en ce sens : στασιάζειν ... καὶ φέρεσθαι ἐν τῷ κενῷ διά τε τὴν ἀνομοιότητα καὶ τὰς ἄλλας εἰρημένας διαφοράς), ou bien il fait allusion au fait que les formes atomiques, étant chez Démocrite infiniment variées, seront pour la plupart d'entre elles irrégulières (Simplicius, *In De Caelo*, p. 295, 7 et 16-8 Heiberg = 68 A 37, 27 et 35-6 DK ; *In Phys.*, p. 28, 23-25 Diels = 68A38, 14-5 DK). Aucune de ces deux interprétations n'est entièrement convaincante. La seconde explique bien le «désordre» des formes, mais puisqu'il ne s'agit pas, par définition, des formes géométriques, la restriction (πλὴν εἰ ...) semble oiseuse. La première a l'avantage que la restriction porte bien sur les formes géométriques ; mais le désordre n'est pas proprement le leur, ce qui affaiblit l'argument. On peut donc se demander s'il ne convient pas de changer la construction, en voyant dans les atomes non le support de leur propre forme, mais les constituants des formes géométriques elles-mêmes. On comprendrait, dans ce cas, que ces dernières héritent du désordre atomique. Il est vrai

que le génitif τῶν ἀτόμων ne supporte pas facilement cette interprétation.

1. On a parfois vu dans ces mots l'indice que l'opuscule nous a été transmis sous une forme incomplète (cf. Notice, *supra*, p. XI et XVI). La formule, que Théophraste emploie ailleurs pour marquer que l'enquête sur un point particulier devrait être approfondie (cf. *CP*, V, 16, 4, et les tournures analogues relevées par Theiler, p. 102), ne s'applique pas ici à l'ensemble des problèmes soulevés par l'opuscule, ni même aux questions téléologiques, mais au problème, qui vient juste d'être mentionné, de la correspondance entre domaines ontologiques et degré d'ordre (cf. *supra*, p. 88, n. 67).

2. Comme le montrent les mots «il faut essayer de tracer une limite», le «début» est le début du développement sur les limites de la téléologie (11a1), non le début de l'opuscule. Repici, p. 186, 188 et *passim*, insiste sur le fait que les limites existent objectivement dans les choses, et ne résultent pas d'une imposition simplement subjective. On peut le lui accorder (cf. *supra*, p. 74-75, n. 2), tout en soulignant que la distinction entre le subjectif et l'objectif n'est pas ici vraiment pertinente (pour la facilité avec laquelle les Anciens passent de l'un à l'autre, cf. *supra*, p. 25-26, n. 5).

Page 23.

3. αὕτη, au féminin par attraction avec ἀρχή, renvoie à la question qui précède, tandis que ἐν τίσιν τὰ ὄντα καὶ πῶς ἔχει πρὸς ἄλληλα définit le contenu de «l'étude du tout» (τῆς τοῦ σύμπαντος θεωρίας). La question des limites de la téléologie apparaît ainsi comme un préalable absolu, antérieur même à ce que le début du traité définissait comme l'ἀρχή de la recherche sur les principes.

L'élégance du dernier paragraphe (à partir de ὃ δ' ἐξ ἀρχῆς ἐλέχθη) contraste avec le style général du traité. Le membre de phrase αὕτη γὰρ *ἀρχὴ* τῆς τοῦ σύμπαντος θεωρίας, *ἐν τίσιν τὰ ὄντα* καὶ πῶς ἔχει *πρὸς ἄλληλα* (11b27-12a2) rappelle, en chiasme, les deux questions initiales, celle de savoir s'il existe un lien entre les principes intelligibles et les êtres naturels (*'Αρχὴ* δέ, πότερα συναφή τις καὶ οἷον κοινωνία *πρὸς ἄλληλα* τοῖς τε νοητοῖς καὶ τοῖς τῆς φύσεως, 4a9-11), et celle de savoir dans quel domaine situer les principes (τίς ἡ φύσις αὐτῶν καὶ ἐν ποίοις ; εἰ μὲν γὰρ ἐν τοῖς μαθηματικοῖς μόνον τὰ νοητά ... 4a18-9, cf. 4b9-11). La composition annulaire fait de l'écrit programmatique un tout contenu en lui-même (cf. Notice, *supra*, p. XI-XVIII et XXI, n. 13).

INDEX NOMINVM

L'index de l'édition Ross-Fobes nous a servi de base, mais a été revu et complété. Nous avons en particulier retenu certains termes usuels, quand leur emploi était lié à un aspect significatif de la pensée ou du style de Théophraste (par ex. ἀεί, ἴσως, τινες). Nous avons écarté, comme Ross-Fobes, la plupart des pronoms, des particules et des adverbes communs, les verbes auxiliaires, et la copule.

Les références précédées de • représentent une conjecture que nous adoptons ; celles qui sont précédées de * renvoient à une *varia lectio* intéressante mentionnée dans l'apparat critique. Nous n'avons pas retenu, contrairement à Ross-Fobes, les conjectures citées dans l'apparat critique, mais que nous n'avons pas adoptées dans le texte.

TABLE DES MATIÈRES

Ce volume,
de la Collection des Universités de France,
publié aux Éditions Les Belles Lettres,
a été achevé d'imprimer
en juillet 2002
dans les ateliers
de l'imprimerie F. Paillart
à Abbeville, 80103

N° d'édition : 4061. N° d'impression : 11791
Dépôt légal : juillet 2002.

Imprimé en France